Ao longo dos séculos, o Homem tem-se dividido quanto à forma como a política deve enformar a sua vida em sociedade, o que originou o aparecimento de inúmeras correntes e teorias políticas. Por isso, a «Biblioteca de Teoria Política» visa ser um ponto de encontro abrangente dos vários autores que num passado mais recente se dedicaram à reflexão e filosofia políticas, mas também das diversas orientações da moderna teoria política.

O Caminho para a Servidão

FRIEDRICH HAYEK
O Caminho para a Servidão
Prefácio de João Carlos Espada

TÍTULO ORIGINAL: *The Road to Serfdom*

© 1944 F. A. Hayek
Autorizada a tradução da edição em língua inglesa
publicada pela Routledge, membro do Taylor & Francis Group

© do Prefácio: João Carlos Espada e Edições 70

TRADUÇÃO: Marcelino Amaral
REVISÃO: Luís Abel Ferreira

CAPA: FBA

DEPÓSITO LEGAL N.º 287851/09

Biblioteca Nacional de Portugal – Catalogação na Publicação
HAYEK, F. A., 1899-1992

O caminho para a servidão.
(Biblioteca de teoria política; 2)
ISBN 978-972-44-1409-6

CDU 321

PAGINAÇÃO: Rita Lynce

IMPRESSÃO E ACABAMENTO
PAPELMUNDE
para
EDIÇÕES 70
Janeiro de 2019

ISBN: 978-972-44-1409-6

Direitos reservados para Portugal
por EDIÇÕES 70

EDIÇÕES 70, uma chancela de Edições Almedina, S.A.
Avenida Eng.º Arantes e Oliveira, 11 – 3.º C – 1900-221 Lisboa / Portugal
e-mail: geral@edicoes70.pt

www.edicoes70.pt

Esta obra está protegida pela lei. Não pode ser reproduzida, no todo
ou em parte, qualquer que seja o modo utilizado, incluindo fotocópia
e xerocópia, sem prévia autorização do Editor. Qualquer transgressão
à lei dos Direitos de Autor será passível de procedimento judicial.

Nota do Tradutor

A tradução deste texto teve como ponto de partida a edição da Routledge, de 2007, publicada pela primeira vez em 1944, e foi confrontada pontualmente com a primeira tradução deste texto para português europeu – a edição de 1977 da «Teoremas», traduzida por Maria Ivone Moura e com revisão de Orlando Vitorino – e com a edição francesa da P.U.F.

Não é tarefa do tradutor tornar simples ou fácil o que não o é, e Hayek não é um autor de tradução fácil; nas suas longuíssimas frases e na respectiva estrutura frásica nota-se o pulsar da sua língua materna, o alemão, embora o texto tenha sido escrito em inglês (mas só aos 32 anos é que Hayek foi para Inglaterra).

M. A.

Um pequeno grande livro

JOÃO CARLOS ESPADA(*)

Este é realmente um *pequeno grande livro*. A sua pequena dimensão esconde uma obra poderosa, enérgica, contagiante, que teve uma poderosíssima influência à escala mundial. Em todas as listas dos livros mais influentes no século XX, está *The Road to Serfdom* de Fredrich August von Hayek. Tal como *The Open Society and Its Enemies*, de Karl Popper, este livro de Hayek foi traduzido em todas as línguas do planeta. A edição em língua inglesa, que esgotou em poucas semanas nos EUA, quando foi incialmente publicada em 1944, foi imediatamente reeditada – e assim tem acontecido ininterruptamente até hoje. A versão em língua inglesa, que vendeu já milhões de exemplares, nunca esteve esgotada por muito tempo. Foi sempre rapidamente reeditada.

(*) Professor Catedrático de Estudos Políticos e director do Instituto de Estudos Políticos da Universidade Católica Portuguesa. Presidente da secção portuguesa da International Churchill Society e director da revista *Nova Cidadania*. Consultor para assuntos políticos do Presidente da República, Professor Aníbal Cavaco Silva.

X | O CAMINHO PARA A SERVIDÃO

De que fala este livro? O que explica o seu êxito? Muitos críticos menores de Hayek – e eles existem em número exorbitante – dirão que se trata de um manual do capitalismo selvagem, ou do que hoje é designado por neoliberalismo. Eu gostaria de sustentar que essa opinião é insustentável – após a leitura do livro. E digo-o com grande à-vontade. Não sou propriamente um «hayekiano». Dediquei a minha tese de doutoramento em Oxford a uma análise crítica de Hayek [bem como do meu amigo trabalhista Lord (Raymond) Plant], e julgo ter apresentado algumas críticas contundentes a Hayek (bem como, espero, a Plant). Mas nunca me passaria pela cabeça, após ter lido e estudado este livro, dizer que *O Caminho para a Servidão* é uma defesa do capitalismo selvagem. Aliás, John Maynard Keynes, que discordou vigorosamente de Hayek em tantos aspectos importantes, saudou a publicação deste livro como um sério contributo para a defesa da liberdade – embora discordasse de vários pontos de vista nele apresentados.

O Caminho para a Servidão é uma defesa apaixonada, veemente e inspiradora, da civilização ocidental da liberdade e responsabilidade pessoal. Essa civilização foi tragicamente ameaçada no século XX por dois totalitarismos aparentemente rivais: o nacional-socialismo e o comunismo. Hayek denuncia-os a ambos vigorosamente e insiste em algo muito importante: os dois totalitarismos partilham uma origem ideológica comum. O nacional-socialismo não foi uma «reacção capitalista» contra o comunismo. Nada havia de «capitalista» no nazismo alemão. O seu partido denominava-se, não por engano nem por acaso, «partido nacional-socialista dos trabalhadores alemães». Aquilo que o aproximava do comunismo era precisamente a comum hostilidade ao chamado «capitalismo». O que o afastava do comunismo era o facto de o anticapitalismo comunista reclamar uma natureza internacionalista, enquanto que o nacional-socialismo nazi, como o nome explicitamente indicava, se reclamava do nacionalismo.

UM PEQUENO GRANDE LIVRO | XI

Ter-se-á tratado de um acidente semântico que ambos os partidos – nazi e comunista – se tenham reclamado de uma postura anticapitalista? Hayek veementemente explica neste livro que não se tratou de um acidente. Mas também não foi uma conspiração. A emergência do nazismo e do comunismo não foi produto de conspirações. Foi resultado de uma longa maturação de ideias reaccionárias e revolucionárias que, vindas da direita e da esquerda no século XIX, convergiram numa explosão de ódio à liberdade no século XX.

Este ódio à liberdade pôde crescer sem grande oposição, no continente europeu, porque o ideal da liberdade tinha sido gradualmente desacreditado por ideais antiliberais que começaram a crescer no século XIX. Essas ideias ocuparam, nas mentes e corações de muitos homens de boa vontade, o lugar antes ocupado pelos ideais de liberdade e responsabilidade pessoal. Por isso, quando o barbarismo nazi e comunista começou a crescer, muitas pessoas honestas não sabiam como lhes fazer frente. Elas já estavam contaminadas pela descrença nos ideais da liberdade. Elas já estavam contaminadas pela crença na superioridade do «planeamento», na inevitabilidade histórica da «organização social centralizada», na obsolescência da propriedade privada e dos regimes parlamentares, enfim, elas já estavam contaminadas pela crença na falência dos direitos das pessoas individuais.

É por este motivo que Hayek dedicou este livro «Aos socialistas de todos os partidos». Trata-se de uma dedicatória genuína. Hayek acreditou até ao fim da vida na força das ideias e dos ideais. E escreveu para os socialistas de todos os partidos para lhes fazer ver que os seus ideais de liberdade e igualdade não eram em última análise compatíveis com a preservação da liberdade. Em particular, ele antevia que as lições da II Guerra Mundial iam ser mal entendidas no pós-guerra. E a mais gritante expressão desse mal entendido terá sido a derrota eleitoral de Churchill em 1945, depois de ter vencido a guerra. Winston Churchill aliás citou este livro de Hayek na sua campanha eleitoral de 1945 (o que talvez não tenha sido a melhor táctica eleitoral). Ambos queriam opor-se ao crescimento do controlo governamental sobre a vida social, civil e económica das nossas sociedades livres.

A referência a Winston Churchill é muito adequada neste particular, a mais do que um título. Se há algo que considero verdadeiramente tocante neste livro de Hayek, é sem dúvida a sua profunda e sincera admiração pela tradição política e cultural inglesa. Até meados-finais do século XIX, a admiração pela livre Inglaterra era timbre das pessoas educadas. Podiam estar mais à direita ou mais à esquerda, podiam ser mais conservadoras ou mais progressistas, mas em regra partilhavam uma genuína admiração pela tradição inglesa de liberdade ordeira, de evolução gradual, de alergia aos extremismos, de sentido voluntário do dever. Esta admiração foi sendo minada pelo crescimento das ideologias antiliberais, antiparlamentares e anti-«capitalistas», da direita e da esquerda. Hayek viu-as crescer na sua Áustria natal e pressentiu o desastre. Exilado na sua amada Inglaterra, adoptou a cidadania britânica e nunca se cansou de tentar entender as tradições inglesas – mesmo depois de ter ido viver e ensinar para a América.

Foi em Inglaterra que Hayek consolidou o seu entendimento das sociedades livres. Contrariamente à visão corrente sobre o chamado capitalismo – quer entre os seus críticos, quer entre muitos dos seus defensores – Hayek não via as economias de mercado como moralmente neutras ou como fundadas no egoísmo. Ele acreditava que as economias de mercado estavam associadas a uma mundovisão cujas origens remontam às raízes da civilização ocidental, à cultura clássica de Atenas e Roma, bem como à tradição judaico-cristã. Ao defender o retorno aos princípios liberais e democráticos do governo limitado, comércio livre e livre empreendimento, Hayek bateu-se também pela redescoberta das chamadas «virtudes burguesas», que tinham estado na base da Inglaterra liberal: «a independência, a iniciativa

UM PEQUENO GRANDE LIVRO | XIII

individual, a responsabilidade, o respeito pelos costumes e as tradições, a saudável desconfiança em relação ao poder e à autoridade.»

*

Friedrich August von Hayek morreu a 23 de Março de 1992, na sua residência de Freiburg, com 92 anos de idade. Dois dias depois, os cinco diários britânicos não tablóides dedicaram-lhe largas homenagens. Dois deles, o *Times* e o *Daily Telegraph*, escreveram editoriais em sua memória. O Reino Unido tentava assim fazer justiça ao intelectual nascido austríaco que escolhera a cidadania britânica em 1938 e que a mantivera até à morte – apesar de ter vivido e ensinado em Chicago entre 1950 e 1962 e de residir em Freiburg, onde também ensinara, desde a década de 1960.

A figura e a obra de Friedrich Hayek estão associadas a todas as principais encruzilhadas intelectuais do século XX. Mas a maior parte da sua vida foi rodeada pela hostilidade da opinião dominante: ousou enfrentar Keynes quando os economistas começavam a converter-se ao keynesianismo; demonstrou a impossibilidade da planificação central quando esta parecia poder substituir com vantagem as economias de mercado; chamou Karl Popper para a London School of Economics, em 1946, quando este foi ostracizado pela influência marxista dominante; fundou em 1947 a Sociedade de Mont Pelerin, um clube de liberais então marginalizados, em que hoje dominam os prémios Nobel da Economia. Ele próprio acabaria por receber o Nobel da Economia em 1974, uma espécie de sintoma de que as suas ideias estavam finalmente a merecer reconhecimento. Na década de 1980, Ronald Reagan e Margaret Thatcher reclamaram a sua doutrina como inspiração das políticas que praticavam. E, em 1991, o Presidente George Bush (pai) conferiu-lhe a Medalha da Liberdade. Mas Hayek nunca se envolveu directamente na acção política.

The Road to Serfdom, publicado em Londres e Nova Iorque em 1944, foi o livro que celebrizou Hayek aos olhos da opinião pública. Mas a sua produção intelectual continuou e deu origem a várias outras obras marcantes e inspiradoras.

Em 1960, Hayek publica *The Constitution of Liberty*. Destinado a apresentar os princípios fundamentais de uma ordem liberal, o livro adquiriu hoje o estatuto de um clássico da filosofia política. Em meu entender, ele é particularmente importante pela definição e a justificação da liberdade, bem como pela reformulação da clássica associação liberal entre a liberdade e o primado da lei.

A definição hayekiana de liberdade – tal como a dos liberais clássicos – é negativa: ausência de coerção por terceiros. Ela deve ser distinguida da concepção positiva que vê a liberdade como capacidade ou poder de um indivíduo para fazer o que deseja. Um dos motivos para recusar a concepção positiva consiste em observar que ela conduziria à conclusão paradoxal de que um indivíduo seria mais livre à medida que desejasse fazer menos coisas.

Hayek sustenta que a liberdade é não só o primeiro valor como a fonte e a condição da maioria dos outros valores morais. A liberdade é o primeiro valor porque, em primeiro lugar, é a condição para que cada indivíduo possa assumir a sua capacidade humana de pensar e avaliar, de escolher os seus próprios fins, em vez de ser apenas um meio para outros atingirem os seus fins. Em segundo lugar, porque sabemos pouco: só um amplo campo de experimentação – aberto a iniciativas individuais que são por princípio autorizadas, independentemente da concordância da maioria – permite explorar o desconhecido e reduzir a nossa ignorância. Finalmente, a liberdade tem também um valor instrumental. Talvez pelas duas razões anteriores, só ela permite a criação da riqueza material que se tornou distintiva das civilizações que souberam preservá-la.

Este último aspecto constitui aliás a base da defesa inovadora do mercado livre que celebrizou Hayek. Em vez de se circunscrever ao tradicional argumento da concorrência, Hayek defendeu o mercado como mecanismo de descoberta e inovação, pela sua capacidade única de tratamento de informação descentralizada entre milhões de indivíduos que utilizam o melhor dos seus conhecimentos para perseguir os seus próprios propósitos. Nenhum sistema centralizado conseguirá alguma vez lidar com uma quantidade de informação sequer comparável à que é a cada instante processada pelo mecanismo impessoal e descentralizado do mercado. Este é também um dos argumentos decisivos de Hayek contra as interferências governamentais no sistema de sinais – preços e salários – constitutivos do mercado livre. E foi o seu argumento decisivo para demonstrar a inviabilidade da planificação central.

Voltando à liberdade, Hayek reconhece obviamente que ela não pode ser ilimitada. A coerção não pode ser totalmente abolida porque a arma decisiva para impedir a coerção é a ameaça de coerção contra aqueles que pretendem praticá-la ilegitimamente. A sociedade liberal decide então – por esse motivo, isto é, para proteger a sua liberdade – entregar o monopólio da coerção a um aparelho especial a que chamamos Estado. Mas, para impedir que o Estado abuse dos poderes limitados que lhe foram concedidos, os liberais submetem o Estado ao controlo das leis – designadamente da lei que veda ao Estado a detenção de outros monopólios.

As leis são então definidas por Hayek como regras gerais abstractas e iguais para todos, que devem ser distinguidas de comandos específicos. A ordem liberal é em primeiro lugar definida pelo governo das leis, por contraposição ao governo dos homens através de ordens de comando.

É aqui que Hayek lança o seu poderoso ataque contra o intervencionismo governamental. Visando atingir objectivos específicos – em vez de apenas consolidar um quadro legal estável, no interior do qual os indivíduos são livres de perseguir os seus objectivos —, o intervencionismo é incompatível com o prima-

XVI | O CAMINHO PARA A SERVIDÃO

do da lei. Ele vai multiplicar medidas discricionárias com vista a promover objectivos a cada momento considerados desejáveis pela maioria. Dessa forma, acabará tratando os indivíduos de maneira diferente. Ora, a igualdade de tratamento pela lei, a igualdade perante a lei é condição primeira da liberdade. Hayek alerta contra as ditaduras democráticas, o poder discricionário aprovado por maioria, o qual, se não for controlado pela lei, dará origem à chamadas ditaduras electivas.

Na década de 1970, Hayek publica os três volumes de *Law, Legislation and Liberty* (respectivamente em 1973, 1976 e 1979), nos quais desenvolve a distinção crucial entre ordem espontânea e organização: enquanto na primeira os indivíduos apenas obedecem a regras gerais de boa conduta que são iguais para todos e independentes de propósitos particulares, numa organização os indivíduos estão integrados numa comunidade de propósitos e por isso obedecem a comandos específicos que visam atingir esses propósitos.

A sociedade liberal é uma ordem espontânea em que o bem comum consiste no acordo sobre a ausência da necessidade de acordo acerca dos propósitos de cada um. Os liberais não querem unificar os objectivos de vida de cada indivíduo, apenas exigem um acordo quanto aos meios, às regras de conduta, que permitem a cada um perseguir os seus propósitos sem prejudicar terceiros.

Numa sociedade liberal, e em particular na inglesa com a sua tradição da *common law*, as leis são basicamente expressão de regras de boa conduta há muito enraizadas na opinião popular e que os juízes apenas interpretam e tornam expressas. Elas não podem ser criadas arbitrariamente com o desígnio de atingir objectivos particulares. Estas leis devem então ser distinguidas da legislação: esta inclui as medidas parcelares emitidas pelo Governo e pelo parlamento que devem apenas regular aqueles delimitados domínios colectivos em que o Governo é chamado a intervir. Esta distinção levará Hayek a propor a cria-

UM PEQUENO GRANDE LIVRO | XVII

ção de duas câmaras nas democracias liberais: o parlamento tradicional, que deve apenas ocupar-se da legislação, deverá submeter-se a leis que ele próprio não pode alterar e que são as regras de boa conduta adoptadas por uma câmara alta, eleita por um processo democrático propositadamente diferente do que elege o parlamento.

Segundo Hayek, a ideia de ordem espontânea regulada pela lei é também incompatível com o conceito de justiça social. Em primeiro lugar, o conceito não se aplica a um sistema de trocas livre, um jogo de talento e sorte, cujos resultados não são previsíveis nem intencionais. Em segundo lugar, numa sociedade pluralista nunca se chegaria a acordo quanto a um padrão único de distribuição que pudesse ser considerado justo. Em terceiro lugar, mesmo que tal padrão fosse acordado, ele nunca seria traduzível em regras gerais de boa conduta iguais para todos e cuja observância fosse por si só capaz de garantir os resultados considerados justos. Por este motivo, um padrão único de justiça social acarretaria necessariamente a destruição da ordem espontânea e a sua substituição por uma organização na qual um poder central teria de atribuir a cada um a sua parte do produto final. Além de infringir o princípio da liberdade e o da igualdade perante a lei, este sistema impediria os indivíduos de utilizar o melhor dos seus conhecimentos para atingir os seus próprios propósitos. Como tal, as sociedades regidas por um padrão comum de distribuição ou justiça social estão condenadas ao despotismo e à pobreza. Hayek aceita, no entanto, que as sociedades liberais têm um dever moral de socorrer os indivíduos que se encontram em situações de extrema pobreza, o que deve ser drasticamente distinguido da prossecução de um padrão de justiça social.

Em 1988, Hayek publicou *The Fatal Conceit: The Errors of Socialism*, o último livro da série política iniciada em 1944 com *The Road to Serfdom* e simultaneamente o primeiro dos 22 volumes previstos para a compilação da sua obra. Na minha opinião, este é o livro menos conseguido e também aquele em que a dimensão normativa do liberalismo dá lugar a uma visão funcionalista e instrumental da liberdade. Não por acaso, a obra foi recebida com particular entusiasmo pelos militantes do «hayekismo», designadamente aqueles que, na Europa de Leste, nunca conheceram outra realidade senão a da opressão comunista.

The Fatal Conceit é sobretudo dirigido contra aquilo a que Hayek chama, desde 1944, o construtivismo racionalista – uma tradição que remontaria ao iluminismo continental, por contraposição ao iluminismo escocês, e que consistiria basicamente em acreditar que a ordem social seria reorganizável de acordo com princípios deduzidos racionalmente a partir de axiomas alegadamente isentos de preconceitos.

Em *The Counter-Revolution of Science* (1952), Hayek produzira contributos valiosos para compreender os erros do «abuso da razão». Mas, em *The Fatal Conceit*, ele está sobretudo preocupado em fornecer uma regra, uma chave, ou talvez uma receita prática, para impedir os indivíduos de caírem na armadilha do construtivismo. Essa chave parece então residir na evolução espontânea de tradições cuja sobrevivência seria indicadora da sua validade. O mercado livre e o império da lei aparecem então simultaneamente como desejáveis e inevitáveis: a sua superioridade instrumental (para aumentar o bem-estar do maior número) levará inexoravelmente todas as sociedades a adoptá-las, copiando assim as tradições que outras sociedades mais sábias, ou talvez mais evoluídas, descobriram gradualmente e souberam preservar.

*

Em Janeiro de 1992, tive a honra inesperada de representar Karl Popper numa sessão de homenagem a Friedrich A. Hayek que a American Economic Association organizou em Nova Orleães por altura do seu encontro anual. Por sugestão de Ralf

UM PEQUENO GRANDE LIVRO | XIX

Dahrendorf, contava visitar Hayek ainda no decorrer desse ano, se ele aceitasse discutir comigo o trabalho que tinha em preparação sobre a sua filosofia política (*Direitos Sociais de Cidadania: Uma Crítica a F. A. Hayek e Raymond Plant,* com Prefácio de Ralf Dahrendorf, 1995/1996). Essa possibilidade deixou de o ser. Resta-me dizer que não sou um seguidor integral da doutrina de Hayek, mas que admiro a sua obra e aprendi muito com ela. Descobri com Karl Popper que a principal mensagem de Hayek reside na importância crucial do império da lei, um ideal que decorre da exigência moral e do racionalismo crítico dos liberais tradicionais, e que visa o tratamento igualitário de todos os indivíduos. Dado que os indivíduos não são obviamente iguais, esta exigência normativa dos liberais tradicionais é evidentemente expressão da sua decisão moral de não aceitar os factos apenas como eles são. Ela decorre do idealismo liberal que aspira à máxima liberdade responsável de cada indivíduo, compatível com igual liberdade responsável para os outros. Foi esse ideal que levou Hayek a enfrentar a incompreensão geral e a trabalhar arduamente pelo renascimento da ideia liberal.

*

O livro que o leitor agora tem nas suas mãos constitui um marco decisivo dessa batalha intelectual de Friedrich August von Hayek. A primeira edição portuguesa ocorreu em 1977, por iniciativa do saudoso Orlando Vitorino, que assegurou a revisão da tradução de Maria Ivone Serrão de Moura – e trouxe Hayek a Portugal para o lançamento do livro, no Grémio Literário. À Edições 70, agradeço o honroso convite para escrever este prefácio e, acima de tudo, a nobre iniciativa de tornar este *pequeno grande livro* de novo acessível ao leitor português.

Monte Estoril, Outubro de 2008.

*Aos socialistas de
todos os partidos*

Prefácio

Quando um estudioso profissional de questões sociais escreve um livro político, a sua primeira obrigação é pura e simplesmente afirmá-lo. Este é um livro político. Não pretendo disfarçá-lo descrevendo-o, como talvez o pudesse ter feito, com o nome mais elegante e ambicioso de ensaio de filosofia social. Mas seja qual for o nome, a questão essencial é que tudo o que tiver de dizer resulta de determinados valores fundamentais. Espero ter conferido adequadamente ao livro uma segunda e não menos importante obrigação: deixar bem claro quais os valores fundamentais sobre os quais assenta toda a argumentação.

Há, contudo, algo que quero acrescentar a isto. Embora este seja um livro político, tenho a certeza – tanto quanto alguém pode ter – de que as crenças nele expostas não são determinadas pelos meus interesses pessoais. Não descortino qualquer motivo para que a sociedade que me parece tão agradável me possa proporcionar maiores vantagens do que à maiorias das pessoas deste país. De facto, os meus colegas socialistas estão sempre a dizer-me que, como economista, eu ocuparia um lugar muito mais importante no tipo de sociedade a que me oponho – desde que, é claro, concordasse com os seus pontos de vista.

O CAMINHO PARA A SERVIDÃO

Tenho também a certeza de que a minha oposição a esses pontos de vista não se deve ao facto de serem diferentes daqueles com que fui educado, pois são precisamente os mesmos que mantive na juventude e que me levaram a fazer do estudo da economia a minha profissão. Para esses que, segundo a voga actual, procuram motivos interesseiros em qualquer afirmação política, ser-me-á talvez permitido acrescentar que tenho todas as razões para *não* escrever ou publicar este livro. Irá certamente ofender muita gente com quem eu desejaria continuar a viver em paz; obrigou-me a pôr de lado trabalho para o qual estou mais bem preparado e a que atribuo mais importância a longo prazo; e, acima de tudo, irá certamente prejudicar a forma como são recebidos os resultados do meu trabalho mais estritamente académico, para o qual me sinto mais inclinado.

Se, apesar de tudo isto, passei a encarar a escrita deste livro como uma obrigação a que não devo furtar-me, tal deve-se à grave e peculiar característica da actual discussão dos problemas da futura política económica, para os quais o público está muito pouco desperto. Resulta disto o facto de a maioria dos economistas estar desde há alguns anos absorvida pela máquina de guerra e silenciada nas suas posições oficiais, e que, por isso, a opinião pública sobre estes problemas é, em larga e assustadora medida, conduzida por amadores e charlatães, por pessoas fervorosas ou vendedores de banha da cobra. Nestas circunstâncias, quem ainda tem tempo para se dedicar ao trabalho artístico dificilmente terá o direito de guardar para si a apreensão que as actuais tendências deverão criar na mente de muitos que não podem expressá-las publicamente – embora eu, em diferentes circunstâncias, de bom grado deixasse a discussão de assuntos de política nacional àqueles mais abalizados e preparados para a tarefa.

O argumento central neste livro foi pela primeira vez esboçado num artigo intitulado «Freedom and the Economic System», publicado em *Contemporary Review* em Abril de 1938, e

PREFÁCIO | 23

viria posteriormente a ser reimpresso em versão alargada como um dos «Public Policy Pamphlets», organizados pelo Professor H. D. Gideonse para a University of Chicago Press. Tenho de agradecer aos organizadores e editores destas publicações a autorização para reproduzir alguns excertos desses artigos.

London School of Economics
Cambridge, Dezembro de 1943

Introdução

Poucas descobertas são mais irritantes do que aquelas que expõem a linhagem das ideias.

Lord Acton

Os acontecimentos contemporâneos diferem da História na medida em que não sabemos que resultados irão produzir. Em retrospectiva, podemos avaliar a importância de acontecimentos passados e detectar as consequências que acarretaram. Mas à medida que a História segue o seu curso, para nós não é História. Conduz-nos a uma terra desconhecida e raramente temos mais do que um mero vislumbre do que está para vir. Seria diferente se nos fosse dado viver uma segunda vez através dos mesmos acontecimentos com todo o conhecimento do que havíamos visto antes. Quão diferentes nos pareceriam as coisas, quão importantes e, por vezes, inquietantes nos pareceriam as mudanças de que agora mal nos damos conta! Será talvez uma felicidade que o homem nunca possa ter esta experiência e que desconheça a que leis obedece a História.

Todavia, embora a História nunca se repita, e como nenhum desenvolvimento é inevitável, em certa medida podemos aprender com o passado a evitar a repetição desse mesmo processo. Não é preciso ser-se profeta para estar ciente de perigos iminentes. Uma combinação casual de experiência e interesse poderá muitas vezes revelar acontecimentos a um homem sob aspectos que muito poucos ainda vêem.

As páginas que se seguem são o resultado de uma experiência o mais parecida possível com viver por duas vezes o mesmo período – ou, pelo menos, observar por duas vezes uma evolução de ideias muito semelhante. Apesar de isto ser uma experiência que dificilmente teríamos só num país, em determinadas circunstâncias pode ser adquirida vivendo por longos períodos em diferentes países. Embora as influências a que o nosso fio de raciocínio está sujeito na maioria das nações civilizadas sejam em larga medida semelhantes, não operam necessariamente ao mesmo tempo nem à mesma velocidade. Por isso, ao mudarmo-nos de um país para outro, podemos ocasionalmente assistir por duas vezes a fases semelhantes de evolução intelectual. Os sentidos já se tornaram especialmente apurados. Quando ouvimos pela segunda vez opiniões expressas ou a defesa de medidas com que deparámos, pela primeira vez, há vinte ou vinte e cinco anos, elas assumem um novo significado como sintomas de uma tendência inequívoca. Sugerem pelo menos a probabilidade, se não a necessidade, de os acontecimentos seguirem um curso semelhante.

Há, agora, que afirmar a desagradável verdade de que é o destino da Alemanha que estamos em risco de repetir. É certo que este perigo não é imediato, e que as condições neste país estão ainda muito distantes das que presenciámos em anos recentes na Alemanha para que seja difícil acreditar que estamos a caminhar na mesma direcção. No entanto, e embora o caminho seja longo, é um caminho em que se torna cada vez mais difícil voltar para trás, à medida que nele avançamos. Se a longo prazo somos senhores do nosso destino, a curto prazo somos escravos das ideias que criámos. Só reconhecendo o perigo no nosso tempo é que o poderemos evitar.

Não é com a Alemanha de Hitler, com a Alemanha desta guerra, que este país se parece. Mas os estudiosos das ideias actuais não podem deixar de reparar que há mais do que uma mera semelhança superficial entre a tendência do pensamento na Alemanha durante e após a última guerra e as ideias actuais. Há hoje neste país certamente a mesma ideia segundo a qual a organização da nação que conseguimos para efeitos de defesa deve ser mantida para fins de criação. Existe o mesmo desprezo pelo liberalismo oitocentista, o mesmo «realismo» espúrio, cinismo até, a mesma aceitação fatalista das «tendências inevitáveis». E pelo menos nove em cada dez lições que os nossos mais vociferadores reformadores estão tão ansiosos que aprendamos com esta guerra são precisamente as lições que os Alemães aprenderam com a última guerra e que produziram o sistema nazi. Teremos neste livro oportunidade de demonstrar que há bastantes pontos em que – com um intervalo de quinze ou vinte anos – parecemos seguir o exemplo da Alemanha. Embora não gostemos que no-lo recordem, ainda não há muitos anos a política socialista daquele país era ostentada pelos progressistas como exemplo a seguir, tal como em anos mais recentes a Suécia tem sido o país-modelo para o qual convergem os olhares progressistas. Todos aqueles cuja memória vai mais longe sabem quão profundamente – pelo menos durante uma geração antes da última guerra – o pensamento e a prática alemães influenciaram a política e os ideais deste país.

O autor passou metade da sua vida adulta na sua Áustria natal, em contacto próximo com a vida intelectual alemã, e a outra metade nos Estados Unidos e em Inglaterra. Nos doze anos em que este último país se tornou o seu, ficou cada vez mais convencido de que pelo menos algumas das forças que destruíram a liberdade na Alemanha estão também aqui em acção, e que o carácter e a origem desse perigo são, se tal é possível, ainda menos percebidos do que o foram na Alemanha. A suma tragédia é não se perceber que, na Alemanha, foram na sua maioria pessoas bem intencionadas, homens que eram admirados e tidos por modelos no país, que prepararam o caminho, se é que eles próprios não criaram as forças que agora simbolizam tudo o que eles detestam. Todavia, a nossa hipótese de evitar semelhante perigo depende de o enfrentarmos e de estarmos preparados para rever mesmo as esperanças e ambições que mais nos são caras se estas se revelarem a fonte do perigo. Há ainda poucos indícios de que tenhamos a coragem intelectual para admitirmos a nós próprios que podemos estar enganados. Há pouca gente disposta a admitir que a ascensão do nazismo e do fascismo não foi uma reacção contra as tendências sociais do período precedente, mas o desfecho necessário dessas mesmas tendências. Esta é uma verdade que muito pouca gente está disposta a perceber, mesmo quando foram amplamente reconhecidas as semelhanças de muitas das características repulsivas dos regimes internos na Rússia comunista e no nacional-socialismo alemão. Em resultado, muitos daqueles que se consideram infinitamente superiores às aberrações do nazismo, e detestam sinceramente todas as suas manifestações, concorrem em simultâneo para ideais cuja realização levaria directamente à detestada tirania.

Quaisquer paralelos entre desenvolvimentos em diferentes países são, como é evidente, ilusórios; mas eu não baseio primordialmente a minha argumentação em tais paralelos. Nem afirmo que tais desenvolvimentos sejam inevitáveis. Se o fossem, não valeria a pena escrever isto. Eles podem ser impedidos caso as pessoas percebam a tempo para onde levam os seus esforços. No entanto, até muito recentemente havia pouca esperança de que qualquer tentativa para os fazer perceber o perigo fosse bem sucedida. Parece, então, que os tempos estão agora propícios para uma discussão mais alargada de toda a questão. Não só é neste momento o problema mais amplamente reconheci-

INTRODUÇÃO | 29

do, como há também razões especiais que nesta altura tornam imperativo que enfrentemos com firmeza estes assuntos.

Dir-se-á, talvez, que esta não é a ocasião para levantar uma questão sobre a qual as opiniões possam divergir asperamente. Mas o socialismo de que falamos não é uma questão mundana, e os assuntos que estamos a discutir pouco têm a ver com as questões em disputa entre partidos políticos. O facto de alguns grupos pretenderem menos socialismo do que outros, de alguns pretenderem o socialismo essencialmente no interesse de um grupo e outros no interesse de um outro, parece não afectar o nosso problema. A questão importante é que se considerarmos as pessoas cuja opinião influencia os acontecimentos, elas são todas hoje neste país, em determinada medida, socialistas. Já não é de bom tom salientar que «agora somos todos socialistas», pela simples razão de que isto é agora um facto demasiado óbvio. Quase ninguém tem dúvidas de que devamos prosseguir em direcção ao socialismo, e a maioria das pessoas tenta apenas desviar este movimento no interesse de determinada classe ou grupo.

É por praticamente todos o quererem que estamos a ir nesta direcção. Não há factos objectivos que o tornem inevitável. Mais à frente, teremos algo a dizer sobre a alegada inevitabilidade do «planeamento». A questão principal é para onde nos levará este movimento. Não será possível que, se as pessoas cujas convicções lhes dão agora uma dinâmica irresistível começarem a ver o que ainda só alguns percebem, recuem, estarrecidas, e abandonem a demanda que durante meio século ocupou tanta gente bem intencionada? Até onde esta crença comum da nossa geração nos levará é um problema, não só para um partido, mas para todos nós, um problema da mais crucial importância. Haverá maior tragédia do que, no nosso empreendimento consciente para moldar o nosso futuro de acordo com nobres ideais, acabarmos involuntariamente por produzir precisamente o oposto daquilo a que havíamos aspirado?

Há ainda uma razão mais premente por que nesta altura deveríamos seriamente tentar perceber as forças que criaram o nacional-socialismo: isto permitir-nos-á perceber o nosso inimigo, o que está em questão e o que nos divide. É incontestável que há ainda pouco reconhecimento pelos ideais positivos pelos quais lutamos. Estamos a lutar pela liberdade de moldar a nossa vida conforme os nossos ideais. Isto é muito, mas não basta. Não basta para nos dar a crença firme de que necessitamos para resistir a um inimigo que usa a propaganda como uma das suas armas principais, e não só na sua forma mais ostensiva mas também subtil. É ainda mais insuficiente quando temos de contrariar a sua propaganda disseminada entre as pessoas dos países sob seu controlo, e noutros locais, onde o efeito da sua propaganda não desaparecerá com a derrota das potências do Eixo. Não basta se quisermos demonstrar aos outros que aquilo por que lutamos é digno do seu apoio, e não basta se nos quisermos orientar na construção de uma nova Europa, a salvo dos perigos a que a velha sucumbiu.

É deveras lamentável que, nas suas relações com ditadores antes da guerra, e ainda mais nas suas tentativas de propaganda e na discussão dos objectivos de guerra, os Ingleses tenham demonstrado uma insegurança interior e uma incerteza de objectivo que se explica por confundirem os seus próprios ideais e pela natureza das diferenças que os separam do inimigo. Fomos muito iludidos porque nos recusámos a acreditar que o inimigo era sincero ao professar algumas crenças que partilhámos, e porque acreditámos na sinceridade de algumas outras afirmações suas. Não foram os partidos de esquerda, assim como os de direita, tão iludidos ao ponto de crerem que o Partido Nacional--Socialista estava ao serviço dos capitalistas e que se opunha a todas as formas de socialismo? Quantas das características do sistema de Hitler não nos foi recomendado, pelos mais variados quadrantes, que imitássemos, desconhecendo eles que essas características são parte integrante desse sistema e incompatíveis

INTRODUÇÃO | 31

com a sociedade livre que pretendemos preservar? A quantidade de erros perigosos que cometemos antes e desde que a guerra eclodiu por não percebermos o adversário que enfrentamos é assustadora. É quase como se não quiséssemos entender a evolução que produziu o totalitarismo porque esse entendimento poderia destruir algumas das ilusões que mais nos são caras e às quais estamos determinados a atermo-nos.

Nunca conseguiremos relacionar-nos com os Alemães até percebermos o carácter e a evolução das ideias que actualmente os governam. A teoria que é uma vez mais avançada, a de que os Alemães são intrinsecamente maus, dificilmente será sustentável e não abona muito a favor dos que a professam. Desonra a longa série de Ingleses que nos últimos cem anos prosseguiram o que de melhor havia, e não só o melhor, do pensamento alemão. Ignora o facto de John Stuart Mill, ao escrever há oitenta anos o seu grande ensaio *Sobre a Liberdade*, ter obtido a sua inspiração em dois alemães, Goethe e Wilhelm von Humboldt([1]), mais do que qualquer outra pessoa, e esquece o facto de que dois dos mais influentes precursores intelectuais do nacional--socialismo, Thomas Carlyle e Houston Stewart Chamberlain, serem um escocês e um outro inglês. Na sua forma mais crua, esta opinião é vergonhosa para aqueles que, ao mantê-la, adoptam as piores características das teorias raciais alemãs. A questão não é por que razão os Alemãs são tão maus, e congenitamente talvez não o sejam mais do que outros povos, mas antes determinar as circunstâncias que nos últimos setenta anos tornaram possível o crescimento gradual e, em última análise, o triunfo de determinado tipo de ideias, e por que razão este triunfo acabaria por trazer à tona os seus mais vis elementos. Odiar tudo o que é alemão, em vez das ideias que agora dominam os Alemães,

---

([1]) Já que algumas pessoas poderiam considerar exagerado esta afirmação, talvez valha a pena citar Lord Morley, que, nas suas *Recollections*, fala do «ponto assente» de que a principal tese do ensaio *Sobre a Liberdade* [*On Liberty*] não era original, antes vinha da Alemanha.

é, além do mais, muito perigoso, porque torna cegos para a verdadeira ameaça aqueles que se lhe entregam. É de recear que esta atitude seja muitas vezes apenas uma forma de escapismo, causado pela incapacidade de reconhecer tendências que não se restringem à Alemanha, bem como por uma relutância em reanalisar e, se necessário, rejeitar crenças que adoptámos dos Alemães e pelas quais estamos tão iludidos quanto os Alemães. É duplamente perigoso porque a afirmação de que só a especial malvadez dos Alemães é que produziu o sistema nazi tornar-se-á provavelmente a desculpa para nos impor as mesmas instituições que produziram essa malvadez.

A interpretação dos acontecimentos na Alemanha e na Itália prestes a ser expressa neste livro é muito diferente daquela avançada por observadores estrangeiros e pela maioria dos exilados desses países. Mas se esta interpretação estiver correcta, explicará, também, por que razão é impossível a alguém que, tal como a maioria dos exilados e correspondentes estrangeiros de jornais ingleses e americanos, subscreve as opiniões socialistas, hoje prevalecentes, perceber tais acontecimentos na sua correcta perspectiva[2]. A opinião superficial e enganadora que vê no nacional-socialismo apenas uma reacção fomentada por aqueles cujos privilégios ou interesses foram ameaçados pelo avanço do socialismo, foi naturalmente apoiada por todos aqueles que, embora tenham a determinada altura estado empenhados no movimento de ideias que levou ao nacional-socialismo,

---

[2] O modo como as opiniões de todos os quadrantes, mesmo os mais conservadores, de um país podem ser amplamente influenciadas pelo preconceito de esquerda que predomina entre os correspondentes estrangeiros e a sua imprensa, está perfeitamente ilustrado pelas opiniões de quase toda a gente na América sobre as relações entre a Grã-Bretanha e a Índia. O Inglês que queira perceber os acontecimentos no continente europeu deverá ter em conta a possibilidade de as suas opiniões poderem ter sido distorcidas precisamente do mesmo modo, e pelas mesmas razões. Isto não se destina a reflectir a sinceridade das opiniões dos correspondentes ingleses e americanos. Mas quem quer que conheça o tipo de ambientes nativos com quem os correspondentes estrangeiros têm contacto, não terá dificuldade em perceber a origem destes preconceitos.

INTRODUÇÃO | 33

a certo ponto desse desenvolvimento pararam e, devido ao conflito que isto lhes causou com os nazis, foram obrigados a abandonar o seu país. Mas o facto de serem a única oposição significativa em termos numéricos ao nazismo mais não quer dizer do que, em sentido mais lato, quase todos os Alemães se tornaram socialistas, e que o liberalismo, na sua velha acepção, fora expulso pelo socialismo. Tal como esperamos demonstrar, o actual conflito entre a «direita» nacional-socialista e a «esquerda» na Alemanha é o tipo de conflito que haverá de surgir sempre entre facções socialistas rivais. Caso esta interpretação esteja correcta, isto significa, contudo, que, ao aterem-se às suas crenças, muitos dos refugiados socialistas estão agora – e ainda que com a melhor das vontades – a ajudar o país que os acolheu a ir por caminhos trilhados pela Alemanha.

Sei que muitos dos meus amigos ingleses ficaram por vezes chocados pelas opiniões semifascistas pontualmente expressas por refugiados alemães, de cujas genuínas convicções socialistas não se pode duvidar. Mas embora os observadores ingleses desvalorizem isto pelo facto de serem alemães, a verdadeira explicação é que eles eram socialistas cuja experiência os levou até estádios além daquele ainda por atingir pelos socialistas ingleses. É certo que os socialistas alemães tiveram muito apoio no seu país devido a determinadas características da tradição prussiana; e esta relação entre prussianismo e socialismo, com que, na Alemanha, ambos os lados exultam, confere ainda mais peso à nossa principal afirmação[3]. Mas é um erro considerar

---

[3] É indiscutível – e já admitido pelos primeiros socialistas franceses – que havia um determinado parentesco entre o socialismo e a organização do Estado prussiano, propositadamente organizado a partir de cima como nenhum outro país. Muito antes de o ideal de gerir todo um Estado segundo os princípios de uma fábrica vir a influenciar o socialismo oitocentista, o poeta prussiano Novalis já lamentava que «nenhum outro Estado foi tão administrado como uma fábrica como a Prússia o foi desde a morte de Frederico Guilherme». (Cf. Novalis [Friedrich von Hardenberg], *Glauben und Liebe. Oder der König und die Königin*, 1798).

que o totalitarismo seria o produto de um elemento especificamente alemão, e não de um socialista. A Alemanha tinha em comum com a Itália e a Rússia as concepções socialistas, e não o prussianismo – e foi das massas, e não das classes imbuídas da tradição prussiana, e favorecida por ela, que emergiu o nacional--socialismo.

1

O caminho abandonado

Um programa cuja tese essencial seja, não que o sistema de livre iniciativa para lucro tenha falhado nesta geração, mas que não tenha ainda sido experimentado.

F. D. ROOSEVELT

Quando o curso da civilização segue um rumo inesperado, quando em vez do progresso contínuo que nos habituámos a esperar damos por nós ameaçados por males que associávamos a eras pretéritas de barbárie, culpamos tudo e mais alguma coisa, como é natural, excepto nós próprios. Não nos esforçámos todos segundo os mais excelsos ideais, e não trabalharam incessantemente as nossas melhores mentes para fazer deste um mundo melhor? Não dirigimos todos os nossos esforços e esperanças no sentido de uma maior liberdade, justiça e prosperidade? Se o resultado é tão diferente do que almejávamos, se, em vez de liberdade e prosperidade, a servidão e a miséria nos olham no rosto, não será evidente que as nossas intenções foram frustradas por forças sinistras, que estamos a ser vítimas de algum poder maléfico que deverá ser conquistado antes de podermos retomar o caminho em direcção a coisas melhores? Por muito

36 | O CAMINHO PARA A SERVIDÃO

que diferamos ao nomear o culpado, seja o capitalismo malvado ou o espírito maligno de determinada nação, a estupidez dos mais velhos, ou um sistema social ainda não derrubado por completo – embora lutemos contra ele há mais de uma década – temos pelo menos, ou tínhamos, até há muito recentemente, a certeza de uma coisa: que as ideias de vanguarda que durante a última geração se tornaram comuns para a maioria das pessoas de bem, e que determinaram as principais alterações na nossa vida social, não podiam estar erradas. Estamos dispostos a aceitar praticamente qualquer explicação para a crise actual da nossa civilização, excepto uma: que este estado de coisas no mundo pode ser o resultado de um verdadeiro erro da nossa parte, e que a prossecução de alguns dos ideais que mais acarinhamos produziu, pelos vistos, resultados completamente diferentes daqueles que esperávamos.

Embora todas as nossas energias sejam dirigidas para levar esta guerra a uma conclusão vitoriosa, é por vezes penoso recordar que, mesmo antes da guerra, os valores pelos quais agora lutamos estavam aqui ameaçados e eram destruídos algures. Apesar de, por ora, os diferentes ideais serem representados por nações hostis que lutam pela sua existência, não nos devemos esquecer de que este conflito teve origem numa luta de ideias no seio daquilo que era, não há muito tempo, uma civilização europeia comum; e que as tendências que culminaram na criação dos sistemas totalitários não se restringiam aos países que lhes haviam sucumbido. Embora a primeira tarefa deva ser agora ganhar a guerra, ganhá-la só nos permitirá outra oportunidade para enfrentar os problemas essenciais e descobrir uma forma de evitar o destino sofrido por civilizações semelhantes.

Ora, é difícil pensar na Alemanha e Itália, ou na Rússia, não como mundos diferentes, mas como produtos da evolução do pensamento que partilhámos; e no que diz respeito aos nossos inimigos, é mais fácil e mais reconfortante pensar que são completamente diferentes de nós e que o que lhes aconteceu não poderia acontecer aqui. E no entanto, a história destes países

O CAMINHO ABANDONADO | 37

nos anos anteriores à ascensão do sistema totalitário demonstrou poucos aspectos que nos sejam desconhecidos. O conflito externo é o resultado de uma transformação do pensamento europeu em que outros foram mais céleres para nos levarem a um conflito inconciliável com os nossos ideais, mas que não nos deixou incólumes.

Que uma mudança de ideias e o poder da vontade humana fizeram do mundo o que ele é hoje, embora os homens não antevissem os resultados, e que nenhuma alteração espontânea dos factos nos obrigasse a adaptar o nosso pensamento, é talvez especialmente difícil para os Ingleses perceberem, precisamente porque nesta evolução os Ingleses, felizmente para eles, se atrasaram em relação à maioria dos povos europeus. Ainda pensamos nos ideais que nos norteiam, e nos nortearam na geração anterior, como sendo ideais apenas a cumprir no futuro, e não temos a percepção de quanto, nos últimos vinte e cinco anos, eles transformaram, não só o mundo, mas também este país. Ainda acreditamos que até há bem pouco tempo éramos governados por aquilo que vagamente se designa por ideias oitocentistas ou o princípio do *laissez-faire*. Em comparação com alguns outros países, e do ponto de vista daqueles que estão impacientes para acelerar a mudança, poderá haver alguma justificação para tal crença. Mas embora até 1931 este país tivesse seguido devagar o caminho trilhado por outros, mesmo então afastara-se de tal modo que só aqueles cuja memória remonta aos anos antes da última guerra sabem o que é um mundo liberal[4].

---

[4] Nesse mesmo nesse ano, o Relatório Macmillan podia falar na «mudança de atitude do governo deste país em tempos recentes, a sua preocupação crescente, independentemente do partido, com a gestão da vida das pessoas», e acrescentar que «o Parlamento está cada vez mais envolvido em legislação que tem por objectivo consciente a regulação dos assuntos do dia-a--dia da comunidade e que agora intervém em questões que anteriormente eram tidas como estando completamente fora do seu âmbito». Isto pôde ser dito antes de, posteriormente nesse mesmo ano, o país se decidir finalmente e de no curto espaço dos anos inglórios de 1931 a 1939 transformar o seu sistema económico, ao ponto de ficar irreconhecível.

38 | O CAMINHO PARA A SERVIDÃO

O ponto crucial, para o qual as pessoas neste país estão ainda tão pouco consciencializadas, não é, contudo, apenas o da magnitude das mudanças que ocorreram no lapso da última geração, mas o facto de elas significarem uma mudança completa na direcção da evolução das nossas ideias e ordem social.

Pelo menos vinte e cinco anos antes de o espectro do totalitarismo se tornar uma ameaça real, tínhamos vindo progressivamente a afastar-nos dos ideais fundamentais sobre os quais se fundara a civilização europeia. Que este movimento, ao qual aderimos com tão grandes esperanças e ambições, nos tenha posto face a face com o horror totalitário, foi um choque enorme para esta geração, que ainda se recusa a associar os dois factos. E contudo, este desenvolvimento apenas confirma os avisos dos pais da filosofia liberal que ainda professamos. Progressivamente, abandonámos essa liberdade das questões económicas sem a qual a nossa liberdade política e pessoal nunca existira no passado. Embora tenhamos sido advertidos por alguns dos maiores pensadores políticos do século XIX, por Tocqueville e Lord Acton, de que o socialismo significa escravidão, gradualmente fomo-nos aproximando na direcção do socialismo. E agora que já vimos uma nova forma de escravidão a surgir perante os nossos olhos, esquecemo-nos de tal forma dessa advertência que praticamente nem nos ocorre que ambas as coisas estejam relacionadas[5].

A dimensão da rotura expressa pela hodierna tendência para o socialismo, rotura essa não só com o passado recente

---

[5] Até mesmo avisos muito mais recentes e que se revelaram assustadoramente verdadeiros foram ignorados por completo. Não passaram ainda trinta anos desde que Hilaire Belloc, num livro que explica mais sobre o que aconteceu desde então na Alemanha do que muitas obras escritas após o acontecimento, demonstra que «o efeito da doutrina socialista na sociedade capitalista é produzir uma terceira coisa diferente de qualquer das duas que a geraram – ou seja, o Estado servil» (*The Servile State*, 1913, 3.ª edição, 1927, p. xiv).

O CAMINHO ABANDONADO | 39

mas com toda a evolução da civilização ocidental, torna-se evidente se a considerarmos não apenas contra o pano de fundo do século XIX, mas numa perspectiva histórica mais ampla. Estamos a abandonar rapidamente, não apenas as concepções de Cobden e Bright, de Adam Smith e Hume, ou até de Locke e Milton, mas uma das mais notáveis características da civilização ocidental tal como resultou das fundações estabelecidas pelo cristianismo e pelos Gregos e Romanos. Não é apenas o liberalismo setecentista e oitocentista que temos vindo progressivamente a abandonar, mas todo o individualismo fundamental que herdámos de Erasmo e Montaigne, de Cícero e Tácito, de Péricles e Tucídides.

O dirigente nazi que descreveu a revolução nacional-socialista como sendo um contra-Renascimento disse algo mais verdadeiro do que julgaria. Foi um passo decisivo na destruição da civilização que o homem moderno erigira da era do Renascimento, e que era, essencialmente, uma civilização individualista. O individualismo tem hoje uma má conotação e o termo passou a ser associado a egoísmo e egotismo. Mas o individualismo de que falamos, por contraponto ao socialismo e a todas as demais formas de colectivismo, não tem qualquer condição necessária com aqueles. Só gradualmente com o decorrer do livro é que poderemos ir clarificando o contraste entre os dois princípios opostos. Mas as características essenciais desse individualismo que, a partir de elementos provenientes do cristianismo e da filosofia da Antiguidade clássica, inicialmente se desenvolveu na plenitude durante o Renascimento e desde então cresceu e alastrou até àquilo que hoje conhecemos por civilização europeia ocidental – o respeito pelo homem individual enquanto homem, isto é, o reconhecimento das suas próprias concepções e gostos como sumamente importantes na sua própria esfera, por muito restrita que esta possa ser definida, e a crença de que é desejável que os homens desenvolvam as suas aptidões

40 | O CAMINHO PARA A SERVIDÃO

e tendências naturais individuais. «Liberdade»(*) é uma palavra hoje tão gasta que hesitamos em utilizá-la para expressar os ideais que nesse período ela representava. Tolerância será, talvez, a única palavra que ainda preserva todo o significado do princípio que teve o ascendente durante todo este período e que só recentemente entrou em declínio, para vir a desaparecer por completo com a ascensão do Estado totalitário.

A transformação gradual de um sistema hierárquico rigidamente organizado num em que as pessoas possam pelo menos tentar moldar a sua própria vida, em que o homem adquira a oportunidade de conhecer e escolher entre diferentes formas de vida, está intimamente associada ao desenvolvimento do comércio. A partir das cidades comerciais do Norte de Itália, esta nova concepção de vida disseminou-se, com o comércio, para ocidente e para norte, pela França e pelo Sudoeste da Alemanha, até aos Países Baixos e às Ilhas Britânicas, criando profundas raízes onde não havia poder político despótico que a pudesse sufocar. Nos Países Baixos e na Grã-Bretanha desfrutou, durante muito tempo, do seu desenvolvimento pleno, e teve pela primeira vez a oportunidade de crescer livremente e de se tornar no fundamento da vida política e social desses países. E foi daqui que em finais do século XVIII e XIX se começou novamente a disseminar, agora numa forma mais evoluída, para ocidente e oriente, para o Novo Mundo e para o centro do continente europeu, onde guerras devastadoras e opressão política haviam há muito mergulhado os primórdios de semelhante crescimento(6).

(*) No original, *liberty* e *freedom*. A língua inglesa usa estes dois termos para referir aquilo que, em português, só se pode verter por «liberdade». Na edição de 1976, a tradutora insere uma nota, aqui parcialmente transcrita, que pode elucidar o leitor quanto às gradações de sentido dos termos: (...) De qualquer modo, o leitor reconhecerá que a «liberdade» – *liberty* – tem um carácter principal e transcendente, garantia das «liberdades» – *freedom* – que, sem ela, nada podem ser. Em rigor, *liberty* será a liberdade principal, e *freedom* a liberdade individual (...). (*N. T.*)

(6) O mais desastroso desses desenvolvimentos, e pleno de consequências que ainda não se extinguiram, foi a sujeição e parcial destruição de uma burguesia alemã às mãos dos príncipes territoriais dos séculos XV e XVI.

O CAMINHO ABANDONADO | 41

Durante todo este período moderno da história da Europa, a orientação genérica do desenvolvimento social tendia para a libertação do indivíduo dos laços que o ligavam aos costumes convencionais e instituídos na execução das suas actividades habituais. A compreensão consciente de que os esforços espontâneos, e independentes de qualquer controlo, dos indivíduos eram capazes de produzir uma ordem complexa de actividades económicas, só podia surgir depois de esta evolução ter feito alguns progressos. A posterior elaboração de um argumento consciente a favor da liberdade económica foi o desfecho do livre crescimento de actividade económica, tendo este sido o efeito secundário imprevisto e não planeado da liberdade política.

O maior resultado da libertação das energias individuais talvez tenha sido o maravilhoso desenvolvimento da ciência que se deu após a marcha da liberdade individual, da Itália até à Inglaterra, e depois mais além. Que a faculdade inventiva do homem não fora inferior em períodos anteriores demonstram-no os brinquedos automáticos extremamente engenhosos e outras engenhocas mecânicas construídas quando a técnica industrial estava ainda estacionária, e o desenvolvimento de algumas indústrias que, tal como a indústria mineira ou relojoeira, não estavam sujeitas a controlo restritivo. Mas as poucas tentativas de uma maior utilização industrial das invenções mecânicas – algumas extremamente avançadas – foram prontamente suprimidas, e a sede de conhecimento foi abafada, enquanto as concepções dominantes foram tidas por vinculativas para todos: foi permitido àquilo que a grande maioria tinha por correcto e adequado que barrasse o caminho ao inovador individual. Só desde que a liberdade industrial abriu caminho ao livre uso do novo conhecimento, só desde que tudo pode ser experimentado – desde que houvesse alguém que o apoiasse, por sua conta e risco – e, há que dizer, à margem das instituições a que competia cultivar o conhecimento, só então é que a ciência deu os grandes passos que nos últimos cento e cinquenta anos mudaram a face do mundo.

O CAMINHO PARA A SERVIDÃO

Como tantas vezes acontece, a natureza da nossa civilização tem sido vista de modo mais nítido pelos seus inimigos do que pelos seus amigos: «a perene doença ocidental, a revolta do indivíduo contra a espécie», tal como escreveu esse totalitário oitocentista Auguste Comte, foi de facto a força que edificou a nossa civilização. O que o século XIX acrescentou ao individualismo do período anterior foi apenas fazer com que todas as classes se consciencializassem da liberdade, para desenvolver sistemática e continuamente aquilo que crescera de forma desordenada e irregular e disseminá-lo a partir da Inglaterra e da Holanda por quase todo o continente europeu.

O resultado deste crescimento superou todas as expectativas. Onde quer que as barreiras da livre acção do engenho humano tenham sido removidas, o homem em breve pôde satisfazer uma gama cada vez mais ampla de desejos. E embora o padrão cada vez mais exigente depressa tenha levado à descoberta de pontos muito negros na sociedade – pontos que os homens já não estavam dispostos a tolerar – praticamente não houve classe que não beneficiasse com o desenvolvimento geral. Não faríamos justiça a tão espantoso crescimento caso o aferíssemos pelos nossos padrões actuais, eles próprios o resultado deste crescimento e que agora fazem com que muitos defeitos sejam óbvios. Por forma a apreciar o que isto significou para aqueles que nele participaram, há que avaliar esse crescimento pela esperança e pelos desejos que as pessoas tinham quando começou; e não pode haver qualquer dúvida de que o seu sucesso superou a mais fértil imaginação, e que em princípios do século XX o trabalhador no mundo ocidental atingira um nível de conforto material, segurança e independência pessoal que apenas cem anos antes dificilmente pareceria possível.

Aquilo que no futuro parecerá talvez o mais importante e abrangente efeito deste sucesso é a nova noção de poder sobre o nosso próprio destino, a crença nas possibilidades ilimitadas de melhorar a nossa sorte, que o sucesso já atingido incutiu nos homens. Com o sucesso cresceu a ambição – e o homem tem todo o direito de ser ambicioso. O que havia sido uma promessa inspiradora parecia agora não bastar, e o ritmo do progresso afigurava-se demasiado lento; e os princípios que no passado haviam possibilitado o progresso passaram a ser considerados mais como obstáculos a um progresso mais célere do que condições para a preservação e desenvolvimento do que já fora alcançado.

*

Nada há nos princípios fundamentais do liberalismo que faça dele um credo estático, não há regras inflexíveis e imutáveis. O princípio fundamental segundo o qual, ao organizarmos os nossos assuntos, devemos recorrer tanto quanto possível às forças espontâneas da sociedade, e o menos possível à coerção, é passível de uma variedade infinda de aplicações. Em especial, há toda a diferença entre criar intencionalmente um sistema dentro do qual a competição será tão benéfica quanto possível, e aceitar passivamente as instituições tal como são. Nada prejudicou tanto a causa liberal como a insistência rígida de alguns liberais em determinadas generalidades vagas. Em especial no princípio do *laissez-faire*. No entanto, de certa forma isto era necessário e inevitável. Só a regra inflexível teria sido eficaz contra os inúmeros interesses que podiam demonstrar que determinadas medidas confeririam benefícios imediatos e óbvios a algumas pessoas, enquanto que o mal que causavam era muito mais indirecto e difícil de ver. E como se instalara, sem dúvida, uma forte presunção a favor da liberdade industrial, a tentação de a apresentar como regra sem excepções era demasiado forte para se lhe resistir.

Mas, com esta atitude adoptada por muitos divulgadores da doutrina liberal, era quase inevitável que, logo que a posição deles fosse acometida em alguns pontos, ruiria por completo.

Essa mesma posição foi ainda mais enfraquecida pelo progresso inevitavelmente lento de uma política que visava a melhoria gradual da estrutura institucional de uma sociedade livre. Este progresso dependia do aumento do nosso entendimento das forças sociais e das condições mais favoráveis para que estas funcionassem de modo desejável. Uma vez que a tarefa consistia em ajudar, e, sempre que necessário, complementar o seu funcionamento, o primeiro requisito era compreendê-las. A atitude do liberal face à sociedade é como a do jardineiro que cuida de uma planta e que, para criar as condições mais propícias ao seu crescimento, tem de saber tudo o que puder sobre a sua estrutura e a forma como funciona.

Nenhuma pessoa sensata duvidaria de que as regras toscas nas quais foram expressos os princípios de economia política do século XIX eram apenas um começo, que ainda tínhamos muito que aprender, e que havia ainda imensas possibilidades de progredir no sentido em que já havíamos evoluído. Mas este progresso só poderia surgir através de um cada vez maior controlo intelectual das forças a que tínhamos de recorrer. Havia várias tarefas óbvias, tal como a forma como lidamos com o sistema monetário, e o impedimento ou controlo de monopólios, e uma quantidade ainda maior de tarefas não tão óbvias mas não menos importantes a levar a cabo em outra áreas, onde não poderia haver quaisquer dúvidas de que os governos dispunham de enormes poderes para o bem e o mal; e tínhamos todas as razões para esperar que com um melhor entendimento dos problemas poderíamos um dia usar correctamente esses poderes.

Mas embora o progresso rumo ao que se designa normalmente acção «positiva» tenha sido necessariamente lento, e embora para a melhoria imediata o liberalismo tivesse de contar, em grande parte, com o aumento gradual da riqueza que a liberdade criara, teve de se opor constantemente a propostas que ameaçavam o seu progresso. Passou a ser considerado uma crença «negativa» porque pouco mais podia proporcionar aos indivíduos do que um quinhão no progresso comum – um progresso que viria a ser tido mais ou menos por adquirido, e que já não era reconhecido como sendo o resultado de uma política de liberdade. Pode até dizer-se que o próprio sucesso do liberalismo se tornou a causa do seu declínio. Por causa do sucesso já alcançado, o homem tornou-se cada vez menos disposto a tolerar os males que ainda possuía, e que agora lhe pareciam insuportáveis e desnecessários.

*

Devido à crescente impaciência ante o lento avanço da política liberal, a justa irritação face aos que usavam a fraseologia liberal quando defendiam privilégios anti-sociais, e à imensa ambição aparentemente justificada pelos progresso materiais já conseguidos, sucedeu que, na viragem do século, a crença nos princípios fundamentais do liberalismo foi cada vez mais abandonada. O que fora já conseguido passou a ser considerado algo seguro e imorredouro, adquirido para todo o sempre. O olhar das pessoas passou a fixar-se em novas exigências, cuja satisfação célere parecia ser obstruída pela adesão a velhos princípios. Tornou-se cada vez mais aceite que, no contexto geral que possibilitara progressos anteriores, não se poderia esperar maiores avanços – apenas através da remodelação completa da sociedade. Já não se tratava de acrescentar ou melhorar a máquina existente, antes de a deitar fora e substituir. E à medida que a esperança da nova geração se passou a centrar em algo completamente novo, o interesse (e a forma de entender) no funcionamento da sociedade existente rapidamente deixou de existir; e com o declínio do entendimento do modo como um sistema livre funciona, a nossa percepção daquilo que dependia da sua existência também diminuiu.

Não cabe aqui discutir como é que esta mudança de perspectiva foi fomentada pela transferência acrítica para os pro-

46 | O CAMINHO PARA A SERVIDÃO

blemas da sociedade de hábitos de pensamento criados pela preocupação com problemas tecnológicos, os hábitos de pensamento do cientista natural e do engenheiro, como é que estes tendiam simultaneamente para desacreditar os resultados do estudo antigo da sociedade que não se conformava com os seus preconceitos e a impor ideais de organização numa esfera para a qual não são adequados([7]). O que nos importa aqui demonstrar é quão completamente, ainda que de forma gradual e por passos quase imperceptíveis, mudou a nossa atitude face à sociedade. Aquilo que a cada etapa deste processo de mudança parecera apenas uma diferença de grau, acabou por acarretar, com o seu efeito cumulativo, uma diferença fundamental entre a velha atitude liberal face à sociedade e a abordagem actual aos problemas sociais. A mudança equipara-se à completa inversão da tendência que havíamos esboçado, o total abandono da tradição individualista que criou a civilização ocidental.

Segundo as concepções agora dominantes, não se trata de por quanto mais tempo poderemos fazer o melhor uso das forças espontâneas que existem numa sociedade livre. Com efeito, abandonámos as forças que produziam resultados imprevistos e substituímos o mecanismo impessoal e anónimo do mercado pela direcção colectiva e «conscienciosa» de todas as forças sociais face a objectivos propositadamente escolhidos. Nada exemplificaria melhor a diferença do que a posição extrema assumida por um livro muito aclamado, sobre cujo programa do pretenso «planeamento para a liberdade» teremos de tecer comentários, por mais do que uma vez.

> Nunca tivemos de montar e dirigir [escreve o Dr. Karl Mannheim] todo o sistema da natureza como nos vemos actual-

---

([7]) O autor tentou detectar o começo deste desenvolvimento em duas séries de artigos sobre «Scientism and the Study of Society» [«Cientismo e o Estudo da Sociedade»] e «The Counter-Revolution of Science» [«A Contra-Revolução da Ciência»], publicados em *Economica*, 1941-44.

O CAMINHO ABANDONADO | 47

mente obrigados a fazer com a sociedade [...]. A humanidade tende cada vez mais para a regulação de toda a sua vida social, embora nunca tenha tentado criar uma segunda natureza.([8])

*

É significativo que esta mudança na tendência das ideias tenha coincidido com a inversão do sentido em que as ideias viajaram no espaço. Há mais de duzentos anos que as ideias inglesas se espalham em direcção a leste. O primado da liberdade que fora conseguido em Inglaterra parecia destinado a expandir-se por todo o mundo. Em 1870, o reino destas ideias atingira provavelmente o seu zénite a leste. A partir de então, começou a retroceder e um novo conjunto de ideias – que não eram realmente novas nem muito antigas – começou a avançar vindo de leste. A Inglaterra perdeu a sua liderança na esfera política e social e tornou-se importadora de ideias. Nos sessenta anos que se seguiram a Alemanha tornou-se o centro a partir do qual irradiavam para leste e oeste as ideias destinadas a governar o mundo no século XX. Fosse Hegel ou Marx, List ou Schmoller, Sombart ou Mannheim, fosse o socialismo na sua forma mais radical ou apenas «organização» ou «planeamento» de um tipo não tão radical, as ideias alemãs foram rapidamente importadas em todo o lado e imitadas as instituições alemãs. Embora muitas das novas ideias, e em especial o socialismo, não tivessem a sua origem na Alemanha, foi neste país que foram aperfeiçoadas, e no último quartel do século XIX e no primeiro do século XX atingiram o auge do seu desenvolvimento. Esquece-se hoje, muitas vezes, quão considerável era o avanço da Alemanha neste período no desenvolvimento e na prática do socialismo, e que uma geração antes de o socialismo se ter tornado um assunto sério neste país a Alemanha tinha um grande partido socialista no seu parlamento, e

---

([8]) *Man and Society in an Age of Reconstruction*, 1940, p. 175.

que até há bem pouco tempo o desenvolvimento doutrinal do socialismo era quase por completo levado a cabo na Alemanha e na Áustria, de tal forma que, actualmente, a discussão russa retoma, em grande parte, o ponto em que ficaram os Alemães; muitos dos socialistas ingleses não estão ainda cientes de que a maioria dos problemas que começam agora a descobrir foi há muito já exaustivamente discutida pelos socialistas alemães.

A influência intelectual que os pensadores alemães puderam exercer em todo o mundo durante este período foi sustentada não só pelo grande progresso material da Alemanha, mas mais ainda pela extraordinária reputação que os pensadores e cientistas alemães haviam granjeado nos cem anos anteriores, quando a Alemanha se tornara novamente membro integrante, e até destacado, da civilização europeia comum. Mas tudo isso rapidamente contribuiu para a disseminação, a partir da Alemanha, de ideias dirigidas contra os fundamentos dessa mesma civilização. Os próprios Alemães – ou, pelo menos, aqueles que divulgaram essas ideias – estavam plenamente cientes do conflito: aquilo que fora o legado comum da civilização europeia tornou-se para eles, muito antes dos nazis, a civilização «ocidental» – em que «ocidental» já não era usado na sua acepção antiga, antes passara a significar a ocidente do Reno. Na primeira acepção, «ocidental» significava Liberalismo e Democracia, Capitalismo e Individualismo, Comércio Livre e qualquer forma de Internacionalismo e amor pela paz.

Mas apesar de um desprezo mal disfarçado de cada vez mais Alemães por esses ideais ocidentais «ocos», ou talvez por causa disso, as pessoas no Ocidente continuaram a importar ideias alemãs e foram até levadas a acreditar que as suas anteriores convicções haviam sido meras racionalizações de interesses egoístas; que o Comércio Livre era uma doutrina inventada para fomentar os interesses britânicos, e que os ideais políticos que a Inglaterra dera ao mundo estavam inelutavelmente ultrapassados e eram algo de que ter vergonha.

2

A grande utopia

O que sempre tornou o Estado um inferno na terra foi, precisamente, o homem ter tentado fazer dele o seu céu.

F. HÖLDERLIN

Que o socialismo tenha desalojado o liberalismo como doutrina sustentada pela grande maioria dos progressistas não significa pura e simplesmente que as pessoas se tenham esquecido dos avisos dos grandes pensadores liberais do passado quanto às consequências do colectivismo. Isso aconteceu porque estavam convencidas do exacto oposto do que esses homens haviam previsto. É extraordinário que o mesmo socialismo outrora identificado como sendo a maior ameaça à liberdade, mas que começara declaradamente como reacção contra o liberalismo da Revolução Francesa, tenha obtido a aceitação generalizada ao abrigo do estandarte da liberdade. Poucos se lembram hoje que o socialismo, nos seus primórdios, era francamente autoritário. Os escritores franceses que estabeleceram as fundações do moderno socialismo não tinham qualquer dúvida de que as suas ideias só poderiam ser postas em prática por um governo ditatorial forte. Para eles, socialismo significava uma tentativa de «acabar

50 | O CAMINHO PARA A SERVIDÃO

com a revolução» através da reorganização intencional da sociedade em termos hierárquicos, e pela imposição de um «poder espiritual» coercivo. No que respeitava à liberdade, os fundadores do socialismo não disfarçavam as suas intenções. Consideravam a liberdade de pensamento o mal enraizado da sociedade oitocentista, e o primeiro dos modernos especialistas do planeamento, Saint-Simon, previu até que quem não obedecesse ao plano que propunha seria «tratado como gado».

Só devido à influência das fortes correntes democráticas que antecederam a revolução de 1848 é que o socialismo se começou a aliar às forças da liberdade. Mas o novo «socialismo democrático» demorou muito tempo a fazer esquecer as suspeitas que os seus antecedentes haviam despertado. Ninguém percebeu mais claramente do que Tocqueville que a democracia, enquanto instituição essencialmente individual, estava em conflito irreconciliável com o socialismo:

> A democracia alarga a esfera da liberdade individual [afirmou ele em 1848], o socialismo restringe-a. A democracia atribui todo o valor possível a cada homem; o socialismo faz de cada homem um mero agente, um mero número. A democracia e o socialismo apenas têm em comum uma palavra: igualdade. Mas note-se a diferença: enquanto que a democracia procura a igualdade na liberdade, o socialismo procura a igualdade na contenção e na servidão.[9]

Para mitigar estas suspeições e para lhe anexar a mais forte causa política, o anelo pela liberdade, o socialismo começou a utilizar cada vez mais a promessa de uma «nova liberdade». O advento do socialismo seria um salto do reino da necessidade

---

[9] «Discours prononcé à l'assemblée constituante le 12 Septembre 1848 sur la question du droit au travail». *Oeuvres complètes d'Alexis de Tocqueville*, vol. IX, 1866, p. 546.

para o reino da liberdade. Traria «liberdade económica», sem a qual a liberdade política já conseguida não era «digna de se ter». Só o socialismo poderia consumar a antiga luta pela liberdade, na qual a obtenção de uma liberdade política não era senão um primeiro passo.

A mudança subtil de significado a que a palavra liberdade foi sujeita, de forma a que este argumento soasse plausível, é importante. Para os grandes apóstolos da liberdade política, a palavra significara liberdade da coerção, liberdade do poder arbitrário de outros homens, libertação dos laços que não deixavam ao indivíduo outra escolha que não obedecer às ordens de um superior a quem estava ligado. A nova liberdade prometida, contudo, seria a liberdade da necessidade, a libertação da compulsão das circunstâncias que, inevitavelmente, limitam o leque de escolha de todos nós, embora muito mais para uns do que para outros. Antes de o homem poder ser verdadeiramente livre, o «despotismo da vontade física» teria de ser vergado, e afrouxadas as «restrições do sistema económico».

Neste sentido, a liberdade é, obviamente, apenas um outro nome para poder([10]) ou riqueza. Todavia, embora as promessas desta nova liberdade viessem muitas vezes associadas a promessas irresponsáveis de um grande aumento de riqueza material numa sociedade socialista, não era de tão absoluta conquista da mesquinhez da natureza que se esperava a liberdade económica.

([10]) A confusão característica entre liberdade e poder, que encontraremos várias vezes nesta discussão, é um assunto demasiado vasto para ser aqui analisado minuciosamente. Tão velha quanto o próprio socialismo, está-lhe tão intimamente associada que, há quase setenta anos, um académico francês, ao discutir as suas origens saint-simonianas, foi levado a proferir que esta teoria da liberdade *est à elle seule tout le socialisme* [«é por si só todo o socialismo»] (P. Janet, *Saint-Simon et le Saint-Simonisme*, 1878, p. 26, nota). O mais explícito defensor desta confusão, significativamente, é o filósofo de proa da esquerda americana, John Dewey, para quem «a liberdade é o poder efectivo de fazer coisas», pelo que a «procura da liberdade é a procura de poder» («Liberty and Social Control», *The Social Frontier*, Novembro, 1935, p. 41).

52 | O CAMINHO PARA A SERVIDÃO

O que a promessa realmente significava era que as disparidades existentes no leque de escolha das várias pessoas iriam desaparecer. Assim, a procura de uma nova liberdade era apenas um outro nome para a velha procura da igual distribuição da riqueza. Mas o novo nome deu aos socialistas uma outra palavra em comum com os liberais, e eles aproveitaram-na ao máximo. E embora a palavra fosse usada pelos dois grupos em acepções diferentes, poucas pessoas deram conta e menos ainda se questionaram se os dois tipos de liberdade podia realmente ser combinados.

Não pode haver qualquer dúvida de que a promessa de maior liberdade se tornou uma das mais eficazes armas da propaganda socialista e que a crença de que o socialismo trará liberdade é genuína e sincera. Mas isto só agravaria a tragédia caso se descobrisse que o que nos foi prometido como Caminho para a Liberdade era, na verdade, o Caminho para a Servidão. Não há dúvida de que a promessa de mais liberdade foi responsável por atrair mais e mais liberais para o caminho socialista, por cegá--los para o conflito existente entre os princípios fundamentais do socialismo e o liberalismo, e, muitas vezes, por ter permitido aos socialistas usurparem o próprio nome do antigo partido da liberdade. O socialismo foi abraçado pela maioria da *intelligentsia* como sendo o herdeiro aparente da tradição liberal: por isso, não surpreende que, para eles, a ideia de o socialismo levar ao oposto de liberdade lhes pareça inconcebível.

*

Em anos mais recentes, contudo, as velhas apreensões das consequências imprevistas do socialismo têm sido uma vez mais veementemente expressas pelos mais inesperados quadrantes. Apesar da expectativa contrária com que abordaram o seu tema, sucessivos observadores têm ficado impressionados com a extraordinária semelhança, em muitos aspectos, das condições sob o «fascismo» e o «comunismo». Enquanto que neste país, e noutros, os «progressistas» ainda se iludiam sobre o comunismo e o fascismo representarem pólos opostos, cada vez mais pessoas se interrogavam se estas duas tiranias não seriam o resultado das mesmas tendências. Até os comunistas devem ter ficado algo abalados por testemunhos como o de Max Eastman, um velho amigo de Lenine, que se viu obrigado a admitir que «em vez de ser melhor, o estalinismo é pior do que o fascismo, mais impiedoso, bárbaro, injusto, imoral, antidemocrático, e irremível por qualquer esperança ou escrúpulo», e que «se o descreveria melhor como superfascista»; e quando vemos o mesmo autor a reconhecer que «estalinismo é socialismo, no sentido de ser um acompanhamento político inevitável, ainda que imprevisto, da nacionalização e da colectivização com que ele contara como parte do seu plano para criar uma sociedade sem classes»[11], a sua conclusão adquire, como é evidente, um maior significado.

O caso de Eastman é, talvez, o mais notável, no entanto ele está longe de ser o primeiro e único observador atento da experiência russa a formular tais conclusões. Há uns anos, W. H. Chamberlin, que após doze anos como correspondente americano viu os seus ideais despedaçados, sintetizou as conclusões dos seus estudos na Alemanha e na Itália na afirmação de que «o socialismo irá certamente revelar-se, no começo pelo menos, ser o caminho, não da liberdade, mas para a ditadura e contraditadura, para a mais feroz guerra civil. O socialismo conseguido e mantido por meios democráticos parece pertencer inequivocamente ao domínio das utopias»[12]. De igual modo, após muitos anos a observar atentamente os desenvolvimentos na Europa, como correspondente estrangeiro, F. A. Voigt, um escritor britânico, conclui que «o marxismo levou ao fascismo e ao nacional-socialismo porque, na sua essência, é fascismo e

---

[11] Max Eastman, *Stalin's Russia and the Crisis of Socialism*, 1940, p. 82.
[12] W.H. Chamberlin, *A False Utopia*, 1937, pp. 202-3.

54 | O CAMINHO PARA A SERVIDÃO

nacional-socialismo» ([13]). E o Dr. Walter Lippmann chegou à convicção de que

> a geração a que pertencemos está agora a aprender por experiência própria o que acontece quando os homens recuam da liberdade para uma organização coerciva dos seus assuntos. Embora prometam a si mesmos uma vida mais abundante, na prática têm de renunciar a ela; à medida que a direcção organizada aumenta, a variedade de propósitos deverá dar lugar à uniformidade. É esta a némesis da sociedade planificada e o princípio autoritário nas questões do homem. ([14])

Poderia respigar muitas mais afirmações semelhantes, em publicações de anos recentes, de pessoas em posição de ajuizar, em especial por homens que, como cidadãos de países agora totalitários, viveram a transformação e foram obrigados pela sua experiência a rever crenças que lhes eram caras. Citaremos apenas mais um exemplo de um escritor alemão, que expressa a mesma conclusão, mas talvez de forma mais justa do que as já citadas.

> O colapso completo da crença da intangibilidade da liberdade e igualdade através do marxismo [escreve Peter Drucker] obrigou a Rússia a percorrer o mesmo caminho em direcção a uma sociedade totalitária, puramente negativa, não económica, sem liberdade e igualdade, que a Alemanha está a seguir. Não que o comunismo e o fascismo sejam essencialmente a mesma coisa. O fascismo é a fase que se atinge depois de o comunismo se ter revelado uma ilusão, e revelou-se uma ilusão tanto na Rússia estalinista como na Alemanha pré-Hitler. ([15])

([13]) F. A. Voigt, *Unto Caesar*, 1939, p. 95.
([14]) *Atlantic Monthly*, Novembro, 1936, p. 552.
([15]) *The End of Economic Man*, 1939, p. 230.

A GRANDE UTOPIA | 55

Não menos importante é a história intelectual de muitos dirigentes nazis e fascistas. Quem assistiu ao crescimento destes movimentos na Itália([16]) ou na Alemanha ficou impressionado pela quantidade de líderes, de Mussolini para baixo (não excluindo Laval nem Quisling), que começaram como socialistas e acabaram fascistas ou nazis. E o que é verdadeiro para os dirigentes é ainda mais verdadeiro para as fileiras do movimento. A relativa facilidade com que um jovem comunista se pôde converter em nazi ou vice-versa era do conhecimento geral na Alemanha, e ainda mais para os propagandistas dos dois partidos. Na década de 30, muitos professores universitários neste país viram estudantes ingleses e americanos regressar do continente indecisos sobre se eram comunistas ou nazis, e com a certeza apenas de que detestavam a civilização ocidental liberal.

É certo que na Alemanha, antes de 1933, e na Itália, antes de 1922, os comunistas e os nazis ou fascistas muitas vezes entraram em choque entre si, mais do que com outros partidos. Concorriam pelo apoio do mesmo tipo de espíritos e reservavam-se mutuamente o ódio ao herético. Mas a sua prática revela quão próximos estão relacionados. O verdadeiro inimigo, o homem com quem nada tinham em comum e a quem não podiam esperar convencer, era, para ambos, o liberal à antiga. Enquanto que para o nazi o comunista, e o comunista para o nazi, e para ambos o socialista, são recrutas potenciais feitos da cepa certa – embora tenham dado ouvidos a falsos profetas – ambos sabem que não poderá haver compromisso entre eles e quem acredita realmente na liberdade individual.

Para que não restem dúvidas às pessoas iludidas pela propaganda oficial de ambos os lados, permitam-me citar novamente a afirmação de uma autoridade que deveria ser insuspeita. Num

---

([16]) O leitor encontrará um relato esclarecedor da história intelectual de muitos dirigentes fascistas em R. Michels (ele próprio um ex-marxista-fascista), *Sozialismus und Faszismus*, Munique, 1925, vol. II, pp. 264-66 e 311-12.

56 | O CAMINHO PARA A SERVIDÃO

artigo com o título significativo «The Rediscovery of Liberalism» [«A Redescoberta do Liberalismo»], escreve o Professor Eduard Heiman, um dos líderes do socialismo religioso alemão:

> O hitlerismo proclama ser simultaneamente verdadeira democracia e verdadeiro socialismo, e a terrível verdade é que tais afirmações contêm um grão de verdade – um grão infinitésimo, é certo, mas, de qualquer forma, o suficiente para servir de base a tão fantásticas distorções. Hitler vai até ao ponto de se arrogar o papel de protector do cristianismo, e a terrível verdade é que mesmo essa grosseira interpretação errónea poderá causar alguma impressão. Mas há um facto que ressalta com perfeita clareza em todo o nevoeiro: Hitler nunca afirmou representar o verdadeiro liberalismo. O liberalismo tem, pois, a distinção de ser a doutrina mais odiada por Hitler.[17]

Há que acrescentar que este ódio teve poucas oportunidades de se manifestar na prática apenas porque, quando Hitler chegou ao poder, para todos os efeitos o liberalismo estava morto na Alemanha. E fora o socialismo que o matara.

*

Embora para muitos que presenciaram de perto a transição do socialismo para o fascismo a ligação entre os dois sistemas se tenha tornado cada vez mais óbvia, neste país a maioria das pessoas ainda acredita que socialismo e liberdade podem ser con-

---

[17] *Social Research* (Nova Iorque), vol. VIII, n.º 4, Novembro 1941. – A este respeito, convém recordar que, quaisquer que fossem as suas razões, Hitler considerou oportuno afirmar num dos seus discursos públicos já em Fevereiro de 1941 que «essencialmente, o nacional-socialismo e o marxismo são a mesma coisa» (Cf. *The Bulletin of International News* publicado pelo Royal Institute of International Affairs, vol. XVIII, n.º 5, p. 269).

jugados. É inquestionável que muitos dos socialistas neste país acreditam profundamente no ideal liberal de liberdade, e que ficariam horrorizados caso se convencessem de que a concretização do seu programa significaria a destruição da liberdade. Tão pequena é ainda a percepção do problema, tão facilmente coabitam ainda as ideias mais inconciliáveis, que podemos ainda ouvir serem seriamente discutidas contradições em termos do género «socialismo individualista». Se é esta a disposição mental que faz com que derivemos para um novo mundo, então nada será mais premente do que analisarmos seriamente o verdadeiro significado da evolução que ocorreu algures. Embora as nossas conclusões apenas confirmem as apreensões que outros já expressaram, as razões por que este desenvolvimento não pode ser considerado fortuito só serão reveladas através de uma análise assaz completa dos principais aspectos desta transformação da vida social. Que o socialismo democrático – a grande utopia das últimas gerações – é não só inatingível, e que a tentativa de o alcançar produz algo tão completamente diferente que poucos dos que agora o querem estariam preparados para aceitar as consequências, é algo em que muitos não acreditarão até que a ligação seja revelada em todos os seus aspectos.

3

Individualismo e Colectivismo

> Os socialistas acreditam em duas coisas que são absoluta-
> mente diferentes e talvez até contraditórias: liberdade e or-
> ganização.
>
> Elie Halévy

Antes de podermos continuar com o nosso problema há ainda que superar um obstáculo. Temos de clarificar uma confusão em grande parte responsável pela forma como estamos a resvalar para coisas que ninguém deseja.

Esta confusão diz respeito ao próprio conceito de socialismo, nem mais. Este pode significar – e é muitas vezes usado para descrever – apenas os ideais de justiça social, maior igualdade e segurança, que são, em última análise, os objectivos do socialismo. Mas também significa o método específico pelo qual a maioria dos socialistas espera atingir esses fins e que muita gente competente considera serem os únicos métodos pelos quais eles podem ser alcançados de forma plena e célere. Neste sentido, socialismo significa a abolição da empresa privada, da propriedade privada dos meios de produção e a criação de um sistema de «economia planificada» em que o empresário que trabalha

60 | O CAMINHO PARA A SERVIDÃO

visando o lucro é substituído por um organismo de planeamento central.

Há muita gente que se intitula socialista mas que só se importa com o primeiro significado, que acredita fervorosamente nos objectivos fundamentais do socialismo mas não se importa nem se interessa pela forma como podem ser alcançados, e que tem apenas a certeza de que devem ser alcançados, não importa a que custo. Mas para quase todos aqueles para quem o socialismo é, não só uma esperança, mas também objecto da prática política, os métodos característicos do moderno socialismo são tão essenciais quanto os próprios fins. Por outro lado, muita gente que valoriza os objectivos fundamentais do socialismo tanto quanto os socialistas recusa-se a apoiar o socialismo por causa dos perigos de outros valores que descortinam nos métodos propostos pelos socialistas. A disputa pelo socialismo tornou-se, assim, fundamentalmente uma disputa sobre meios e não sobre fins – embora também esteja implicada a questão de se saber se os diferentes fins do socialismo podem ser simultaneamente alcançados.

Isto bastaria para criar confusão. E a confusão foi agravada pela prática comum de negar que aqueles que repudiam os meios valorizam os fins. Mas não é tudo. A situação é ainda mais complicada devido ao facto de os mesmos meios, a «planificação económica», o principal instrumento da reforma socialista, poderem ser usados para muitos outros fins. Temos de controlar centralmente a actividade económica se quisermos tornar a distribuição de rendimento conforme às ideias actuais de justiça social. Por isso, pretendem a «planificação» todos aqueles que exigem que a «produção para uso» substitua a produção para lucro. Mas tal planificação não é menos indispensável se a distribuição de rendimentos for regulada de uma forma que não nos pareça ser justa. Mesmo que queiramos que mais das coisas boas deste mundo vão para a mesma elite racial, os homens nórdicos, ou para os membros de um partido ou uma aristocracia, os métodos que teremos de usar são os mesmos que poderiam garantir uma distribuição equitativa.

Poderá, talvez, parecer injusto utilizar o termo socialista para descrever os métodos e não os fins, ter de usar para determinado método um termo que, para muitos, significa um ideal por excelência. Será talvez preferível descrever como colectivismo os métodos que podem ser usados para uma grande variedade de fins, e considerar o socialismo uma espécie dessa classe. No entanto, embora para a maioria dos socialistas só uma espécie de colectivismo represente o verdadeiro socialismo, há que ter sempre em mente que o socialismo é uma espécie de colectivismo e que, por isso, tudo o que é verdadeiro para o colectivismo propriamente dito dever-se-á aplicar ao socialismo. Quase todos os pontos contestados por socialistas e liberais referem-se aos métodos comuns a todas as formas de colectivismo, e não a fins específicos para que os socialistas os pretendem usar; e todas as consequências com que nos iremos preocupar neste livro resultam dos métodos do colectivismo, independentemente dos fins para que foram usados. Não nos devemos também esquecer que o socialismo é, de longe, o tipo mais importante de colectivismo ou «planeamento»; mas, também, que foi o socialismo que convenceu pessoas de espírito liberal a submeter-se uma vez mais à regimentação da vida económica que havia desalojado, pois, nas palavras de Adam Smith, coloca os governos numa situação em que «para se sustentarem são obrigados a ser opressivos e tirânicos» [18].

*

As dificuldades causadas pela ambiguidade dos termos políticos comuns ainda não terminaram, caso concordemos em

---

[18] Citado na obra de Dugald Stewart, *Memoir of Adam Smith*, de um memorando escrito por Smith em 1755.

62 | O CAMINHO PARA A SERVIDÃO

usar o termo colectivismo de forma a que inclua todos os tipos de «economia planificada», qualquer que seja a finalidade da planificação. O significado deste termo torna-se mais preciso se deixarmos bem claro que nos referimos ao tipo de planificação necessário para se concretizar vários ideais distributivos. Mas como a ideia de planificação económica centralizada deve a sua atracção, em grande parte, ao próprio carácter vago do seu significado, é essencial que estejamos de acordo quanto ao seu preciso sentido antes de discutirmos as suas consequências.

A «planificação» deve a sua popularidade essencialmente ao facto de toda a gente desejar, é claro, que fosse possível lidarmos com os nossos problemas comuns de forma tão racional quanto possível, e que, ao fazê-lo, usássemos de toda a presciência possível. Neste sentido, todo aquele que não for um fatalista consumado é um planificador, todo o acto político é (ou deveria ser) um acto de planificação, e só pode haver diferenças entre o bom e o mau, entre planificação sensata e idiota e de vistas curtas. O economista, cujo trabalho é o estudo de como o homem gere e poderia planear os seus assuntos, é a última pessoa que poderia colocar objecções à planificação, nesta acepção. Mas não é nesta acepção que os entusiastas de uma sociedade planificada usam agora o termo, nem sequer é nesta acepção que devemos planear se quisermos que a distribuição de rendimentos ou de riqueza se conforme a um determinado nível. Segundo os modernos especialistas do planeamento, e para os seus propósitos, não basta conceber a mais racional e permanente das estruturas, no seio da qual as diversas actividades seriam levadas a cabo por diferentes pessoas conforme os seus planos individuais. Para eles, este plano liberal não é um plano – nem é, aliás, um plano concebido para satisfazer concepções particulares sobre quem deveria ter o quê. O que os nossos especialistas do planeamento exigem é a direcção central de toda a actividade económica de acordo com um só plano, que estabelece como os recursos da sociedade devem ser «conscientemente dirigidos» para servir determinados fins de um modo específico.

A disputa entre os modernos especialistas do planeamento e os seus opositores *não* é, por isso, uma disputa sobre se deveríamos escolher inteligentemente entre as várias organizações possíveis da sociedade; não é uma disputa sobre se deveríamos recorrer a um pensamento presciente e sistemático no planeamento dos nossos assuntos. É uma disputa sobre qual a melhor forma de o fazer. A questão é saber se para esse fim é melhor que o detentor do poder coercivo se restrinja, em geral, a criar condições pelas quais se dá maior latitude ao conhecimento e iniciativa dos indivíduos, para que *eles* possam planificar com mais êxito; ou se a utilização racional dos nossos recursos requer a organização e direcção *central* de todas as nossas actividades conforme um «esquema» conscientemente elaborado. Os socialistas de todos os partidos apropriaram-se do termo planificação para a planificação deste último tipo, que é hoje comummente aceite nessa acepção. Mas embora isto se destine a sugerir que essa é a única forma racional de tratar os nossos assuntos, não o prova. Continua a ser o ponto em que especialistas do planeamento e liberais discordam.

*

É importante não confundir a oposição a este tipo de planeamento com uma atitude *laissez-faire* dogmática. O argumento liberal defende que se faça o melhor uso possível das forças da concorrência como forma de coordenar os esforços humanos, e não como argumento para se deixar tudo como está. Baseia-se na convicção de que, nos casos em que pode haver verdadeira concorrência, esta será a melhor maneira de orientar os esforços individuais. Não nega, antes enfatiza, que, para a concorrência funcionar de modo benéfico, terá de haver um quadro jurídico muito bem pensado, e que nem as disposições legais actuais nem as passadas estão isentas de graves defeitos. Também não nega que, quando for impossível criar as condições necessárias para que haja verdadeira concorrência, teremos de recorrer a outros métodos de orientar a actividade económica. Todavia, o liberalismo económico opõe-se a que a concorrência seja suplantada pelos métodos inferiores de coordenação dos esforços individuais. E considera que a concorrência é superior não só porque, na maioria dos casos, é o método mais eficaz que se conhece, mas também porque é o único método pelo qual as nossas actividades podem ser adequadas umas às outras sem intervenção coerciva ou arbitrária da autoridade. De facto, um dos principais argumentos a favor da concorrência é que dispensa a necessidade de «controlo social consciente», e dá aos indivíduos a possibilidade de decidirem se as perspectivas de determinada ocupação serão suficientes para compensar as desvantagens e os riscos inerentes a essa ocupação.

A utilização com êxito da concorrência como princípio de organização social obsta a determinados tipos de interferência na vida económica, mas aceita outros que, por vezes, podem ajudar de forma considerável o seu funcionamento e, até, exigir alguma forma de acção por parte do governo. Mas há boas razões para que os requisitos negativos – os pontos em que a coerção não deverá ser utilizada – tenham sido especialmente realçados. Antes de mais, é necessário que as partes que agem no mercado sejam livres de vender e comprar a qualquer preço, para o qual encontrem um parceiro para a transacção, e que toda a gente seja livre de produzir, vender e comprar tudo o que seja produzido ou vendido. E é essencial que o acesso às diferentes actividades económicas esteja aberto a todos, em condições de igualdade, e que a lei não tolere quaisquer tentativas, seja por indivíduos ou por grupos, de restringir este acesso pela força, de modo manifesto ou dissimulado. Qualquer tentativa de controlar os preços ou as quantidades de determinado bem económico retira à concorrência o seu poder de ser um meio eficaz de coordenar esforços individuais, pois dessa forma as alterações de preço deixam de registar as mudanças significativas nas circunstâncias, deixando assim de ser um guia fiável para as acções do indivíduo.

No entanto, isso não é necessariamente verdade para as medidas que apenas restringem os métodos de produção autorizados, desde que essas restrições afectem por igual os potenciais produtores e não sejam utilizadas como forma indirecta de controlar preços e quantidades. Embora todos estes controlos de métodos ou da produção imponham custos acrescidos, isto é, fazem com que seja necessário usar mais recursos para produzir determinado resultado, podem muito bem valer a pena. Proibir o uso de algumas substâncias venenosas, ou exigir precauções especiais na sua utilização, limitar as horas de trabalho ou exigir determinadas condições de higiene, é perfeitamente compatível com a manutenção da concorrência. A única questão que aqui se coloca é se, em determinado caso, as vantagens obtidas serão maiores do que os custos sociais que impõem. Nem tão-pouco a manutenção da concorrência é incompatível com um amplo sistema de serviços sociais – desde que a organização desses serviços não esteja planeada de modo a fazer com que a concorrência seja ineficaz noutros campos.

É lamentável, ainda que não seja difícil de explicar, que no passado se tenha prestado muito menos atenção a estes pontos negativos do que aos requisitos positivos para que o sistema de concorrência funcione bem. O funcionamento da concorrência não só requer a organização adequada de algumas instituições, como a moeda, os mercados e os canais de informação – alguns dos quais nunca poderão ser adequadamente fornecidos pelo sector privado – mas depende, essencialmente, da existência de um sistema jurídico apropriado, um sistema jurídico concebido para preservar a concorrência e para zelar para que esta funcione de forma tão benéfica quanto possível. Não é de todo suficiente que o direito reconheça o princípio da propriedade privada e a liberdade de contrato; muito depende da definição precisa do direito à propriedade na sua aplicação a diversas coisas. Há muito que o estudo sistemático das formas das instituições jurídicas que farão com que o sistema de concorrência funcione eficientemente tem sido negligenciado; e poder-se-ia avançar argumentos válidos para o facto de que, neste caso, as lacunas, em especial no que diz respeito ao direito empresarial e de patentes, não só fizeram com que a concorrência funcionasse muito pior do que deveria, como até levaram à destruição da concorrência em muitas domínios.

Por último, sem dúvida que há áreas em que nenhum ordenamento jurídico poderá criar a principal condição da qual depende a utilidade de um sistema de concorrência e propriedade privada: a saber, que o proprietário beneficia de todos os serviços úteis facultados pela sua propriedade e sofre com todos os estragos causados por outrem ao utilizá-la. Nos casos em que, por exemplo, é impraticável disponibilizar o usufruto de determinados serviços contra pagamento de determinado preço, a concorrência não apresentará esses serviços; e o sistema de preços torna-se igualmente ineficaz se o estrago causado a outrem por determinados usos da propriedade não puder ser eficazmente imputado ao dono dessa propriedade. Em todos estes casos há uma divergência quanto aos itens que entram no cálculo privado e os que afectam o bem-estar social; e sempre que esta divergência se torna importante, há que descortinar um outro método, que não a concorrência, para facultar os serviços em questão. Assim, nem o fornecimento de placas de sinais rodoviários nas estradas nem, na maioria das vezes, das próprias estradas, pode ser pago pelo utilizador individual. Nem podem alguns efeitos prejudiciais da desflorestação, ou alguns métodos agrícolas, ou o fumo e o barulho das fábricas, ser restringidos ao seu proprietário ou àqueles dispostos a submeter-se aos danos a troco de uma compensação acordada. Nestes casos há que encontrar um substituto para a regulação pelo mecanismo do preço. Mas o facto de termos de recorrer à substituição da regulação directa pela autoridade, nos casos em que não se pode criar condições para o correcto funcionamento da concorrência, não prova que tenhamos de suprimir a concorrência quando ela pode funcionar.

Criar condições em que a concorrência seja tão eficaz quanto possível, complementá-la onde não possa ser eficaz, facultar serviços nos casos em que, nas palavras de Adam Smith, «embora possam ser vantajosos ao mais alto grau para uma grande sociedade, sejam de natureza tal que o lucro nunca poderia pagar a despesa de qualquer indivíduo ou um pequeno número de indivíduos», estas tarefas proporcionaram de facto um campo amplo e inquestionável para a actividade estatal. Em sistema algum que pudesse ser racionalmente sustentado ficaria o Estado sem fazer nada. Um sistema de concorrência competitivo, como qualquer outro, precisa de um quadro legal concebido de forma inteligente e em contínuo ajustamento. Até o pré-requisito mais essencial para o seu correcto funcionamento, impedir a fraude e o logro (incluindo a exploração da ignorância), proporciona um grande objecto de actividade legislativa, ainda que de todo bem conseguido.

*

A tarefa de criar uma estrutura adequada para o funcionamento benéfico da concorrência não havia ainda sido levada muito longe quando, por todo o lado, os Estados começaram a suplantar a concorrência por um outro princípio diferente, e irreconciliável. Já não se tratava agora de fazer com que a concorrência funcionasse e de a complementar, antes de a afastar por completo. Há que ser bem claro quanto a isto: o moderno movimento para a centralização é, em si mesmo, um movimento contra a concorrência, uma nova bandeira sob a qual se agruparam todos os velhos inimigos da concorrência. Embora todo o tipo de interesses esteja agora a tentar, sob esta bandeira, restabe-

68 | O CAMINHO PARA A SERVIDÃO

lecer privilégios que a era liberal eliminara, foi a propaganda socialista a favor da centralização que tornou novamente respeitável, entre pessoas de orientação liberal, a oposição à concorrência, e que sossegou, eficazmente, a desconfiança saudável que qualquer tentativa de abafar a concorrência costumava suscitar [19].

Aquilo que de facto une os socialistas da esquerda e da direita é a hostilidade comum à concorrência e a sua vontade comum de a substituir por uma economia centralizada. Apesar de os termos capitalismo e socialismo ainda serem geralmente utilizados para descrever as formas pretéritas e futuras da sociedade, eles ocultam, mais do que esclarecem, a natureza da transição que estamos actualmente a atravessar.

E no entanto, apesar de todas as alterações que estamos a presenciar tenderem na direcção de um controlo central abrangente da actividade económica, a luta universal contra a concorrência promete produzir, antes de mais, algo que é, em muitos aspectos, até pior, um estado de coisas que possa não satisfazer liberais nem adeptos do planeamento centralizado: uma espécie de organização da indústria de modo sindicalista ou «corporativo», em que a concorrência é mais ou menos suprimida, mas o planeamento fica nas mãos de monopólios independentes de indústrias separadas. Este é o primeiro resultado inevitável de

---

[19] Ultimamente, é certo, alguns académicos socialistas, debaixo de críticas e movidos pelo mesmo medo de extinção da liberdade numa economia centralizada, conceberam um novo tipo de «socialismo competitivo», que esperam possa vir a evitar as dificuldades e os perigos de uma economia centralizada e conjugar a abolição da propriedade privada com a manutenção de toda a liberdade individual. Embora em algumas publicações académicas tenha havido debate sobre este novo tipo de socialismo, dificilmente se recomendará a políticos pragmáticos. Se o fizesse, não seria difícil demonstrar (como o autor já tentou fazer algures – vide *Economica*, 1940) que estes planos se baseiam no logro e padecem de uma contradição intrínseca. É impossível assumir o controlo sobre todos os recursos de produção sem decidir também por quem e para quem deverão ser usados. Embora o planeamento central – neste socialismo competitivo – adquirisse formas algo mais tortuosas, os seus efeitos não seriam fundamentalmente diferentes, e a componente de concorrência seria pouco mais do que um embuste.

uma situação em que as pessoas estão unidas na sua hostilidade à concorrência, mas de acordo quanto a pouco mais. Ao destruir a concorrência em indústria após indústria, nas indústrias mais bem organizadas esta política coloca o consumidor à mercê da acção monopolista conjunta dos capitalistas e trabalhadores. Contudo, embora este seja um estado de coisas que em muitos domínios já existia há algum tempo, e apesar de muita da agitação desordenada (e grande parte da interessada) a favor do planeamento o ter como meta, não é um estado de coisas que tenda a persistir ou possa ser justificado racionalmente. Com efeito, este tipo de planeamento independente pelas indústrias em regime de monopólio iria produzir efeitos contrários àqueles que visa o argumento para o planeamento. Quando se atinge esta fase, a única alternativa para regressar à concorrência é o controlo dos monopólios pelo Estado, controlo que, para se revelar eficaz, deverá ser progressivamente mais completo e pormenorizado. É para esta fase que nos estamos a aproximar rapidamente. Quando logo antes da guerra um dos jornais semanários salientou que «havia muitos sinais de que os dirigentes britânicos se estavam a habituar a pensar em termos de desenvolvimento nacional através de monopólios controlados» [20], tratava-se provavelmente de uma avaliação certeira da situação tal como então existia. Desde então este processo foi bastante acelerado pela guerra, e os seus graves perigos e defeitos tornam-se, com o passar do tempo, cada vez mais óbvios.

A ideia de uma completa centralização da orientação da actividade económica ainda horroriza muita gente, não só por causa da imensa dificuldade da tarefa, mas ainda mais por causa do horror que lhes inspira a ideia de tudo ser dirigido a partir de um único centro. Se, apesar de tudo, estamos a caminhar rapidamente para um tal estado de coisas, isto deve-se em grande parte ao facto de muita gente ainda acreditar que será possível

---

[20] *The Spectator*, 3 de Março, 1939, p. 337.

70 | O CAMINHO PARA A SERVIDÃO

descobrir uma Via Intermédia entre a concorrência «atomista» e o controlo central. De facto, a princípio, nada parece mais plausível, ou com maiores hipóteses de agradar a pessoas sensatas, do que a ideia de o nosso objectivo não dever ser nem a descentralização extrema da livre concorrência, nem a completa centralização de um único plano, antes uma mistura judiciosa de ambos os métodos. Todavia, o mero bom senso revela-se um guia traiçoeiro no terreno. Embora a concorrência possa admitir alguma mistura de regulação, não pode ser combinada com o planeamento até onde quisermos sem deixar de funcionar como um guia eficaz da produção. Nem o «planeamento» é um remédio que, tomado em pequenas doses, possa produzir os efeitos que se esperaria de uma aplicação meticulosa. Tanto a concorrência como o controlo central são instrumentos maus e ineficazes se estiverem incompletos; são princípios alternativos utilizados para resolver o mesmo problema, e uma mistura de ambos significa que nenhum deles irá funcionar correctamente e que o resultado será pior do que se se tivesse usado sempre o mesmo sistema. Ou, pondo a questão de modo diferente: o planeamento e a concorrência podem ser combinados apenas planeando a concorrência, mas não planeando contra a concorrência.

É da maior importância para a argumentação deste livro que o leitor tenha em mente que o planeamento contra o qual se dirige a nossa crítica é apenas o planeamento contra a concorrência – o planeamento que se pretende substituir à concorrência. Isto é tanto mais importante porque não podemos, no âmbito deste livro, proceder à discussão do próprio planeamento necessário para tornar a concorrência tão eficaz e benéfica quanto possível. Mas como o actual uso de «planeamento» praticamente se tornou sinónimo daquele outro tipo de planeamento, a bem da brevidade será inevitável referirmo-nos a ele simplesmente como «planeamento», mesmo que isto signifique deixar aos nossos adversários uma palavra muito boa, que merecia melhor sorte.

4

A «inevitabilidade» do Planeamento

Fomos os primeiros a afirmar que quanto mais complicadas
as formas de civilização, mais restringida se deve tornar a liberdade individual.

B. Mussolini

É um facto revelador que poucos planeadores se satisfaçam
em afirmar que o planeamento central é desejável. Muitos deles afirmam que já não temos escolha e que nos vemos obrigados, devido a circunstâncias que não podemos controlar, a
substituir a concorrência pelo planeamento. Cultiva-se intencionalmente o mito de que estamos a iniciar um novo rumo,
não por nossa livre vontade, mas porque a concorrência é eli-
minada de forma espontânea pelas mudanças tecnológicas, que
não podemos inverter nem desejamos impedir. Este argumento
raramente é aprofundado – é uma das afirmações que um escritor recupera de outro, até que, pela mera iteração, se torna
aceite como facto estabelecido. Não tem, todavia, qualquer fundamento. A tendência para o monopólio e planeamento não é
o resultado de quaisquer «factos objectivos» que não possamos

72 | O CAMINHO PARA A SERVIDÃO

controlar, antes o produto de opiniões sustentadas e propagadas há meio século, até que passam a dominar toda a nossa política.

Dos vários argumentos utilizados para demonstrar a inevitabilidade do planeamento, aquele que mais vezes ouvimos é que as mudanças tecnológicas tornaram a concorrência impossível em cada vez mais áreas, e que a única escolha que nos resta é entre o controlo da produção através de monopólios privados e administração pelo governo. Esta crença resulta, essencialmente, da doutrina marxista da «concentração da indústria», embora esta crença, como tantas outras ideias marxistas, figure agora em muitos círculos que a receberem em terceira ou quarta mão e não saibam por isso qual a sua origem.

Não se contesta, é claro, o facto histórico do crescimento progressivo do monopólio nos últimos cinquenta anos e a cada vez maior restrição das áreas em que predomina a concorrência – embora a dimensão do fenómeno seja muitas vezes francamente exagerada[21]. Importa saber se este desenvolvimento é uma consequência necessária do avanço da tecnologia, ou se é simplesmente o resultado das políticas seguidas em muitos países. Veremos que a verdadeira história deste desenvolvimento sugere fortemente esta última hipótese. Mas antes há que considerar até que ponto os modernos avanços tecnológicos tornam inevitável o crescimento dos monopólios em vastas áreas.

A alegada causa tecnológica do crescimento do monopólio é a superioridade da grande firma sobre a pequena devido a uma maior eficiência dos métodos modernos de produção em massa. Os métodos modernos – afirma-se – criaram condições na maioria das indústrias em que a produção de uma firma grande pode ser aumentada reduzindo os custos unitários, com o resul-

---

[21] Para um tratamento mais completo destes assuntos, vide o ensaio do Professor L. Robbins, «The Inevitability of Monopoly» [A Inevitabilidade do Monopólio], in *The Economic Basis of Class Conflict*, 1939, pp. 45-80.

A «INEVITABILIDADE» DO PLANEAMENTO | 73

tado de as grandes firmas estarem a apresentar propostas mais vantajosas e a acabar com as mais pequenas; este processo prolonga-se em cada indústria até que só reste uma das maiores firmas, ou, quando muito, umas poucas. Este argumento destaca um efeito que por vezes anda a par do progresso tecnológico; ignora outros que agem em sentido contrário; e é pouco apoiado pelo escrutínio rigoroso dos factos. Não podemos aqui investigar esta questão em pormenor e teremos de nos contentar com aceitar as melhores provas disponíveis. O estudo mais completo feito recentemente é o do Comité Nacional Económico Temporário americano sobre a *Concentração do Poder Económico*. O relatório final deste Comité (que não poderá certamente ser acusado de excessivo preconceito liberal) chega à conclusão de que a noção segundo a qual a maior eficiência da produção em grande escala é a causa do desaparecimento da concorrência «encontra fraco apoio nos indícios de que dispomos» ([22]). E a detalhada monografia sobre a questão preparada pelo Comité resume a resposta nesta afirmação.

A superior eficiência de estabelecimentos maiores não foi demonstrada; as vantagens que alegadamente eliminariam a concorrência em muitas áreas não se manifestaram. Nem as economias de maior dimensão, nos casos que existem, necessitam invariavelmente de monopólio. [...] A dimensão, ou dimensões, da eficiência óptima pode ser alcançada muito antes de a maior parte da oferta estar sujeita a tal controlo. As conclusões de que a vantagem da produção em grande escala deverá resultar inevitavelmente na abolição da concorrência não podem ser aceites. Note-se, contudo, que o monopólio é muitas vezes o produto de outros factores que não os custos mais baixos de uma maior dimensão. É conseguido

---

([22]) *Final Report and Recommendations of the Temporary National Economic Committee*, 77.º Congresso, 1.ª Sessão, Documento do Senado n.º 35, 1941, p. 89.

74 | O CAMINHO PARA A SERVIDÃO

através do acordo colusório e promovido por políticas públicas. Quando se invalidam tais acordos e quando se invertem estas políticas, as condições concorrenciais podem ser recuperadas.[23]

Uma investigação às condições neste país levaria a resultados muito semelhantes. Quem quer que tenha reparado como os aspirantes a monopolistas habitualmente procuram, e muitas vezes obtêm, a ajuda do poder do Estado para efectivar o seu controlo, terá poucas dúvidas de que esta evolução nada tem de inevitável.

*

Esta conclusão é fortemente apoiada pela sequência histórica em que o declínio da concorrência e o crescimento do monopólio se manifestaram em diferentes países. Se fossem o resultado de avanços tecnológicos ou um produto necessário da evolução do «capitalismo», esperar-se-ia que surgissem primeiro nos países com o sistema económico mais avançado. Na realidade, surgiram primeiro durante o último terço do século XIX naqueles que eram então países industriais relativamente recentes, os Estados Unidos e a Alemanha. Neste último, em especial, que se tornou um país modelo que tipifica a evolução necessária do capitalismo, o crescimento de cartéis e consórcios tem vindo a ser sistematicamente promovido desde 1878 através de um política planeada. De forma a intensificar a criação de monopólios para a regulação de preços e vendas, o governo utilizou, não só o instrumento do proteccionismo, como também o estímulo directo e até a compulsão. Foi aqui que, com a ajuda do Estado, a primeira grande experiência em «planea-

---

[23] C. Wilcox, *Competition and Monopoly in American Industry*, Temporary National Economic Committee, Monograph No. 21, 1941, p. 314.

mento científico» e «organização calculada da indústria» levou à criação de monopólios gigantescos, que foram apresentados como desenvolvimentos inevitáveis cinquenta anos antes de o mesmo ser feito na Grã-Bretanha. É em grande parte devido à influência dos teóricos socialistas alemães, Sombart em especial, que a evolução inevitável do sistema de concorrência para o «monopólio capitalista» se tornou amplamente aceite. Que nos Estados Unidos uma política extremamente proteccionista tenha possibilitado uma evolução parecida parece confirmar esta generalização. No entanto, a evolução na Alemanha, mais do que a dos Estados Unidos, passou a ser considerada representativa de uma tendência universal; e passou a ser um lugar comum falar – para citar um ensaio político recente muito lido – da «Alemanha em que todas as forças políticas e sociais da civilização moderna atingiram a sua forma mais avançada»[24].

Quão pouco tudo isto tinha de inevitável, e o muito que é o resultado de políticas deliberadas, torna-se claro quando analisamos a situação deste país até 1931 e o desenvolvimento desde esse ano em que a Grã-Bretanha também deu início a uma política de protecção geral. Passou apenas uma dúzia de anos desde que a indústria britânica era, no seu conjunto, tão competitiva como talvez nunca antes na sua história – excepto umas poucas indústrias que já antes tinham obtido protecção. E embora na década de 20 do século XX ela tenha sofrido gravemente por causa de políticas salariais e monetárias incompatíveis, relativamente a emprego e actividade geral os anos até 1929, pelo menos, não perdem quando comparados com a década de 30. Foi apenas desde a transição para o proteccionismo, e com a alteração geral na política económica britânica a par dela, que o crescimento dos monopólios se deu a um ritmo assombroso e transformou a indústria britânica de tal forma que o público mal se dá conta. Afirmar que este desenvolvimento tem algo a

---

[24] R. Niebuhr, *Moral Man and Immoral Society*, 1932.

O CAMINHO PARA A SERVIDÃO

ver com o progresso tecnológico durante esse período, que as necessidades tecnológicas que funcionavam na Alemanha nas décadas de 80 e 90 do século XIX se fizeram sentir aqui na década de 30 do século XX, não é muito menos absurdo do que a afirmação, implícita na frase de Mussolini (em epígrafe neste capítulo), de que a Itália tinha de abolir a liberdade individual antes de qualquer outro povo europeu porque a sua civilização avançara muito mais do que o resto!

No que respeita a este país, à tese de que a alteração de opinião e de política apenas segue uma alteração inexorável nos factos pode conferir-se uma aparência de verdade, apenas porque a Inglaterra seguiu à distância o desenvolvimento intelectual alhures. Pode, assim, argumentar-se que a organização monopolística da indústria cresceu, apesar do facto de a opinião pública ainda preferir a concorrência, mas que acontecimentos externos frustraram os seus desejos. Todavia, a verdadeira relação entre teoria e prática torna-se clara logo que olhamos para o protótipo deste desenvolvimento, a Alemanha. Que *ali* a supressão da concorrência foi uma questão de política deliberada, levada a cabo ao serviço do ideal a que hoje chamamos planeamento, não restam dúvidas. No avanço progressivo em direcção a uma sociedade completamente planeada, os Alemães, e todos os povos que lhes copiam o exemplo, estão apenas a seguir o rumo que os pensadores oitocentistas, em especial alemães, lhes traçaram. A história intelectual dos últimos sessenta ou oitenta anos é, de facto, a perfeita ilustração da verdade de que em evolução social nada é inevitável, mas antes é o pensamento que assim o torna.

*

A asserção de que o moderno progresso tecnológico torna o planeamento inevitável pode também ser interpretada de um modo diferente. Pode querer dizer que a complexidade da nossa moderna civilização industrial cria novos problemas com que não se pode esperar lidar de forma eficaz senão pelo planeamento central. Em certo sentido, isto é verdade – mas não no sentido mais lato em que é afirmado. Por exemplo, constitui um lugar comum o facto de muitos dos problemas criados por uma cidade moderna, tal como outros problemas causados pela estreita contiguidade no espaço, não serem adequadamente resolvidos pela concorrência. Mas não são estes problemas, como os das «empresas públicas», etc., que estão mais presentes no espírito dos que invocam a complexidade da civilização moderna como argumento para o planeamento central. O que eles geralmente indicam é que a cada vez maior dificuldade em obter um retrato coerente de todo o processo económico torna indispensável que as coisas sejam coordenadas por alguma agência central por forma a que a vida social não se dissolva no caos.

Este argumento baseia-se numa má interpretação do funcionamento da concorrência. Longe de ser adequada apenas a soluções comparativamente simples, é a própria complexidade da divisão do trabalho nas modernas condições que torna a concorrência no único método através do qual essa coordenação poder ser apropriadamente concretizada. Não haveria qualquer dificuldade quanto ao controlo eficaz ou planeamento caso as condições fossem tão simples que uma única pessoa ou administração poderia controlar de modo eficaz todos os factos relevantes. Só quando os factores a ter em conta se tornam tão numerosos que se revela impossível conseguir obter deles uma visão sinóptica, é que a descentralização se torna imperativa. Mas assim que a descentralização é necessária, surge o problema da coordenação, uma coordenação que deixa as várias agências livres para ajustar as suas actividades aos factos que só elas conhecem, e que no entanto origina um ajuste mútuo dos seus planos respectivos. Como a descentralização se tornou necessária porque ninguém podia, em consciência, conciliar todas as considerações que influíam nas decisões de tantos indivíduos, a coordenação pode manifestamente não ser afectada pelo «controlo consciente», apenas por arranjos que facultam a cada agente a informação que deverá ter para que possa ajustar, de modo eficaz, as suas decisões às dos outros. E porque nunca se pode conhecer na totalidade – ou ser coligidos e divulgados de forma célere, por um qualquer centro – todos os detalhes das alterações que estão constantemente a afectar as condições da oferta e da procura dos diferentes bens económicos, torna-se necessário um tipo de registo que anote automaticamente todos os efeitos relevantes das acções individuais, e cujas indicações sejam ao mesmo tempo a resultante de, e o guia para, todas as decisões individuais.

É precisamente isto que faz o sistema de preços num regime de concorrência, e que nenhum outro sistema está sequer perto de conseguir. A observação das flutuações de relativamente poucos preços, tal como um engenheiro observa os ponteiros de alguns relógios, permite aos empresários adequar as suas actividades às dos outros. A questão importante aqui é que o sistema de preços só preencherá esta função caso a concorrência prevaleça, isto é, se o produtor individual tiver de se adaptar às alterações de preços e não as puder controlar. Quanto mais complicado o conjunto, mais dependentes nos tornamos da divisão do conhecimento entre indivíduos cujos esforços individuais são coordenados pelo mecanismo impessoal para a transmissão de informação relevante que conhecemos pelo nome de sistema de preços.

Não será um exagero afirmar que, caso tivéssemos de contar com um planeamento central consciente para o crescimento do nosso sistema industrial, este nunca teria atingido o grau de diferenciação, complexidade e flexibilidade que alcançou. Comparado com este método de resolução do problema económico através da descentralização mais coordenação automática, o método de controlo central mais óbvio revela-se incrivelmente tosco, primitivo e limitado no seu âmbito. Que a divisão do trabalho tenha atingido um ponto que possibilitou a moderna civilização, devemo-lo ao facto de não ter sido criada conscientemente, pois o homem tropeçou num método pelo qual a divisão do trabalho pode ser estendida muito para além dos limites dentro dos quais poderia ter sido planeada. Por isso, qualquer aprofundamento da sua complexidade, longe de tornar o controlo central mais necessário, faz com que, mais do que nunca, seja importante que utilizemos uma técnica que não dependa do controlo consciente.

*

Há ainda uma outra teoria que relaciona o crescimento dos monopólios com o progresso tecnológico, e que usa argumentos quase nos antípodas dos que acabámos de considerar; essa teoria, embora nem sempre exposta de forma clara, tem também exercido influência considerável. Segundo ela, a técnica moderna não destrói a concorrência, antes pelo contrário, será impossível usar muitas das novas possibilidades tecnológicas a não ser que se as proteja da concorrência, isto é, que concessione um monopólio. Este tipo de argumento não é necessariamente falacioso, como o leitor crítico suspeitará: a resposta óbvia – que se uma nova técnica para satisfazer as nossas necessidades for realmente melhor, poderia fazer face à concorrência – não elimina todos os casos para que este argumento remete. Não há dúvida de que em muitos casos é utilizado apenas como forma de apelo especial pelas partes interessadas. Na maioria das vezes, baseia-se provavelmente numa confusão entre excelência técnica de um ponto de vista limitado, de engenharia, e aquilo que é apetecível do ponto de vista da sociedade como um todo.

Permanece, todavia, um conjunto de casos em que o argumento poderá ter alguma força. É concebível, por exemplo, que a indústria automóvel britânica possa apresentar um carro melhor e mais barato do que os carros seriam nos Estados Unidos, se toda a gente em Inglaterra tivesse de utilizar esse carro; ou que o uso de electricidade, para todos os fins, possa passar a ser mais barato do que o carvão ou o gás se toda a gente tivesse de usar electricidade. Em casos como estes há pelo menos a possibilidade de ficarmos mais bem servidos, e poderíamos preferir a nova situação se pudéssemos escolher – mas nenhum indivíduo teria por onde escolher, pois a alternativa seria ou todos usarmos o mesmo carro mais barato (ou apenas electricidade), ou que pudéssemos escolher entre estas coisas, com todas elas a preços muito mais altos. Não sei se isso será verdadeiro em qualquer dos casos apresentado. Mas há que admitir que, através da estandartização obrigatória, ou a proibição de haver variedade para lá de determinado grau, é possível que em algumas áreas a abundância possa ser incrementada mais do que o suficiente, de forma a compensar a restrição da escolha do consumidor. É até concebível que um dia se pudesse inventar algo novo cuja adopção pareceria inequivocamente benéfica, mas que seria apenas usada se muita ou toda a gente a usasse ao mesmo tempo.

Sejam estes exemplos importantes ou perenes, não serão por certo exemplos em que se possa legitimamente afirmar que o progresso técnico torna o controlo central inevitável. Fariam apenas com que fosse necessário optar entre conseguir determinada vantagem através da obrigatoriedade e não a conseguir – ou, em muitos casos, consegui-la ligeiramente mais tarde, quando posteriores avanços técnicos já superaram dificuldades específicas. É certo que em tais casos poderemos ter de sacrificar um hipotético ganho imediato como preço a pagar pela nossa liberdade – mas, por outro lado, evitamos a necessidade de fazer depender desenvolvimentos futuros do conhecimento que determinadas pessoas agora possuem. Ao sacrificarmos essas vantagens actuais, preservamos um estímulo importante para um maior progresso. E embora a curto prazo o preço a pagar pela variedade e pela liberdade da escolha possa por vezes ser alto, a longo prazo até o progresso material dependerá dessa variedade, porque nunca podemos prever a partir de qual das muitas formas em que um bem ou um serviço podem ser prestados é que se poderá desenvolver algo melhor. É evidente que não se pode afirmar que a preservação da liberdade à custa de algum acrescento ao conforto material de que actualmente dispomos será recompensada em todos os casos. Mas o argumento a favor da liberdade é, precisamente, que teremos de deixar espaço para o crescimento livre que não podemos prever. Ele aplica-se também quando, com base no conhecimento de que dispomos, a obrigatoriedade pareceria trazer apenas vantagens, embora em determinado caso até possa nem ser prejudicial.

Em grande parte da actual discussão sobre os efeitos do progresso tecnológico, este mesmo progresso é-nos apresentado como se fosse algo que nos é exterior e que nos obrigaria a usar o novo conhecimento de determinado modo. Embora seja verdade que as invenções nos conferiram um poder tremendo, é absurdo sugerir que temos de usar este poder para destruir o nosso mais precioso legado: a liberdade. Significa, contudo, que caso a queiramos preservar, temos de a guardar mais ciosamente do que nunca, e que temos de estar dispostos a fazer sacrifícios por ela. Apesar de nada haver nos modernos desenvolvimentos tecnológicos que nos empurre para um planeamento económico abrangente, há muita coisa neles que torna infinitamente mais perigoso o poder que uma autoridade do planeamento teria.

*

Embora haja poucas dúvidas de que a tendência para o planeamento é o resultado de acção deliberada e que não há factores externos que no-lo imponham, valerá a pena indagar por que razão existe uma tão grande proporção de especialistas técnicos à cabeça dos planeadores. A explicação para este fenómeno está estreitamente associada a um facto importante que os críticos dos planeadores deveriam ter sempre presente: não se

82 | O CAMINHO PARA A SERVIDÃO

duvide que quase todos os ideais técnicos dos nossos especialistas poderiam ser conseguidos num relativamente curto espaço de tempo se alcançá-los fosse o único propósito da humanidade. Há uma quantidade infinda de coisas boas, que, todos concordamos, são tão desejáveis quanto possíveis, mas às quais podemos aspirar alcançar apenas de modo imperfeito. É a frustração destas ambições no nosso próprio campo que faz com que o especialista se revolte contra a ordem existente. A todos nos custa ver coisas por fazer que toda a gente tem de admitir que são simultaneamente desejáveis e possíveis. Que estas coisas não possam ser todas feitas ao mesmo tempo, que cada uma delas só possa ser conseguida com sacrifício de outras, percebe-se tendo em conta factores que não se inserem em qualquer especialismo, que podem ser considerados apenas com esforço intelectual penoso – mais penoso ainda porque obriga-nos a ver contra um pano de fundo mais vasto os objectos aos quais se destinam os nossos maiores esforços, e a conciliá-los com outros fora da esfera do nosso interesse imediato e que, por essa razão, nos interessam menos.

Cada uma destas muitas coisas que, consideradas isoladamente, seria possível alcançar numa sociedade planificada, cria entusiastas do planeamento que têm a certeza de que serão capazes de incutir nos directores de uma tal sociedade a sua noção de valor de determinado objecto; e as esperanças de alguns deles seriam sem dúvida satisfeitas, pois uma sociedade planificada iria certamente promover alguns objectivos, mais do que actualmente. Seria uma insensatez negar que os casos que conhecemos de sociedades planificadas ou semiplanificadas nos facultam exemplos da questão, de coisas boas que as pessoas desses países devem inteiramente ao planeamento. As excelentes auto-estradas na Alemanha e na Itália são um exemplo muito citado – ainda que não representem um tipo de planeamento que não possa ser reproduzido numa sociedade liberal. Mas seria igualmente insensato citar estes casos de excelência técnica em áreas específicas como prova da superioridade geral do planeamento. Seria mais correcto afirmar que esta excelência técnica extrema, desadequada das condições gerais, é indício da má utilização de recursos. Quem quer que tenha conduzido nas famosas auto-estradas alemãs e visto que a quantidade de tráfego nelas é menor do que em muitas estradas secundárias em Inglaterra, não terá grandes dúvidas de que pouca justificação haverá para elas em tempo de paz. Saber se não se trataria de um caso em que os especialistas do planeamento decidiram a favor de «armas» em vez de «manteiga»(*), é outra questão(25). Mas, pelos nossos padrões, há pouca razão para entusiasmos.

A ilusão do especialista de que, numa economia planificada, ele conseguiria mais atenção para os objectivos com que mais se preocupa é um fenómeno mais geral do que o termo especialista à primeira vista indicaria. Nas nossas predilecções e interesses, todos somos em certa medida especialistas. E todos cremos que a nossa ordem de valores pessoal não é apenas pessoal, e que numa discussão livre entre pessoas racionais conseguiríamos convencer os outros da justeza da nossa. O apreciador do campo que pretende, acima de tudo, que a aparência tradicional deste mesmo campo seja preservada e que a mácula que a indústria já infligiu à sua bela face seja removida, tal como o entusiasta da saúde que quer que todas as casas de campo pitorescas, mas pouco sanitárias, sejam eliminadas, ou o motorista que pretende que se rasgue o campo com estradas amplas, o fanático eficiente que deseja o máximo de especialização e mecanização e o idealista que, por causa do desenvolvimento da

---

(*) A expressão remete para um modelo de desenvolvimento económico concebido na segunda década do século XX que obrigaria um Estado a ter de optar entre investir os seus recursos em produção de cariz militar («armas») ou civil («manteiga»); pela sua própria natureza, é evidente que esta política não é compatível com uma economia em mercado livre. *(N. T.)*

(25) Mas, quando revia as provas deste livro, chegou-me a notícia de que as obras de manutenção nas auto-estradas alemãs haviam sido suspensas!

personalidade, pretende preservar o maior número possível de artesãos, todos sabem que o seu objectivo só pode ser plenamente alcançado pelo planeamento – e, por essa razão, todos querem o planeamento. Mas é claro que a adopção do planeamento social por que clamam só pode pôr a nu o conflito oculto entre os seus objectivos.

O movimento pelo planeamento deve a sua força actual em grande parte ao facto de, embora seja ainda uma ambição, unir quase todos os idealistas obsessivos, homens e mulheres que dedicaram as suas vidas a uma única tarefa. As esperanças que colocam no planeamento, todavia, não são o resultado de uma visão abrangente da sociedade, antes de uma visão muito limitada, e muitas vezes o resultado de um grande exagero da importância dos fins, que colocam acima de tudo. Não se trata de menosprezar o grande valor pragmático deste tipo de homens numa sociedade livre como a nossa, que os torna objecto de justa admiração. Mas faria desses mesmos homens, os mais ansiosos por planear a sociedade, os mais perigosos, se lhes fosse permitido fazê-lo – e os mais intolerantes do planeamento elaborado por outros. Do idealista virtuoso e obsessivo ao fanático é por vezes apenas um passo. Embora o maior ímpeto para o planeamento provenha do ressentimento do especialista frustrado, dificilmente haveria um mundo mais insuportável – e mais irracional – do que aquele em que ao mais insigne especialista em cada área seria permitido proceder, sem peias, à concretização dos seus ideais. Nem a «coordenação» se pode tornar um novo especialismo, como parecem julgar alguns planeadores. O economista é o último a afirmar que possui o conhecimento de que o coordenador necessitaria. O seu apelo é para um método que torne eficaz a coordenação sem a necessidade de um ditador omnisciente. Mas isso significa precisamente manter alguns controlos impessoais, e muitas vezes ininteligíveis, aos esforços individuais, controlos esses com que todos os especialistas se irritam.

5

Planeamento e Democracia

O estadista que tentar controlar as pessoas privadas quanto ao modo como deverão usar os seus capitais, não só atrairia sobre si uma atenção deveras desnecessária, como também assumiria uma autoridade que não poderia ser seguramente confiada a nenhum conselho ou senado, e que em lado algum seria tão perigosa como nas mãos de um homem com a loucura e a presunção de se imaginar a exercê-la.

ADAM SMITH

As características comuns de todos os sistemas colectivistas podem ser descritas – numa frase sempre cara aos socialistas de todas as escolas – como a organização intencional dos trabalhos da sociedade com vista a determinado objectivo. Que à nossa sociedade actual falta esse controlo «consciente» face a determinado objectivo, que as suas actividades são guiadas pelos caprichos e ilusões de indivíduos irresponsáveis, tem sido sempre umas das principais queixas dos críticos socialistas.

Em muitos aspectos, isto coloca a questão essencial ainda de forma mais clara. E remete-nos de imediato para o ponto em que se manifesta o conflito entre a liberdade individual e o colectivismo. Os vários tipos de colectivismo, comunismo, fascismo, etc., diferem entre si na natureza do objectivo para o qual pretendem dirigir os esforços da sociedade. Mas todos eles diferem do liberalismo e do individualismo por quererem organizar toda a sociedade, e todos os seus recursos, para este fim unitário, e por recusarem reconhecer esferas autónomas em que os fins do indivíduo são supremos. Em suma, são totalitários na verdadeira acepção desta nova palavra que adoptámos para descrever as manifestações inesperadas, mas ainda assim inseparáveis, daquilo a que em teoria chamamos colectivismo.

O «objectivo social», ou «propósito comum», pelo qual a sociedade deve ser organizada, é geralmente descrito de forma vaga como o «bem comum», ou «o bem-estar geral», ou o «interesse geral». Não será necessária grande reflexão para perceber que estes termos não têm um significado suficientemente específico para determinar um rumo concreto. O bem-estar e a felicidade de milhões não podem ser avaliados por uma única escala de menos e mais. O bem-estar das pessoas, tal como a felicidade do homem, depende de muitíssimas coisas que podem ser facultadas por uma variedade infinita de combinações. Não pode ser expresso adequadamente como um único fim, apenas como uma hierarquia de fins, uma escala de valores abrangente em que a cada necessidade de cada pessoa é atribuído o seu lugar. Orientar todas as nossas actividades segundo um único plano pressupõe que a cada uma das nossas necessidades é atribuído um lugar na ordem de valores, que deverá ser suficientemente completa para permitir decidir entre os vários rumos possíveis aquele por que o especialista do planeamento terá de optar. Pressupõe, em suma, a existência de um código ético completo em que a todos os diferentes valores humanos seja atribuído o seu devido lugar.

O conceito de um código ético completo é desconhecido e requer algum esforço de imaginação para se perceber o que envolve. Não temos por hábito pensar nos códigos morais como

PLANEAMENTO E DEMOCRACIA | 87

sendo mais ou menos completos. O facto de estarmos constantemente a escolher entre diferentes valores sem que haja um código social a prescrever-nos como escolher, não nos surpreende e não nos diz que o nosso código moral é incompleto. Na nossa sociedade, não há nem ocasião nem razão para que as pessoas desenvolvam opiniões comuns sobre o que deve ser feito em tais situações. Mas quando todos os meios a ser usados são pertença da sociedade, e deverão ser usados em nome da sociedade conforme um plano unitário, todas as decisões devem ser norteadas por uma noção «social» do que deveria ser feito. Num mundo assim, em breve descobriríamos que o nosso código moral estava cheio de lacunas.

Não estamos aqui preocupados com a questão de saber se seria desejável dispor de um tal código ético completo. Poder-se-ia apenas salientar que, até agora, o crescimento da civilização foi acompanhado por uma diminuição gradual da esfera em que as acções individuais estão delimitadas por regras fixas. As regras em que consiste o nosso código moral comum têm-se vindo progressivamente a reduzir e a tornar mais genéricas no seu carácter. Do homem primitivo, que estava vinculado por um ritual a quase todas as actividades do seu quotidiano, limitado por inúmeros tabus, e que dificilmente pensaria em fazer coisas de um modo diferente dos seus semelhantes, a moralidade tem vindo cada vez mais a tornar-se apenas em limites que circunscrevem a esfera dentro da qual o indivíduo se podia comportar como lhe aprouvera. A adopção de um código ético comum suficientemente abrangente para determinar um plano económico unitário significaria a total inversão desta tendência.

Para nós, o ponto essencial é que um código tão completo não existe. A tentativa de dirigir toda a actividade económica conforme um único plano iria suscitar inúmeras questões para as quais a resposta só poderia ser dada por uma regra moral, mas para a qual a actual moralidade não tem resposta, e não há consenso quanto ao que deveria ser feito. As pessoas ou têm opiniões concretas ou inconciliáveis sobre estas questões, porque na sociedade livre em que vivemos não houve oportunidade de pensar nelas, muito menos chegar a opiniões comuns sobre elas.

*

Não se trata apenas de não possuirmos uma escala de valores tão inclusiva: seria impossível para qualquer mente abarcar a variedade infinita das diferentes necessidades de diferentes pessoas que competem pelos recursos disponíveis e atribuir a cada uma determinado peso. Para o nosso problema, é uma questão de somenos se os fins com que cada um se preocupa incluem apenas as suas próprias necessidades individuais, ou se incluem também as dos seus semelhantes mais próximos ou mesmo os mais distantes – ou seja, se é egoísta ou altruísta, na acepção comum destes termos. A questão importante aqui é o facto elementar de ser impossível para qualquer pessoa abarcar mais do que determinado campo, estar ciente da urgência de mais do que um número limitado de necessidades. Quer os seus interesses se centrem em torno das suas próprias necessidades físicas, quer se interesse pelo bem-estar dos indivíduos que conhece, os fins com que se pode preocupar serão apenas uma parte infinitesimal das necessidades de todos os homens.

É neste facto fundamental que assenta toda a filosofia do individualismo. Não pressupõe, como muitas vezes se diz, que o homem seja egotista ou egoísta, ou que o deveria ser. Tem apenas como ponto de partida o facto incontestável de os limites dos nossos poderes de imaginação impossibilitarem incluir na nossa escala de valores mais do que parte das necessidades de toda a sociedade. Com base nisto, o individualista conclui que aos indivíduos deveria ser permitido, dentro de limites definidos, seguir os seus próprios valores e preferências, em vez dos de outrem, que dentro destas esferas o sistema de fins do indivíduo deveria ser soberano e não estar sujeito a qualquer imposição por parte de outrem. É este reconhecimento do indivíduo como juiz último dos seus fins, a crença de que, tanto quanto possível, as suas opiniões devem ser governadas pelas suas acções, que forma a essência da posição individualista.

Esta concepção, não exclui, como é evidente, o reconhecimento dos fins sociais ou, melhor, da coincidência de fins individuais que torna aconselhável aos homens que combinem a sua demanda. Mas limita essa acção comum aos casos em que as concepções individuais coincidem; aquilo a que se chama «fins sociais» são apenas fins idênticos de muitos indivíduos – ou fins para cuja consecução os indivíduos estão dispostos a contribuir em troca da ajuda que recebem pela satisfação dos seus próprios desejos. A acção comum está assim restringida aos domínios em que as pessoas estão de acordo quanto aos fins comuns. Muitas vezes, estes fins comuns não serão fins últimos para os indivíduos, mas meios que diferentes pessoas podem usar para diferentes propósitos. Na verdade, é mais provável que as pessoas estejam de acordo sobre a acção comum nos casos em que o fim comum não é, para elas, um fim último, antes um meio capaz de servir uma grande variedade de propósitos.

Quando os indivíduos unem esforços para atingir fins que têm em comum, às organizações, como o Estado, que eles constituem para essa finalidade é atribuído o seu próprio sistema de fins e os seus próprios meios. Mas qualquer organização assim constituída continua a ser uma «pessoa» entre outras, no caso do Estado muito mais poderosa do que qualquer outra, é certo, mas ainda assim com a sua esfera separada e limitada, em que só os fins são soberanos. Os limites desta esfera são determinados pelo ponto até onde os indivíduos estarão de acordo quanto a fins específicos; e a probabilidade de estarem de acordo sobre determinado rumo decresce, naturalmente, à medida que o âmbito desse rumo se alarga. Há funções do Estado sobre cujo exercício haverá uma quase unanimidade entre os cidadãos; sobre outras haverá a concordância de uma maioria substancial; e assim sucessivamente, até chegarmos a domínios em que, embora cada indivíduo possa querer que o Estado aja de determinada forma, haverá sempre tantas opiniões sobre aquilo que o governo deveria fazer quantas as pessoas.

Só podemos contar com o acordo voluntário para guiar a acção do Estado até ao ponto em que esta mesma acção fica confinada às esferas para as quais haja acordo. Mas não é apenas quando o Estado chama a si o controlo em áreas em que não há acordo que ele está a suprimir a liberdade individual. Infelizmente, não podemos alargar indefinidamente a esfera da acção comum e, ainda assim, deixar o indivíduo livre na sua própria esfera. Assim que o sector comunitário, em que o Estado controla todos os meios, excede uma determinada proporção do todo, os efeitos das suas acções dominam todo o sistema. Embora o Estado controle directamente a utilização de apenas uma grande parte dos recursos disponíveis, os efeitos das suas decisões na parte restante do sistema económico tornam-se tão grandes que acaba por controlar praticamente tudo de forma indirecta. Quando, como foi o caso da Alemanha em 1928, as autoridades centrais e locais controlam directamente a utilização de mais de metade do produto interno (53% segundo uma estimativa oficial alemã), indirectamente controlam quase toda a vida económica da nação. Então, praticamente não há um fim individual que não esteja dependente da acção do Estado, e a «escala social de valores» que norteia a nação deve incluir quase todos os fins individuais.

*

É difícil não perceber quais as consequências quando a democracia enceta uma linha de acção de planeamento que, na sua execução, requer mais concordância do que aquela que existe. As pessoas podem ter acordado em adoptar um sistema de economia planificada porque foram convencidas de que ela irá produzir muita prosperidade. Nas conversações que levam à decisão,

PLANEAMENTO E DEMOCRACIA | 91

o objectivo do planeamento terá sido descrito por termos como «bem-estar comum», o que apenas disfarça a falta de uma verdadeira concordância quanto aos fins do planeamento. Só haverá acordo quanto ao mecanismo a usar. Mas é um mecanismo que pode ser usado apenas para um fim comum; e a questão do objectivo específico para o qual toda a actividade deverá ser orientada será suscitada logo que o poder executivo tenha de traduzir a procura de um plano único num determinado plano. Parecerá então que a concordância quanto ao aspecto apelativo do planeamento não é suportada pela concordância quanto aos fins que o plano deverá servir. O efeito de as pessoas concordarem no facto de ter de haver planeamento central, sem concordarem quanto aos fins, seria como se um grupo de pessoas que decidissem ir de viagem juntas sem estarem de acordo quanto ao sítio onde pretendiam ir: com o resultado de poderem todos ter de fazer uma viagem que a maioria não pretendia de todo fazer. Que o planeamento cria uma situação em que é necessário que estejamos de acordo sobre mais assuntos do que aquilo a que estamos habituados – e que num sistema planificado não podemos restringir a acção colectiva às tarefas sobre as quais estamos de acordo, antes estamos obrigados a chegar a acordo sobre tudo para que se possa sequer agir – é um dos traços que mais contribuem para determinar o carácter de um sistema planificado.

Pode ter sido a vontade unanimemente expressa do povo que o parlamento prepare um plano económico abrangente, mas nem o povo nem os seus representantes têm por isso de estar de acordo sobre determinado plano. A incapacidade de as assembleias democráticas executarem o que parece ser um mandato claro do povo irá inevitavelmente causar insatisfação junto das instituições democráticas. Os parlamentos passaram a ser considerados «locais de conversa vã», incapazes ou incompetentes para levarem a cabo as tarefas para que foram escolhidos. E cresce a convicção de que, a ter de se implementar planeamento eficiente, a sua direcção deverá ser «retirada aos políticos» e confiada

92 | O CAMINHO PARA A SERVIDÃO

às mãos de especialistas – funcionários do quadro ou organismos autónomos independentes.

A dificuldade é bem conhecida dos socialistas. Cumprir-se-á em breve meio século desde que os Webbs se queixaram inicialmente da «cada vez maior incapacidade de a Câmara dos Comuns dar conta do seu trabalho»[26]. Mais recentemente, o Professor Laski esmiuçou o argumento:

> É consensual que a actual máquina parlamentar é assaz inadequada para aprovar um grande volume de legislação complicada. De facto, o Governo Nacional admitiu-o em substância ao implementar as suas medidas relativas a economia e tarifas, não através do debate na Câmara dos Comuns, mas por um sistema em série de legislação delegada. Um Governo trabalhista iria, presumo, aprofundar a amplitude deste precedente. Restringiria a Câmara dos Comuns às duas funções que esta pode cumprir adequadamente: a exposição de agravos e a discussão dos princípios gerais das suas medidas. As suas Leis assumiriam a forma de fórmulas gerais que confeririam amplos poderes aos respectivos departamentos governamentais; e estes poderes seriam exercidos por um decreto-lei que, se se quisesse, poderia ser atacado na Câmara através de uma moção de confiança. A necessidade e o valor da legislação delegada foi recente e firmemente demonstrada pela Comissão Donoughmore[*]; e a sua

---

[26] S. e B. Webb, *Industrial Democracy*, 1897, p. 800, nota.

[*] A Comissão Donoughmore foi constituída pelo parlamento inglês em 1929, em resposta à grande celeuma causada pela publicação da obra *New Despotism*, do Lord Chief Justice Lord Hewitt of Bury. Neste texto, o autor alertava para uma perversão burocrática que, recorrendo à legislação delegada, se traduzia num poder despótico (daí o título) que pretendia que o poder executivo não tivesse de responder perante o parlamento e ficasse fora da alçada dos tribunais. O relatório da Comissão é geralmente considerado a base da jurisprudência da legislação delegada (para saber, de forma sucinta, as conclusões da Comissão, cf. o ponto II do artigo em http://www.austlii.edu.au/au/journals/MqLJ/2004/2.html). *(N. T)*

PLANEAMENTO E DEMOCRACIA | 93

extensão é inevitável caso se pretenda que o processo de socialização não seja minado pelos métodos habituais de obstrução que os actuais regimes parlamentares sancionam.

E para deixar bem claro que um governo socialista não se deve permitir ser agrilhoado por procedimentos democráticos, no final do seu artigo o Professor Laski levantou a questão de «se, num período de transição para o socialismo, um Governo trabalhista poderia arriscar ver por terra as suas medidas em resultado das próximas eleições» – que deixou sem resposta[27].

*

É importante perceber claramente as causas desta ineficácia confessa do parlamento quando se trata da administração detalhada dos assuntos económicos da nação. O problema não está nos representantes individuais nem nas instituições parlamentares em si, antes na contradição intrínseca da tarefa que lhes está confiada. Não se lhes pede que ajam quando podem estar de acordo, mas que estejam de acordo sobre tudo – toda a direcção dos recursos da nação. Contudo, para tal tarefa o sistema de decisão por maioria não é adequado. Nos casos em que

---

[27] H.J. Laski, «Labour and the Constitution», in *The New Statesman and Nation*, n.º 81 (Nova Série), 10 de Setembro, 1932, p. 277. Num livro (*Democracy in Crisis*, 1933, em especial na p. 87) em que o Professor Laski aprofundou estas ideias, a sua resolução de que a democracia parlamentar não deve constituir obstáculo à realização do socialismo é expressa de forma ainda mais declarada: não só iria um governo socialista «assumir vastos poderes e legislar ao abrigo deles por determinação e decreto» e «suspender a fórmula clássica da oposição normal», mas a «continuidade do governo parlamentar iria depender de ter em seu [isto é, do Governo trabalhista] poder garantias do Partido Conservador de que o seu trabalho de transformação não seria desfeito pela revogação no caso de derrota nas urnas»!
Uma vez que o Professor Laski invoca a autoridade da Comissão Donoughmore, valerá a pena relembrar que o Professor foi membro dessa comissão e, presumivelmente, um dos autores do relatório.

94 | O CAMINHO PARA A SERVIDÃO

a escolha seja entre alternativas limitadas, haverá maiorias; mas seria do domínio da superstição acreditar que tem de haver uma opinião maioritária sobre tudo. Não há qualquer razão para que haja uma maioria a favor de qualquer uma das linhas de acção possíveis, pois estas são imensas. Cada membro da assembleia legislativa pode preferir um qualquer plano específico para a direcção da actividade económica em vez de plano nenhum; mas nenhum plano único parecerá preferível a uma maioria do que plano algum.

Também não se consegue um plano coerente dividindo-o em partes e votando determinados assuntos. Uma assembleia democrática a votar e a corrigir um plano económico abrangente cláusula a cláusula, tal como o faz com um projecto-lei, não faz sentido. Um plano económico digno deste nome tem de ter uma concepção unitária. Mesmo que o parlamento, procedendo passo a passo, pudesse estar de acordo sobre um qualquer esquema, certamente que no fim de contas não satisfaria ninguém. Um todo complexo em que as partes têm de ser ajustadas umas às outras muito cuidadosamente não se consegue através de um compromisso entre opiniões contraditórias. Preparar desta forma um plano económico é ainda menos possível do que, por exemplo, conseguir planear com sucesso uma campanha militar por processos democráticos. Pois na estratégia tornar-se-ia inevitável delegar a tarefa a especialistas.

No entanto, a diferença é que enquanto que ao general a quem cabe dirigir uma campanha é atribuído um único fim para o qual, durante toda a campanha, todos os meios sob seu controlo têm de ser exclusivamente dedicados, o especialista do planeamento económico não tem semelhante fim, nem lhe é imposta semelhante limitação de meios. O general não tem de conciliar objectivos independentes entre si; para ele, há apenas um objectivo supremo. Mas os fins de um plano económico, ou de qualquer parte dele, não podem ser definidos independentemente do plano em si. É da essência de um problema de economia que

PLANEAMENTO E DEMOCRACIA | 95

a elaboração de um plano económico implique a opção entre fins concorrentes ou contraditórios – as diferentes necessidades de pessoas diferentes. Mas saber quais os fins contraditórios, quais terão de ser sacrificados caso queiramos atingir outros, em suma, quais as alternativas entre aquelas que temos de escolher, isso só pode saber quem estiver na posse de todos os factos; e só eles, os especialistas, estão em posição de decidir a que diferentes fins dar preferência. É inevitável que imponham a sua hierarquia de preferências à comunidade para a qual fazem o planeamento.

Isto nem sempre é reconhecido e a delegação é geralmente justificada pelas características técnicas da tarefa. Mas isto não significa que só se delegue o detalhe técnico, ou até que a incapacidade dos parlamentos em compreenderem o detalhe técnico seja o cume da dificuldade[28]. As alterações na estrutura do

---

[28] Nesta ligação, é instrutivo aludir, com brevidade, ao documento do Governo em que, em anos recentes, estes problemas têm sido debatidos. Há já trinta anos, isto é, antes de este país abandonar finalmente o liberalismo económico, o processo de delegar poderes legislativos já havia sido levado a um ponto em que se julgou necessário nomear uma comissão para investigar «que salvaguardas são desejáveis ou necessárias para garantir o Estado de direito. Neste relatório, a «Comissão Donoughmore» (*Report of the* [Lord Chancellor's] *Committee on Ministers' Powers*, Cmd. 4060, 1932) mostrou que mesmo na altura o Parlamento recorrera «à prática da legislação maciça e indiscriminada» mas considerara-a (isto foi antes de termos realmente entrevisto o abismo totalitário!) uma evolução inevitável e relativamente inócua. É talvez verdadeiro que a delegação em si não tenha de ser um perigo para a liberdade. O que interessa aqui é porque é que a delegação se tornara necessária em tal escala. À cabeça das causas enumeradas no relatório surge o facto de «actualmente o Parlamento aprovar tantas leis todos os anos» e que «muito do detalhe é tão técnico que não é apropriado para discussão parlamentar». Mas se fosse só isto não haveria razão para que o detalhe não fosse resolvido *antes*, em vez de depois de o Parlamento aprovar uma lei. O que será, em muitos casos, uma razão muito mais importante porque «se o Parlamento não estivesse disposto a delegar o poder de fazer leis, não poderia aprovar o tipo e a quantidade de legislação que a opinião pública requer», é revelado de forma inocente na pequena frase «muitas das leis afectam a vida das pessoas tão de perto que a elasticidade é essencial!» Que significa isto senão a atribuição de poder arbitrário, poder que não é limitado por quaisquer princípios fixos e que, na opinião do Parlamento, não pode ser limitado por regras precisas e inequívocas?

96 | O CAMINHO PARA A SERVIDÃO

direito civil não são menos técnicas nem mais difíceis de abarcar em todas as suas implicações; e, contudo, ninguém em seu perfeito juízo sugeriu que a legislação, no parlamento, fosse delegada num conjunto de especialistas. O facto é que, nestas áreas, a legislação não vai além de regras gerais sobre as quais se consegue obter verdadeira concordância da maioria, enquanto que na direcção da actividade económica os interesses a conciliar são tão divergentes que numa assembleia democrática dificilmente se chegaria a uma verdadeira concordância.

Note-se, contudo, que não é a delegação do poder de fazer leis que é, em si mesma, tão questionável. Opor-se assim à delegação é opor-se a um sintoma, em vez da causa, e, como pode ser o resultado de outras causas, enfraquecer o argumento. Enquanto o poder delegado for apenas o poder de traçar regras gerais, poderá haver muito boas razões para que essas regras sejam definidas pela autoridade local, e não pela autoridade central. Censurável é que se recorra tantas vezes à delegação porque o assunto em questão não pode ser regulado por regras gerais, mas apenas pela prudência na decisão de casos específicos. Em tais casos, delegação significa que se confere a uma qualquer autoridade o poder de tomar, pela força da lei, aquilo que, para todos os efeitos, são decisões arbitrárias (geralmente descritas como «a avaliar o caso pela sua especificidade»).

A delegação de determinadas tarefas técnicas a organismos separados, sendo embora uma coisa habitual, é apenas o primeiro passo num processo através do qual uma democracia que adopta o planeamento vai progressivamente abdicando dos seus poderes. O expediente da delegação não pode eliminar realmente as causas que fazem com que todos os defensores do planeamento abrangente se mostrem tão impacientes ante a impotência da democracia. A delegação de determinados poderes a agências separadas cria um novo obstáculo à consecução de um único plano coordenado. Mesmo que através deste expediente uma democracia conseguisse planificar cada sector da actividade eco-

PLANEAMENTO E DEMOCRACIA | 97

nómica, ainda assim se debateria com o problema da integração desses planos num todo unificado. Muitos planos autónomos não formam um todo planeado – aliás, como os próprios especialistas do planeamento deveriam ser os primeiros a admitir –, e podem ser piores do que não ter plano algum. Mas a legislatura democrática irá hesitar durante muito tempo até renunciar às decisões sobre assuntos realmente vitais, e enquanto assim se mantiver impossibilita que quem quer que seja apresente um plano abrangente. Contudo, a concordância quanto ao facto de o planeamento ser necessário, a par da incapacidade das assembleias democráticas em conceberem um plano, irá suscitar exigências cada vez maiores para que sejam atribuídos poderes ao governo ou a um qualquer indivíduo para agir por sua própria responsabilidade. Está cada vez mais divulgada a convicção de que, para que as coisas sejam feitas, há que libertar as autoridades responsáveis dos grilhões dos procedimentos democráticos.

A exigência de um ditador económico é uma fase característica do movimento rumo ao planeamento, a que este país não é alheio. Já lá vão alguns anos desde que um dos observadores mais perspicazes da Inglaterra, o falecido Elie Halévy, sugeriu que «se tirarmos uma fotografia conjunta de Lord Eustace Percy, Sir Oswald Mosley e Sir Stafford Cripps(*), julgo que descobriríamos esta característica comum – veríamos que todos concordariam em afirmar: "Vivemos num caos económico e só podemos sair dele se governados por uma liderança ditatorial"[29]. Desde

---

(*) Lord Eustace Percy (1887-1958) foi um político conservador britânico, que desempenhou altos cargos na educação (presidente do Board of Education, de 1924 a 1929, e ministro sem pasta entre 1935 e 1936).

Sir Oswald Mosley (1896-1980), político britânico, deputado, fundador da União Britânica dos Fascistas e do New Party, foi o principal cultor do movimento fascista em Inglaterra.

Sir Stafford Cripps (1889-1952), político trabalhista, desempenhou vários altos cargos, sendo o ministro das Finanças britânico de 1947 a 1950 (*N. T.*)

[29] «Socialism and the Problems of Democratic Parliamentarism», *International Affairs*, vol. XIII, p. 501.

98 | O CAMINHO PARA A SERVIDÃO

então, cresceu consideravelmente a quantidade de homens públicos influentes cuja inclusão não alteraria materialmente as características da «fotografia conjunta».

Na Alemanha, mesmo antes da chegada de Hitler ao poder, já o movimento progredira muito mais. Convém relembrar que durante algum tempo até 1933, a Alemanha chegara a um ponto em que tivera, de facto, de ser governada de modo ditatorial. Na altura, ninguém tinha dúvidas de que, por agora, a democracia falhara, e que genuínos democratas como Brüning, Schleicher ou Von Papen não podiam governar democraticamente. Hitler não precisou de destruir a democracia; apenas se aproveitou da decadência desta e no momento crucial conseguiu obter o apoio de muitos para quem ele parecia o único homem suficientemente forte para resolver as coisas, ainda que o detestassem.

*

O argumento pelo qual os especialistas do planeamento geralmente tentam conciliar-nos com este desenvolvimento reza assim: desde que, em última análise, a democracia mantenha o controlo, os fundamentos da democracia não são afectados. Assim, escreve Karl Mannheim:

> A única [*sic*] forma em que uma sociedade planificada difere de uma sociedade do século XIX é que cada vez mais esferas da vida social, e, em última análise, todas elas, estão sujeitas a controlo estatal. Mas se uns quantos controlos podem ser verificados pela soberania parlamentar, também muitos o podem ser. [...] num Estado soberano, a democracia pode ser infinitamente fortalecida por poderes plenários sem renunciar ao controlo democrático.[30]

---

[30] K. Mannheim, *Man and Society in an Age of Reconstruction*, 1940, p. 340.

Esta convicção ignora uma distinção crucial. É claro que o Parlamento pode controlar a execução de tarefas – sobre as quais pode dar instruções específicas, sobre as quais concordou primeiro quanto ao objectivo e apenas delegou a forma de resolver os pormenores. A situação torna-se completamente diferente quando o motivo para delegar é o facto de não haver verdadeira concordância quanto aos fins, quando a entidade encarregada do planeamento tem de escolher entre fins de que o parlamento ignora sequer que são contraditórios, e quando o máximo que se pode fazer é apresentar-lhe um plano que tem de ser aceite ou rejeitado como um todo. Poderá haver, e provavelmente haverá, mais críticas; mas uma vez que nenhuma maioria pode chegar a acordo sobre um plano alternativo, e as partes contestadas podem ser sempre representadas como partes essenciais do todo, continuarão a ser muito ineficazes. Poder-se-á manter o debate parlamentar como válvula de segurança útil, e, mais ainda, como meio conveniente através do qual são disseminadas as respostas oficiais às queixas. Pode até impedir abusos flagrantes e insistir, com êxito, para que determinados defeitos sejam remediados. Mas não pode dirigir. Na melhor das hipóteses, ver-se-á reduzido a escolher as pessoas que terão um poder praticamente absoluto. Todo o sistema tenderá para uma ditadura plebiscitária em que o chefe de governo será confirmado de tempos a tempos pelo voto popular, mas em que o ditador terá à sua disposição todos os poderes para garantir que a eleição irá na direcção que ele quiser.

É o preço da democracia que as possibilidades de controlo consciente se restrinjam às áreas em que haja verdadeira concordância, e que em algumas áreas as coisas tenham de ser deixadas ao acaso. Mas numa sociedade que, para o seu funcionamento, dependa de um planeamento central, este controlo não pode ficar dependente da concordância de uma maioria; será muitas vezes necessário que a vontade de uma pequena minoria tenha de ser imposta à população, por esta minoria ser o maior grupo capaz de estar de acordo entre si sobre o assunto em questão. A governação democrática tem funcionado bem quando, e desde que, as funções do governo estão restringidas – por uma convicção amplamente aceite – às áreas em que se pode obter concordância entre a maioria através da livre discussão; e é o grande mérito do credo liberal ter reduzido o leque de assuntos para os quais era necessário concordância – assunto esse que é provável que exista numa sociedade de homens livres. Actualmente, diz-se muitas vezes que a democracia não tolerará o «capitalismo». Se, aqui, «capitalismo» quer dizer um sistema competitivo baseado na livre circulação da propriedade privada, é muito mais importante perceber que só neste sistema é que a democracia é possível. Quando passar a ser dominada pelo credo colectivista, a democracia, inevitavelmente, destruir-se-á a si mesma.

*

Não é nossa intenção, todavia, fazer da democracia um fetiche. É certo que a nossa geração fala muito de democracia, e tem-na em alta conta, mas dá-se o inverso quanto aos valores que ela serve. Não se poderá dizer da democracia, como Lord Acton disse justamente da liberdade, que «não é um meio para um fim político mais nobre. É em si mesma o fim político mais nobre. Não se a exige por mor da boa administração pública, mas para a segurança na prossecução dos mais nobres objectos da sociedade civil e da vida privada». A democracia é essencialmente um meio, um mecanismo utilitário para salvaguardar a paz interna e a liberdade individual. Como tal, não é de todo infalível ou garantida. Nem nos devemos esquecer de que tem havido muito mais liberdade cultural e espiritual em governos autocráticos do que em algumas democracias – e é pelo menos concebível que sob um governo democrático maioritário muito homogéneo e doutrinário a governação possa ser tão opressiva como na pior ditadura. O nosso ponto, contudo, não é que a ditadura

PLANEAMENTO E DEMOCRACIA | 101

deva inevitavelmente extirpar a liberdade, mas que o planeamento leva à democracia porque esta é o instrumento mais eficaz de correcção e aplicação de ideais, e, como tal, essencial para que o planeamento centralizado em grande escala seja possível. O confronto entre planeamento e democracia resulta pura e simplesmente do facto de esta ser um obstáculo à supressão da democracia que a actividade económica dirigida requer. Mas na medida em que a democracia deixa de ser uma garantia de liberdade individual, pode muito bem persistir sob qualquer forma num regime totalitário. Caso uma verdadeira «ditadura do proletariado», mesmo democrática na forma, pretendesse dirigir centralmente o sistema económico, iria provavelmente destruir tão completamente a liberdade individual como qualquer autocracia o fizera.

O facto, muito em voga, de se concentrar na democracia o principal valor ameaçado, não é destituído de perigo. E é em grande parte responsável pela crença errónea e infundada de que enquanto a origem última do poder for a vontade da maioria, o poder não pode ser arbitrário. A falsa garantia que muitos obtêm desta crença é uma causa importante da inconsciência generalizada face aos perigos que enfrentamos. Não há justificação para se julgar que enquanto o poder for conferido por procedimentos democráticos, não pode ser arbitrário; o contraste sugerido por esta afirmação é rotundamente falso: não é a origem, mas a limitação do poder que o impede de ser arbitrário. O controlo democrático *pode* impedir o poder de se tornar arbitrário, mas não o faz pela sua mera existência. Se a democracia se resolve por uma tarefa que implique necessariamente o uso de poder que não pode ser dirigido por regras fixas, torna-se poder arbitrário.

6

O planeamento
e o Estado de direito(*)

Estudos recentes em sociologia do direito confirmaram uma vez mais que o princípio fundamental do direito formal pelo qual cada caso deve ser julgado segundo preceitos racionais gerais, que têm o menor número possível de excepções e se baseiam em subsunções lógicas, existe apenas na fase competitiva liberal do capitalismo.

K. Mannheim

Nada distingue mais claramente as condições num país livre das de um país sob um governo arbitrário como a observância no primeiro dos grandes princípios conhecidos como o Estado de direito. Se lhe retirarmos todas as especificidades técnicas, isto significa que a governação está, em todos os seus actos, restringida por regras fixas e conhecidas de antemão – regras que

---

(*) A expressão *rule of law* foi quase sempre traduzida por «Estado de direito», o que a aproxima, aliás, do termo alemão a que Hayek recorre várias vezes, *Rechtsstaat*; mas por vezes foi necessário recorrer à expressão «primado da Lei» para dar conta das várias acepções do original. A edição de 1976 usa a expressão «Ordem jurídica». (*N. T.*)

104 | O CAMINHO PARA A SERVIDÃO

possibilitam antever com alguma certeza como é que a autoridade irá usar o seu poder coercivo em determinadas circunstâncias, e planear os assuntos de um indivíduo com base neste conhecimento[31]. Embora este ideal nunca possa ser perfeitamente alcançado, uma vez que os legisladores, bem como aqueles a quem está confiada a administração da lei, são homens falíveis, a questão essencial – que a discrição confiada às entidades que exercem o poder coercivo deve ser reduzida tanto quanto possível – é suficientemente clara. Apesar de toda a lei restringir em determinada medida a liberdade individual através da alteração dos meios que as pessoas poder usar na prossecução dos seus objectivos, num Estado de direito o governo está impedido de neutralizar os esforços do indivíduo pela acção *ad hoc*. No quadro das regras do jogo, o indivíduo é livre de perseguir os seus fins e desejos, na certeza de que os poderes do governo não serão usados deliberadamente para frustrar os seus esforços.

A distinção que fizemos anteriormente entre a criação de um quadro legal permanente no seio do qual a actividade produtiva é regida por decisões individuais, e a direcção da actividade económica por uma autoridade central é, assim, na verdade, um caso concreto da distinção mais genérica entre o Estado de direito e o governo arbitrário. No primeiro, o governo restringe-se a estabelecer regras que determinam as condições sob as quais podem ser usados os recursos disponíveis, deixando aos indiví-

---

[31] Segundo a exposição clássica por A. V. Dicey em *The Law of the Constitution* (8.ª ed., p. 198), o Estado de direito «significa, antes de mais, a supremacia absoluta da lei comum, por oposição à influência do poder arbitrário, e exclui a existência de arbitrariedade, de prerrogativa ou até da autoridade discricionária por parte do governo». Graças em grande parte ao trabalho de Dicey, em Inglaterra o termo adquiriu todavia um significado técnico mais restrito que não nos interessa para o caso. O significado antigo mais lato do conceito de reinado da lei, que em Inglaterra se tornara uma tradição instituída que era mais tida por adquirida do que debatida, foi aprofundado de forma mais completa, precisamente porque levantava aquilo quc cram novos problemas, no início do século XIX, nas discussões na Alemanha sobre a natureza do *Rechstsstaat* [Estado de direito].

duos a decisão sobre para que fins poderão ser usados. No segundo, o governo dirige o uso dos meios de produção para determinados fins. O primeiro tipo de regras pode ser feito de antemão, como regras *formais* que não visam as necessidades de determinadas pessoas. Destinam-se apenas a contribuir para a prossecução dos vários fins das pessoas. E são, ou deveriam ser, concebidas para períodos tão longos que se torna impossível saber se irão ajudar algumas pessoas mais do que outras. Quase que poderiam ser descritas como uma espécie de instrumento de produção, que ajuda as pessoas a prever o comportamento daqueles com quem têm de colaborar, e não como um esforço para a satisfação de determinadas necessidades.

O planeamento(*) económico do tipo colectivista implica necessariamente o oposto disto. A autoridade que faz o planeamento não se pode restringir a proporcionar oportunidades a pessoas desconhecidas para que estas façam delas o uso que quiserem. Não pode ficar de antemão amarrada a regras gerais e formais que impeçam a arbitrariedade. Tem de prover às reais necessidades das pessoas à medida que surjam e então escolher deliberadamente entre elas. Tem de decidir constantemente questões que não podem ser apenas respondidas por princípios formais, e ao tomar estas decisões tem de estabelecer distinções de mérito entre as necessidades de diferentes pessoas. Quando o governo tem de decidir quantos porcos há que criar e quantos autocarros tem de haver, que minas explorar, ou por que preço vender botas, estas decisões não podem ser deduzidas de princípios formais, ou decididas de antemão para longos perío-

---

(*) «Planeamento» e «planificação» são usados como sinónimos, embora há algumas décadas ainda se fizesse a distinção, sendo então o termo «planificação» usado para referir «economias planificadas» e «planeamento» para «planos organizados sem exclusão da iniciativa privada» (cf. «Planeamento» in *Enciclopédia Luso-Brasileira da Cultura*, vol. 15, col. 244). Todavia, o próprio artigo conclui: «É, no entanto, de admitir uma tendência de transformar o planeamento em planificação», (*ibidem*). Não se usou, contudo, o termo «planeadores», mas sim «especialista do planeamento». (*N. T.*)

106 | O CAMINHO PARA A SERVIDÃO

dos. Elas dependem inevitavelmente das circunstâncias do momento, e ao tomar tais decisões será sempre necessário ter em conta os interesses das várias pessoas e grupos. No fim de contas, terá de ser a opinião de alguém a decidir qual o interesse mais importante; e esta opinião tem de se tornar parte da lei do país, uma nova distinção de categoria que o aparelho coercivo do governo impõe às pessoas.

*

A distinção que acabámos de usar, entre direito formal, ou justiça, e regras substantivas, é muito importante e, simultaneamente, muito difícil de traçar na prática. E, todavia, em si mesmo o princípio geral é muito simples. A diferença entre os dois tipos de governo é igual a estabelecer regras para circular nas estradas, como no código da estrada, é ordenar às pessoas onde ir; ou, melhor ainda, entre facultar sinais na estrada e dizer às pessoas que estrada seguir. As regras formais dizem de antemão às pessoas que acção o Estado terá em determinado tipo de situação, definida em termos gerais, sem referência à hora, local ou pessoa em concreto. Referem-se a situações típicas que poderão envolver qualquer um e em que a existência de tais regras será útil para uma grande variedade de propósitos individuais. O facto de se saber que nessas situações o Estado age de determinada forma, ou requer que as pessoas se comportem de certa forma, é algo que as pessoas usam para fazer os seus próprios planos. As regras formais são, assim, apenas instrumentais, na medida em que se espera que sejam úteis a pessoas até então desconhecidas, para que propósitos as pessoas decidirão usá-los, e em circunstâncias que não podem ser previstas ao pormenor. De facto, *não* sabermos qual o seu efeito específico, *não* sabermos que fins concretos essa regras irão aprofundar, ou que determinada pessoa irão ajudar, o facto de lhes ser conferida apenas a forma que provavelmente mais beneficia todas as pessoas é o critério mais importante das regras formais no sentido em que usámos aqui o termo. Elas não implicam a escolha entre determinados fins ou determinadas pessoas, porque pura e simplesmente não podemos saber de antemão por quem e de que forma irão ser usadas.

Nestes nossos tempos, com esta paixão pelo controlo consciente de tudo, poderá parecer um paradoxo afirmar como sendo uma virtude que num só sistema saberemos menos sobre determinado efeito das medidas que o Estado toma do que na maioria dos outros sistemas, e que um método de controlo social seria considerado superior por causa da nossa ignorância quanto aos seus resultados concretos. No entanto, esta consideração é, de facto, a fundamentação do grande princípio liberal do Estado de direito. E o paradoxo aparente dissolve-se rapidamente quando aprofundamos um pouco mais o argumento.

*

O argumento consiste em dois pontos; o primeiro é económico e só pode ser mencionado brevemente. O Estado deve restringir-se a estabelecer regras que se apliquem a princípios gerais, e deve dar aos indivíduos liberdade em tudo o que dependa de circunstâncias de tempo e lugar, pois só os indivíduos implicados em cada instante podem conhecer na plenitude estas circunstâncias e adaptar a elas as suas acções. Se os indivíduos têm de ser capazes de usar o seu conhecimento eficazmente na concepção de planos, então têm de ser capazes de predizer acções do Estado que possam afectar esses planos. Mas se as acções do Estado puderem ser previstas, têm de ser determinadas por regras fixadas independentemente das circunstâncias concretas que não podem ser antevistas nem consideradas de antemão; e os efeitos específicos dessas acções serão imprevisíveis. Se, por outro lado, o Estado dirigisse as acções dos indivíduos de forma a atingir determinados fins, as suas acções teriam de ser decididas com base na plenitude das circunstâncias do momento e seriam, por isso, imprevisíveis. Daí o facto conhecido de que quanto mais o Estado «planifica», mais difícil se torna o planeamento para o indivíduo.

O segundo argumento, político ou moral, é ainda mais directamente relevante para o ponto em discussão. Se o Estado tem de antever precisamente a incidência das suas acções, tal significa que isso não deixa alternativa àqueles que por elas são afectados. Sempre que o Estado possa antever exactamente os efeitos em determinadas pessoas de outras linhas de acção alternativas, é também o Estado que escolhe entre os diversos fins. Se quisermos criar novas oportunidades, abertas a todos, de proporcionar hipóteses que as pessoas possam usar da forma que entenderem, os resultados concretos não podem ser previstos. As regras gerais, as leis genuínas, por oposição a ordens específicas, deverão pois ser concebidas para funcionarem em circunstâncias que não podem ser previstas em pormenor, e, por isso, o seu efeito em determinados fins ou em determinadas pessoas não pode ser conhecido de antemão. Só neste sentido é possível ao legislador ser imparcial. Ser imparcial significa não ter respostas para determinadas questões – para o tipo de questões que, se tivermos de as decidir, decidimos tirando à sorte. Num mundo em que tudo foi previsto com precisão, o Estado dificilmente poderia fazer alguma coisa e permanecer imparcial. Mas nos casos em que os efeitos concretos da política governamental em determinadas pessoas são conhecidos, em que o governo visa directamente estes efeitos concretos, não pode deixar de saber que efeitos são esses, e, logo, não pode ser imparcial. Por necessidade, terá de tomar partido, impor as suas avaliações às pessoas e, em vez de as ajudar na prossecução dos seus próprios fins, escolher esses fins para elas. Assim que são previstos os efeitos concretos aquando da feitura da lei, esta deixa de ser um mero instrumento a ser utilizado pelas pessoas e torna-se, ao invés, um instrumento usado pelo legislador nas pessoas e para os seus fins. O Estado deixa de ser uma peça da máquina utilitária destinada a ajudar as pessoas no pleno desenvolvimento da sua personalidade individual e torna-se uma instituição «moral» – em que «moral» não é usado em contraponto com imoral, antes descreve uma instituição que impõe aos seus membros as suas concepções sobre todas as questões morais, sejam estas morais ou altamente imorais. Neste sentido, o Estado nazi, ou qualquer outro Estado colectivista, é imoral, enquanto que o Estado liberal não o é.

Talvez se diga que tudo isto não suscita qualquer problema sério, porque, no tipo de questões que o planeador económico teria de decidir, ele não precisa nem deve ser guiado pelos seus preconceitos individuais, mas podia basear-se na convicção geral do que é justo e razoável. Esta afirmação é geralmente apoiada por quem tem experiência de planeamento em indústria e que acha que não há qualquer dificuldade insuperável em chegar-se a uma decisão que todos aqueles imediatamente interessados aceitem como justa. A razão por que esta experiência nada prova é, evidentemente, a selecção dos «interesses» em jogo quando o planeamento é confiado a determinada indústria. Quem está mais imediatamente interessado em determinado assunto não é necessariamente o melhor juiz dos interesses do conjunto da sociedade. Consideremos um dos casos mais característicos: quando, numa indústria, capital e operários acordam numa determinada política de restrição, explorando assim os consumidores, geralmente não há dificuldade na divisão dos despojos, na proporção de ganhos anteriores ou segundo princípio semelhante. A perda que é dividida por milhares ou milhões é, em geral, simplesmente descartada ou tida em conta de forma inadequada. Se quisermos testar a utilidade do princípio da «equidade» na decisão do tipo de assuntos que resultam do planeamento económico, teremos de o aplicar a uma questão em que os ganhos e perdas sejam vistos claramente de igual modo. Nesses casos, admite-se prontamente que só o princípio da equidade pode dar uma resposta. Quando temos de escolher entre maiores salários para médicos ou enfermeiros e maior assistência aos doentes, mais leite para as crianças e melhores salários para os trabalhadores agrícolas, ou entre empregos para os desempregados ou melhores salários para os que já têm emprego, para dar resposta a isto há que possuir todo um sistema de valores em que cada necessidade de cada pessoa ou grupo tenha um lugar definido.

De facto, à medida que o planeamento se torna gradualmente mais abrangente, torna-se regularmente necessário qualificar provisões legais cada vez mais tendo por referência o que é «justo» ou «razoável»; isto significa que se torna cada vez mais necessário deixar a decisão de casos concretos à discrição do juiz ou da autoridade em questão. Poder-se-ia escrever a história do declínio do Estado de direito, do desaparecimento do *Rechtsstaat*, em termos da introdução progressiva destas fórmulas vagas na legislação e na jurisdição, e a crescente arbitrariedade e incerteza, e o consequente desrespeito associado, da lei e da judicatura, que em tais circunstâncias não podem deixar de se tornar um instrumento da política. É importante realçar uma vez mais nesta ligação que este processo de declínio do Estado de direito já vinha ocorrendo gradualmente na Alemanha há algum tempo antes da chegada de Hitler ao poder; e que uma política muito orientada para o planeamento havia já feito grande parte do trabalho – que Hitler completou.

Não poderá haver a menor dúvida de que o planeamento implica necessariamente a discriminação deliberada entre determinadas necessidades particulares de diferentes pessoas e permitir a uma pessoa fazer aquilo que a outra não é permitido. Terá de estabelecer, através de uma norma legal, quão abastada determinada pessoa deve ser e o que é que diferentes pessoas deverão ser autorizadas a ter e a fazer. De facto, significa um retorno à regra do *status*, uma inversão no «movimento de sociedades progressivas», que, na célebre frase de Sir Henry

Maine(*), «tem sido até aqui um movimento do *status* para o contrato». Na verdade, o primado da lei, mais do que o primado do contrato, deveria ser talvez considerado o verdadeiro opositor do primado do *status*. É o Estado de direito, na acepção de primado da lei formal, a ausência de privilégios legais de determinadas pessoas designadas pela autoridade, que salvaguarda a igualdade perante a lei, que é o oposto de governo arbitrário.

*

Um resultado necessário, e só aparentemente paradoxal, desta igualdade formal perante a lei está em conflito – é, aliás, incompatível – com qualquer actividade do governo que vise deliberadamente a igualdade material ou substantiva de pessoas diferentes, e qualquer política que vise um ideal substantivo de justiça distributiva tem de acarretar a destruição do Estado de direito. Para produzir o mesmo resultado para diferentes pessoas é necessário tratá-las de forma diferente. Dar a pessoas diferentes as mesmas oportunidades objectivas não é dar-lhes a mesma hipótese subjectiva. Não se pode negar que o Estado de direito produz desigualdade económica – o que se poderá dizer em seu abono é que esta desigualdade não é concebida para afectar determinadas pessoas de determinada forma. É extremamente significativo e característico que os socialistas (e os nazis) tenham sempre protestado contra a justiça «meramente» formal, que se tenham sempre oposto a uma lei sem concepções sobre quão abastadas as pessoas devem ser(32), e que tenham sempre exigido a «socialização da lei», atacado a independência

---

(*) Jurista e historiador britânico do século XIX, mais conhecido pela sua obra *Ancient Law* [Direito Antigo]. (*N. T.*)

(32) Não é pois falso de todo quando o teórico legal do nacional-socialismo, Carl Schmitt, opõe ao *Rechtsstaat* (ou seja, o Estado de direito) liberal o ideal nacional-socialista do *gerechte Staat* (o Estado justo) – só que o tipo de justiça que se opõe à justiça formal implica necessariamente a discriminação entre pessoas.

112 | O CAMINHO PARA A SERVIDÃO

dos juízes, e ao mesmo tempo dado o seu apoio a todos os movimento do género *Freirechtsschule*, que minavam o Estado de direito.

Poder-se-ia até dizer que para que o Estado de direito seja eficaz é mais importante que haja uma regra a ser aplicada sempre, sem excepção, do que saber que regra é. O conteúdo da regra é, muitas vezes, de somenos importância, desde que essa mesma regra seja universalmente aplicada. Para regressar a um exemplo já citado: não interessa se conduzimos à esquerda ou à direita da estrada, desde que todos façamos o mesmo. O importante a reter aqui é que a regra permite-nos prever acertadamente o comportamento dos outros, e isto requer que se aplique a todos os casos – mesmo num caso específico que consideremos injusto.

O conflito entre justiça formal e igualdade formal perante a lei, por um lado, e as tentativas para concretizar vários ideais de justiça substantiva e igualdade, por outro, também explicam a confusão generalizada sobre o conceito de «privilégio» e o seu respectivo abuso. Refira-se apenas o caso mais importante desse abuso – a aplicação do termo privilégio à propriedade propriamente dita. Seria de facto um privilégio se, por exemplo – como aconteceu por vezes no passado – a propriedade fundiária estivesse reservada aos membros da nobreza. E estamos perante um privilégio se, como acontece nos nossos dias, o direito de produzir ou vender determinadas coisas está reservado a certas pessoas indicadas pela autoridade. Mas considerar como tal a propriedade privada, que todos podem adquirir ao abrigo das mesmas regras, porque só alguns a conseguem adquirir, é destituir a palavra privilégio do seu significado.

A imprevisibilidade de determinados efeitos, que é a característica distintiva das leis formais de um sistema liberal, é também importante porque nos ajuda a esclarecer uma outra confusão quanto à natureza do sistema: a crença de que a sua atitude característica é a inacção do Estado. A questão de saber se o Esta-

O PLANEAMENTO E O ESTADO DE DIREITO | 113

do deve ou não «agir» ou «interferir», coloca uma alternativa que é de todo falsa, e o termo *laissez-faire* é uma descrição altamente ambígua e enganadora dos princípios nos quais se baseia uma política liberal. Como é evidente, todo o Estado deve agir e cada acção do Estado interfere com uma coisa ou outra. Mas não é isso que está em questão. O importante é se o indivíduo pode prever a acção do Estado e usar este conhecimento como informação para elaborar os seus próprios planos, com o resultado de o Estado não poder controlar o uso que ele fez da sua máquina, e de o indivíduo saber precisamente até onde será protegido contra a interferência de terceiros, ou se o Estado está em posição de frustrar esforços individuais. Ao controlar pesos e medidas (ou impedir a fraude e o logro de qualquer outra forma), o Estado está evidentemente a agir, enquanto que ao permitir a violência, através de piquetes de greve, por exemplo, está inactivo. Contudo, é no primeiro caso que o Estado observa princípios liberais, enquanto que no segundo tal não acontece. O mesmo acontece no que diz respeito à maioria das regras gerais e permanentes que o Estado pode instituir para a produção, como os regulamentos de construção ou as leis fabris: podem ser razoáveis ou irrazoáveis num determinado caso, mas não chocam com princípios liberais desde que sejam concebidas para ser permanentes e não sejam usadas para favorecer ou prejudicar alguém em particular. É certo que, nestes casos, para além dos efeitos a longo prazo que não se podem prever, haverá efeitos a curto prazo em determinadas pessoas que podem ser perfeitamente conhecidos. Mas neste tipo de leis os efeitos a curto prazo em geral não são (ou, pelo menos, não deveriam ser) a principal consideração. À medida que estes efeitos imediatos e previsíveis se tornam mais importantes, comparados com os efeitos a longo prazo, aproximamo-nos da linha limite em que a distinção, em princípio nítida, na prática se torna difusa.

*

114 | O CAMINHO PARA A SERVIDÃO

O Estado de direito só durante a era liberal foi conscientemente amadurecido e é uma das suas grandes conquistas, não só como salvaguarda, mas também como consubstanciação legal da liberdade. Tal como disse Immanuel Kant (e Voltaire expôs a questão praticamente nos mesmos termos), «o Homem é livre se não tiver de obedecer a pessoa alguma mas apenas às leis». Por muito vago que seja como ideal, contudo, já existe desde o tempo dos Romanos e, em séculos mais recentes, nunca esteve tão ameaçado como o está hoje. A ideia de que não há limite aos poderes do legislador é, em parte, o resultado da soberania popular e do governo democrático. Foi reforçada pela convicção de que desde que todas as acções do Estado sejam devidamente autorizadas pela legislação, o Estado de direito será preservado. Mas isto é uma interpretação profundamente errónea do Estado de direito. Este tem pouco a ver com a questão de saber se todas as acções do governo são legais, na acepção jurídica. Podem perfeitamente sê-lo e ainda assim não estar em conformidade com o Estado de direito. O facto de alguém ter plena autoridade para agir da forma que o faz não responde à questão de se saber se a lei lhe confere o poder de agir de modo arbitrário ou se a lei lhe prescreve, de modo inequívoco, como terá de agir. Hitler pode perfeitamente ter obtido os seus poderes ilimitados de forma estritamente constitucional e tudo o que faça será, pois, legítimo, na acepção jurídica do termo. Mas quem é que diria que, por essa razão, na Alemanha, ainda prevalece o Estado de direito?

Afirmar que numa sociedade planificada o Estado de direito não pode subsistir não significa que as acções do governo não sejam legais ou que essa sociedade será necessariamente uma sociedade sem lei. Significa apenas que o uso dos poderes coercivos do governo deixará de estar limitado e determinado por regras pré-estabelecidas. A lei pode e, para garantir a direcção central da actividade económica, deve legalizar aquilo que, para todos os efeitos, continua a ser a acção arbitrária. Se a lei estabelecer que este Conselho de Administração ou aquela Autoridade pode fazer o que bem lhe aprouver, tudo o que o Conselho de Administração ou a Autoridade façam é legal – mas as suas acções não estão sujeitas ao Estado de direito. Ao conferir ao governo poderes ilimitados, pode legitimar-se o mais arbitrário dos poderes: e, desta forma, uma democracia pode instituir o mais inimaginável dos despotismos([33]).

Se, contudo, a lei se destina a permitir às autoridades controlar a vida económica, terá de lhes conferir poderes para tomar e implementar decisões em circunstâncias que não podem ser previstas e em princípios que não podem ser formulados de forma genérica. A consequência é que, à medida que o planeamento se intensifica, passa a ser cada vez mais comum delegar poderes legislativos em diversos conselhos de administração e autoridades. Quando antes da última guerra, num caso para o qual o falecido Lord Hewart chamou a atenção, o Juiz Darling afirmou «que o Parlamento legislara no ano anterior que o Departamento de Agricultura, ao agir da forma que o faz, não é mais impugnável do que o próprio Parlamento», isto foi coisa rara. Estão constantemente a ser conferidos poderes mais latos a novas autoridades que, não estando vinculadas por regras fixas, têm um poder discricionário praticamente ilimitado na regulação desta ou daquela actividade.

([33]) O conflito *não* é, pois – como tantas vezes tem sido erroneamente interpretado nas discussões do século XIX –, entre liberdade e lei. Tal como John Locke já deixara bem claro, não há liberdade sem lei. O conflito é entre diferentes tipos de lei, uma lei tão diferente que quase nem se lhe deveria chamar o mesmo nome: uma é a lei do Estado de direito, princípios gerais estabelecidos de antemão, as «regras do jogo» que permitem aos indivíduos prever como é que o aparelho coercivo do Estado será usado, ou aquilo que ele e os seus concidadãos serão autorizados a fazer, ou obrigados a fazer, em determinadas circunstâncias. O outro tipo de lei confere, de facto, à autoridade o poder de fazer o que lhe aprouver. Assim, é evidente que o Estado de direito não poderia ser preservado numa democracia que entendesse decidir cada conflito de interesses, não segundo regras previamente estabelecidas, mas com base «nos seus méritos».

O CAMINHO PARA A SERVIDÃO

O Estado de direito implica, por isso, limites ao âmbito da legislação: restringe-a ao tipo de regras gerais que conhecemos como lei formal, e exclui legislação que vise directamente determinadas pessoas ou permita a alguém usar o poder coercivo do Estado para fins discriminatórios. Não significa que tudo seja regulado pela lei, antes pelo contrário, que o poder coercivo do Estado só pode ser usado em casos definidos de antemão pela lei e de tal forma que se possa prever como é que esta será aplicada. Uma determinada legislação pode, pois, infringir o Estado de direito. Qualquer pessoa disposta a negar isto teria de afirmar que, actualmente, vigora o Estado de direito na Alemanha, na Itália ou na Rússia, dependendo se os ditadores obtiveram o seu poder absoluto por meios constitucionais([34]).

*

([34]) Um outro exemplo no incumprimento do Estado de direito pela legislação é o caso da *bill of attainder* [expressão para referir uma lei, nos EUA, que permite considerar alguém culpado sem um processo e um julgamento que lhe permita defender-se, *N. T.*], bem conhecida na história deste país. A forma que o Estado de direito assume em direito criminal é habitualmente expressa pela expressão latina *nulla poena sine lege* – nenhuma pena sem uma lei que a prescreva explicitamente. A essência desta regra é que a lei terá já de existir como regra geral antes de se dar o caso concreto a que terá de ser aplicada. No célebre caso em que o Parlamento, no reinado de Henrique VIII, decidiu que, relativamente ao cozinheiro do bispo de Rochester, «o dito Richard Rose deverá ser fervido até à morte sem a atenuante da sua condição de clérigo», este acto foi executado ao abrigo do Estado de direito. Mas embora o Estado de direito se tenha tornado parte essencial do procedimento criminal em todos os países liberais, não pode ser preservado em regimes totalitários. Nestes, como E.B. Ashton muito bem disse, a máxima liberal é substituída pelo princípio *nullum crimen sine poena* – nenhum «crime» deve ficar sem punição, quer a lei a preveja explicitamente ou não. «Os direitos do Estado não terminam com a punição dos infractores à lei. A comunidade permite-se o que for necessário para a protecção dos seus interesses – de que o cumprimento da lei é apenas um dos mais elementares requisitos» (E.B. Ashton, *The Fascist, His State and Mind*, 1937, p. 119). Aquilo que constitui a violação dos «interesses da comunidade» é, evidentemente, decidido pelas autoridades.

O PLANEAMENTO E O ESTADO DE DIREITO | 117

Em termos de comparação, pouco importa se, como em alguns países, as principais aplicações do Estado de direito estão consagradas numa Carta de Direitos ou numa Constituição, ou se o princípio é apenas uma tradição firmemente instituída. Mas logo se perceberá que, independentemente da forma que revista, essas limitações aos poderes legislativos implicam o reconhecimento dos direitos do homem, individuais e invioláveis.

É patético, mas característico da confusão a que foram levados muitos dos nossos intelectuais pelos ideais contraditórios em que acreditam, que o mais eminente defensor do planeamento central, H. G. Wells, seja ao mesmo tempo um fervoroso defensor dos Direitos do Homem. Os direitos individuais que Wells espera preservar iriam inevitavelmente obstruir o planeamento que ele deseja. Em certa medida, ele parece perceber o dilema, pelo que vemos as provisões da «Declaração dos Direitos do Homem» que propôs tão limitadas por qualificações que perdem toda a sua importância. Embora a sua Declaração proclame, por exemplo, que todos os homens «devem ter o direito de comprar e vender sem quaisquer restrições discriminatórias tudo o que possa ser legalmente comprado e vendido», o que é admirável, de imediato torna esta cláusula nula quando acrescenta que tal se aplica apenas à compra e venda «em quantidades e com reservas que sejam compatíveis com o bem-estar comum». Mas como todas as restrições alguma vez impostas à compra ou venda de algo são consideradas necessárias no interesse do «bem-estar comum», na prática não há qualquer restrição que esta cláusula de facto impeça, e não salvaguarda qualquer direito do indivíduo. Vejamos um outro exemplo: a Declaração afirma que todo o homem «deve ter um trabalho honesto» e que «tem direito a um emprego pago e a escolher livremente sempre que haja vários empregos disponíveis». Não se diz, todavia, quem é que decide se determinado trabalho está «disponível», e a cláusula seguinte – de que «ele pode exigir trabalho para si e ter esta sua pretensão publicamente considerada, aceite ou rejeitada» – mostra que Wells está a pensar em termos de uma autoridade que decide se um homem tem «direito» a determinado cargo – o que significa precisamente o oposto de escolher livremente uma ocupação. E como garantir, num mundo planificado, a liberdade de circulação e migração, quando não só os meios de comunicação e as divisas são controladas, mas também a localização das indústrias planificadas, ou como garantir a liberdade de imprensa quando o fornecimento de papel e os canais de distribuição são controlados pela autoridade que faz o planeamento – tudo isto são questões para as quais Wells, como qualquer outro especialista do planeamento, poucas respostas dá.

Neste aspecto, têm revelado bastante mais consistência os muitos reformadores que, desde o início do movimento socialista, atacaram a noção «metafísica» de direitos individuais e insistiram que num mundo racionalmente ordenado não haveria direitos individuais, antes, apenas, deveres individuais. De facto, esta tornou-se a atitude mais comum dos nossos chamados progressistas, e poucas coisas nos exporão tão garantidamente à censura de ser um reaccionário como protestar contra uma medida alegando que é uma violação dos direitos do indivíduo. Mesmo um jornal liberal como *The Economist* nos contrapunha, há uns anos, o exemplo dos Franceses, que, logo eles, tinham aprendido a lição

> de que o governo democrático, tal como a ditadura, deve sempre [*sic*] ter poderes plenos *in posse*, sem sacrificar o seu carácter democrático e representativo. Não há penumbra restritiva dos direitos do indivíduo que nunca possa ser abrangida pelo governo em questões administrativas, sejam quais forem as circunstâncias. Não há limite ao poder de governar, que pode e deve ser assumido por um governo livremente eleito pelo povo e pode ser abertamente criticado por uma oposição.

O PLANEAMENTO E O ESTADO DE DIREITO | 119

Isto pode ser inevitável em tempo de guerra, quando, como é evidente, é até necessário restringir a crítica livre e aberta. Mas o «sempre» na citação não indica que *The Economist* a considere uma necessidade lamentável em tempo de guerra. No entanto, como instituição permanente isto é incompatível com o Estado de direito e leva directamente ao Estado totalitário. Mas é a perspectiva de todos aqueles que pretendem a direcção da vida económica pelo governo.

O modo como até o reconhecimento formal dos direitos do indivíduo, ou dos direitos de igualdade das minorias, perde todo o seu significado num Estado que se predisponha ao completo controlo da vida económica, foi amplamente demonstrado pela experiência de vários países da Europa Central. Demonstrou-se ali que é possível perseguir uma política de discriminação impiedosa das minorias nacionais recorrendo ao uso de conhecidos instrumentos de política económica, sem nunca infringir a letra da lei na protecção dos direitos das minorias. Esta opressão através da política económica foi muito facilitada pelo facto de algumas indústrias ou actividades económicas estarem em grande parte nas mãos de uma minoria nacional; por isso, uma medida que, na aparência, visava uma indústria ou classe, destinava-se, na prática, a uma minoria nacional. Mas as possibilidades quase infinitas de uma política de discriminação e opressão proporcionadas por princípios aparentemente tão inócuos como o «controlo governamental do desenvolvimento industrial» foram já amplamente demonstrados a todos aqueles que queiram ver como é que as consequências políticas do planeamento se manifestam na prática.

7

Controlo Económico e Totalitarismo

O controlo da produção de riqueza é o controlo da própria vida humana.

HILAIRE BELLOC

A maioria dos especialistas do planeamento que pensou seriamente nos aspectos práticos da sua tarefa não tem grandes dúvidas de que uma economia dirigida tem de ser gerida em termos mais ou menos ditatoriais. Que o sistema complexo de actividades inter-relacionadas, para ser dirigido de forma consciente, tem de ser gerido por uma equipa de especialistas, cabendo a responsabilidade e o poder, em última análise, a um comandante-chefe cujas acções não deverão ser estorvadas por processos democráticos, é uma consequência tão óbvia das ideias subjacentes ao planeamento central que reúne consenso generalizado.

O consolo que nos dão os especialistas do planeamento é que esta direcção autoritária «só» se aplica a questões económicas. Um dos mais destacados especialistas norte-americanos em planeamento, Stuart Chase, assegura-nos, por exemplo, que numa sociedade planificada «a democracia política pode subsistir desde

O CAMINHO PARA A SERVIDÃO

que se ocupe de tudo excepto de questões económicas». Estas garantias são geralmente acompanhadas pela sugestão de que ao abdicarmos da liberdade naquilo que são, ou deveriam ser, os aspectos menos importantes das nossas vidas, conseguiremos uma maior liberdade na prossecução de valores mais nobres. É com esta justificação que pessoas que abominam a noção de ditadura política muitas vezes clamam por um ditador na área económica.

Estes argumentos apelam aos nossos melhores instintos e muitas vezes atraem os melhores espíritos. Se o planeamento realmente nos libertasse das preocupações menos importantes e, desta forma, tornasse mais fácil consagrar a nossa existência a uma vida simples e a pensamentos mais nobres, quem quereria apoucar um tal ideal? Se as nossas actividades económicas realmente dizem respeito apenas aos aspectos mais vis e sórdidos da nossa vida, é claro que deveríamos tentar por todos os meios descobrir uma forma de nos libertarmos da preocupação excessiva por coisas materiais e, deixando-as a cargo de uma qualquer máquina utilitária, libertar as nossas mentes para as coisas mais nobres da vida.

Infelizmente, é de todo injustificada a garantia que as pessoas obtêm desta crença de que o poder exercido sobre a vida económica é um poder sobre coisas de somenos, e que as faz considerar de ânimo leve a ameaça à liberdade das nossas questões económicas. Isto é, em grande parte, o resultado da crença errónea segundo a qual há fins puramente económicos separados de outros aspectos da vida. Todavia, com excepção do caso patológico do avarento, isso não existe. Os fins últimos das actividades de seres dotados de razão nunca são económicos. Em rigor, não há qualquer «motivo económico», apenas factores económicos que condicionam a prossecução de outros fins. Aquilo que em linguagem comum se chama erroneamente «motivo económico» significa apenas o desejo de uma oportunidade geral, a vontade de poder para atingir fins não especificados[35].

---

[35] Cf. L. Robbins, *The Economic Causes of War*, 1939, «Apêndice».

CONTROLO ECONÓMICO E TOTALITARISMO | 123

Se almejamos dinheiro é porque ele nos permite uma escolha mais ampla para desfrutarmos do resultado dos nossos esforços. Uma vez que, na nossa sociedade, é através dos nossos rendimentos em dinheiro que sentimos as restrições que a nossa pobreza relativa nos impõe, há muita gente que detesta o dinheiro por ser o símbolo dessas restrições. Mas isto é confundir a causa com o meio pelo qual ela se faz sentir. Seria bem mais verdadeiro afirmar que o dinheiro é um dos grandes instrumentos de liberdade que o Homem já inventou. É o dinheiro que, na sociedade actual, abre um leque impressionante de escolhas ao homem pobre, um leque bem maior do que aquele disponível aos ricos há não muitas gerações. Compreenderemos melhor a importância desta serventia do dinheiro se considerarmos o que aconteceria caso o «motivo pecuniário» fosse em grande parte substituído por «incentivos não económicos», como muitos socialistas propõem. Se todas as recompensas, em vez de serem dadas em dinheiro, fossem dadas na forma de distinções ou privilégios públicos, de cargos de poder sobre outrem, de melhores casas ou comida, de oportunidades para viajar ou de educação, o resultado seria que o objecto de tais benesses já não teria poder de escolha e que quem determinasse qual a recompensa determinaria não só a dimensão mas também a forma específica em que seria atribuída.

*

Logo que percebamos que não há motivos económicos *per se* e que um ganho ou uma perda económicos são apenas isso, um ganho ou uma perda, embora esteja nas nossas mãos decidir quais as nossas necessidades ou desejos que serão afectados, é também mais fácil perceber o importante cerne de verdade contido na convicção geral de que as questões económicas afectam apenas os fins menos importantes da vida, e perceber o desdém que, muitas vezes, se tem por considerandos «meramente» económicos. Em certo sentido, isto justifica-se numa economia de mercado – mas apenas numa economia livre. Desde que possamos dispor livremente do nosso rendimento e de todos os nossos bens, a perda económica privar-nos-á apenas daquilo que consideramos ser o menos importante dos desejos que podemos satisfazer. Uma perda «meramente» económica é, pois, aquela cujo efeito ainda podemos fazer recair nas nossas necessidades menos importantes, enquanto que quando dizemos que o valor de algo que perdemos é muito superior ao seu valor económico, ou que não pode ser avaliado em termos económicos, isto significa que temos de suportar a perda tal como ela acontece. E o mesmo se passa com um ganho económico. Por outras palavras, os ganhos económicos afectam geralmente apenas a franja, a «margem», das nossas necessidades. Há coisas muito mais importantes do que tudo aquilo que os ganhos ou as perdas económicos possam afectar, coisas essas que, para nós, estão num patamar muito acima das comodidades e, até, das necessidades da vida que são afectadas pelos altos e baixos económicos. Comparada com estas, o «lucro obsceno» – se estamos melhor ou pior em termos económicos – é de somenos importância. Isto faz com que muitas pessoas acreditem que tudo o que afecta apenas os seus interesses económicos – como o planeamento económico – não pode interferir seriamente com os valores essenciais da vida.

No entanto, esta conclusão está errada. Os valores económicos são menos importantes para nós do que muitas outras coisas precisamente porque em questões económicas somos livres de decidir o que para nós é mais ou menos importante. Ou, como diríamos, porque na actual sociedade somos *nós* quem tem de resolver os nossos problemas económicos. Ser controlado nos nossos desejos económicos significa ser sempre controlado, a não ser que afirmemos o nosso propósito específico, ou então, uma vez que quando afirmamos o nosso propósito específico também temos de o aprovar, deveríamos ser controlados em tudo.

CONTROLO ECONÓMICO E TOTALITARISMO | 125

Portanto, a questão suscitada pelo planeamento económico não se resume apenas a saber se poderemos satisfazer, da forma que preferirmos, o que consideramos as nossas necessidades mais ou menos importantes. Pelo contrário, é saber se seremos nós a decidir o que para nós é mais ou menos importante, ou se isto será decidido pelo especialista do planeamento. O planeamento económico não iria afectar apenas as necessidades marginais que temos em mente quando nos referimos, com desdém, ao que é apenas económico. Na verdade, significaria que não nos seria permitido, enquanto indivíduos, decidir o que é marginal.

A autoridade que dirige toda a actividade económica controlaria não só a parte das nossas vidas relacionada com questões menores, mas também a alocação de meios limitados para todos os nossos fins. E quem controlar toda a actividade económica, controla os meios para os nossos fins, tendo por isso de decidir quais são satisfeitos. Este é o cerne da questão. O controlo económico não é apenas de uma parte da vida humana que possa ser separada do resto; é o controlo dos meios para os nossos fins. E quem tiver pleno controlo dos meios tem também de determinar que fins serão satisfeitos, estabelecer uma hierarquia de valores, em suma, aquilo em que os homens devem crer e almejar. O planeamento central significa que o problema económico deve ser solucionado pela comunidade, em vez do indivíduo; mas isto implica que também tem de ser a comunidade, ou melhor, os seus representantes, quem decide da relativa importância das diferentes necessidades.

A pretensa liberdade económica que os especialistas em planeamento nos prometem quer precisamente dizer que somos aliviados da necessidade de resolver os nossos próprios problemas económicos e que alguém fará por nós as escolhas difíceis que isto frequentemente implica. Uma vez que nas actuais condições estamos dependentes para quase tudo dos meios que os nossos semelhantes nos facultam, o planeamento económico implicaria a regulação de quase tudo na nossa vida. Das nossas

126 | O CAMINHO PARA A SERVIDÃO

necessidades elementares às relações com a família e amigos, da natureza do nosso trabalho ao lazer, quase não haveria aspecto das nossas vidas sobre o qual os gestores do planeamento não exerceriam um «controlo consciente» [36].

*

O poder do especialista em planeamento sobre as nossas vidas privadas não seria menos completo mesmo que decidisse exercê-lo através do controlo directo daquilo que consumimos. Embora uma sociedade planificada tivesse provavelmente de recorrer, em certa medida, ao racionamento e a recursos afins, o poder do especialista do planeamento sobre as nossas vidas privadas não depende disto, e dificilmente seria menos eficaz se o consumidor fosse nominalmente livre para gastar o seu rendimento como lhe aprouvesse. A fonte deste poder sobre todo o consumo, que, numa sociedade planificada, a autoridade possuiria, seria o controlo da produção.

A nossa liberdade de escolha numa sociedade com um regime de concorrência baseia-se no facto de poder recorrer a outrem caso alguém recuse satisfazer os nossos desejos. Mas perante um monopólio, estamos à sua mercê. E o mais poderoso dos mono-

---

[36] Nada ilustra melhor até que ponto o controlo económico permite controlar toda a vida como a área do comércio externo. À primeira vista, nada pareceria afectar menos a vida privada que o controlo estatal do comércio externo, e muita gente consideraria a sua introdução com completa indiferença. Todavia, a experiência da maioria dos países no continente ensinou os mais cuidadosos a considerarem este passo um avanço decisivo em direcção ao totalitarismo e à supressão da liberdade individual. Na verdade, trata-se da entrega total do indivíduo à tirania do Estado, a derradeira supressão de todos os meios de evasão – não só para os ricos, mas para toda a gente. Quando o indivíduo deixa de ser livre de viajar, de comprar livros ou jornais, quando todos os meios de contacto no estrangeiro passam a estar restringidos àqueles que a opinião oficial aprova ou para quem considera necessário, então o controlo efectivo da opinião é muito maior do que aquele exercido por qualquer um dos governos absolutistas dos séculos XVII e XVIII.

CONTROLO ECONÓMICO E TOTALITARISMO | 127

pólios imagináveis seria uma autoridade que dirigisse todo o sistema económico. Apesar de, provavelmente, não termos a recear que uma autoridade explorasse este poder como o faria um monopólio privado, apesar de o seu propósito não ser a extorsão do máximo lucro possível, teria ainda assim o poder de decidir o que nos é dado e em que termos. Decidiria não só que bens e serviços estariam disponíveis, e em que quantidades, mas controlaria também a sua distribuição por distritos e grupos, e poderia, se quisesse, discriminar pessoas. Quando nos lembramos por que razão o planeamento é defendido pela maioria das pessoas, haverá alguma dúvida de que este poder seria usado para os fins aprovados pelas autoridades, e para impedir a prossecução de fins que ela desaprovasse?

O poder que o controlo da produção e dos preços confere é quase ilimitado. Numa sociedade em regime de concorrência, o preço que temos de pagar por algo, a taxa a que podemos trocar uma coisa por outra, dependem das quantidades das outras coisas de que privamos os outros membros da sociedade. Este preço não é determinado pela vontade consciente de ninguém. E se uma das formas de atingir os nossos fins se nos revela demasiado cara, somos livres de tentar outras formas. Os obstáculos que enfrentamos não se devem a alguém não concordar com os nossos fins, mas ao facto de esses mesmos fins estarem disponíveis alhures. Numa economia dirigida, em que uma autoridade vigia os fins, é garantido que esta usaria os seus poderes para ajudar que alguns fins sejam alcançados e impedir a concretização de outros. Seria a visão de outrem – não a nossa – a determinar aquilo de que gostaríamos e o que deveríamos obter. E uma vez que a autoridade teria poder para frustrar quaisquer esforços para iludir esta orientação, controlaria de modo tão eficaz aquilo que consumimos como se nos dissesse directamente como gastar o nosso rendimento.

*

O CAMINHO PARA A SERVIDÃO

No entanto, não seria apenas na nossa condição de consumidores, e, principalmente, nem sequer nessa condição, que a vontade da autoridade moldaria e «guiaria» a nossa vida do dia-a-dia. Fá-lo-ia ainda mais na nossa condição de produtores. Não podemos separar estes dois aspectos das nossas vidas; para muitos de nós, o tempo que passamos no emprego representa uma grande parte das nossas vidas; e como para muitos de nós o nosso local de trabalho geralmente também determina os locais e as pessoas com quem vivemos, poder escolher o nosso trabalho é, provavelmente, ainda mais importante do que a liberdade de gastar o nosso rendimento nas horas de lazer.

Não deixa de ser verdade que mesmo no melhor dos mundos esta liberdade seria muito limitada. Poucas pessoas têm uma tal abundância de escolhas profissionais. Mas o que importa é termos alguma escolha, não estarmos absolutamente amarrados a um trabalho que foi escolhido para nós, ou que possamos ter escolhido em tempos, e que se a nossa situação se tornar intolerável, ou caso queiramos optar por outro trabalho, há sempre uma hipótese para os competentes de poderem atingir esse fim mesmo a custo de algum sacrifício. Nada torna as condições mais insuportáveis do que saber-se que, por muito que nos esforcemos, não conseguiremos mudar. E mesmo que nunca tenhamos a força de espírito para fazer os sacrifícios necessários, só o facto de saber que podemos escapar se nos esforçarmos torna suportáveis muitas situações que de outro modo seriam insustentáveis.

Não quer isto dizer que, neste aspecto, estejamos no melhor dos mundos, ou que assim tenha sido no passado, e que não há muito que possa ser feito para melhorar as oportunidades de escolha das pessoas. Aqui, como noutros casos, o Estado pode fazer muito para ajudar a divulgar o conhecimento e a informação, e ajudar à mobilidade. Mas a questão é que o tipo de acção do Estado que realmente aumentaria a oportunidade é precisamente o oposto de «planeamento» que hoje em dia é defendido

CONTROLO ECONÓMICO E TOTALITARISMO | 129

e praticado. É certo que a maioria dos especialistas de planeamento prometeu que no novo mundo planificado a livre escolha de ocupação seria escrupulosamente preservada e até aumentada. Mas neste caso prometeram mais do que podem cumprir. Se quiserem planificar, têm de controlar a entrada nos diversos ofícios e ocupações, ou as condições de remuneração, ou ambas. Em quase todos os casos conhecidos de planeamento, a instituição destes controlos e restrições foi uma das primeiras medidas a ser tomadas. Se este controlo fosse exercido e praticado universalmente por uma única autoridade de planeamento, não custa muito a perceber o que seria da prometida «livre escolha de ocupação». A «liberdade de escolha» seria puramente fictícia, uma mera promessa de não se fazer discriminação, quando a própria natureza do caso requer que se discrimine, e onde tudo o que se poderia esperar seria que a selecção fosse feita com base naquilo que a autoridade julgasse serem razões objectivas.

Pouca diferença haveria se a autoridade do planeamento se limitasse a determinar os termos de emprego e tentasse regular o número de empregos disponível através do ajuste desses termos. A limitação salarial seria um impedimento tão eficaz à escolha de um ofício pelas pessoas quanto excluí-las especificamente. Numa sociedade em regime de concorrência, uma rapariga simples que queira ser vendedora, um rapaz fracote que goste muito de um emprego em que a sua condição física seja uma desvantagem, bem como os que, aparentemente, são menos capazes, não são necessariamente excluídos; se dão o devido valor ao seu trabalho, muitas vezes podem começar, com algum sacrifício financeiro, mas compensar com qualidades que a princípio não são tão evidentes. Mas quando a autoridade fixa o salário para uma categoria, e a selecção entre os candidatos é feita através de um teste objectivo, a vontade destes em ficar com o trabalho pouco conta. Aquele cujas qualificações não se inserem no modelo-padrão, ou cujo temperamento é invulgar, não poderão chegar a acordo com um empregador disposto a aceitar a sua especificidade:

a pessoa que prefira um horário irregular ou até uma existência despreocupada com um salário pequeno, quiçá incerto, a uma rotina, deixará de ter por onde escolher. Não haverá excepção às condições, o que, em certa medida, inevitavelmente já acontece em grandes organizações – ou, pior, porque não haverá fuga possível. Deixaremos de poder ser livres de ser racionais e eficientes apenas quando e onde acharmos que valha a pena, teremos de nos conformar aos padrões que a autoridade do planeamento determina para simplificar a sua tarefa. Para tornar exequível esta imensa tarefa, a autoridade do planeamento tem de reduzir a diversidade das capacidades e tendências a umas poucas categorias de unidades facilmente permutáveis entre si, e ignorar deliberadamente pequenas diferenças pessoais. Embora o alegado intuito do planeamento seja que o homem deixe de ser um mero meio, na verdade – uma vez que é impossível ao plano levar em linha de conta gostos individuais – o indivíduo seria, mais do que nunca, um mero meio, para ser usado pela autoridade ao serviço de abstracções como a «segurança social» ou «o bem da comunidade».

*

É evidente que numa sociedade que se baseia na concorrência, a maioria das coisas tem um preço, embora seja muitas vezes um preço cruelmente elevado a pagar. Todavia, a alternativa não é a completa liberdade de escolha, antes ordens e proibições a que há que obedecer e, um última análise, o favor dos mais poderosos.

É sintomático da confusão que reina sobre todos estes assuntos que, numa sociedade que se baseia na concorrência, se tenha tornado motivo de censura tudo ter um preço. Se as pessoas protestam contra a sujeição dos valores mais nobres ao dinheiro, que não devemos sacrificar as nossas necessidades mais elementares para preservar valores mais nobres, e que alguém

CONTROLO ECONÓMICO E TOTALITARISMO | 131

deve escolher por nós, essa exigência deve ser considerada assaz peculiar e é uma falta de respeito pela dignidade do indivíduo. Que a vida e a morte, a beleza e a virtude, a honra e a paz de espírito, muitas vezes só podem ser preservadas com considerável sacrifício material, e que alguém tem de fazer a escolha, é tão inquestionável como o facto de por vezes não estarmos preparados para fazer os sacrifícios materiais necessários para proteger esses valores mais nobres de qualquer ataque. Um exemplo: podíamos, evidentemente, acabar com as mortes em acidentes rodoviários se estivéssemos dispostos a suportar o custo da abolição do automóvel. O mesmo é válido para milhares de outros casos em que arriscamos constantemente a vida e a morte e os mais nobres valores do espírito, nossos e do nosso semelhante, para melhorar aquilo a que, ao mesmo tempo, nos referimos desdenhosamente como o nosso conforto material. Nem poderia ser de outra forma, pois todos os nossos fins competem pelos mesmos meios. E só poderíamos aspirar a estes valores caso eles não estivessem em risco.

Não surpreende que as pessoas se queiram ver livres da escolha penosa que a realidade muitas vezes nos impõe. Mas muito poucas querem que alguém escolha por elas. As pessoas simplesmente pretendem que a escolha não seja de todo necessária. E estão dispostas a crer que a escolha nem é realmente necessária, que lhes é imposta apenas pelo sistema económico em que vivemos. No fundo, o que lhes desagrada é que haja um problema económico.

Na sua convicção esperançosa de que já não há um problema económico, as pessoas tiveram a confirmação naqueles que, de forma irresponsável, falam em «abundância potencial» – que, se existisse, significaria que não há qualquer problema económico que torne a escolha inevitável. Mas embora este embuste tenha servido a propaganda socialista a coberto de vários nomes desde que o socialismo existe, é ainda tão manifestamente falso quanto era há mais de cem anos, quando foi pela primeira

132 | O CAMINHO PARA A SERVIDÃO

vez utilizado. Em todo este tempo, ninguém, das muitas pessoas que o usaram, apresentou um plano exequível de como se poderia aumentar a produção por forma a abolir o que consideramos ser a pobreza no Ocidente – já para não falar do resto do mundo. Creia o leitor que, quem quer que lhe fale de abundância potencial, ou é desonesto ou não sabe do que fala(37). Todavia, é esta falsa esperança, tal como todas as outras, que nos leva ao planeamento.

Apesar de o movimento popular ainda lucrar com esta falsa crença, a maioria dos estudiosos do problema vai abandonando progressivamente a alegação de que uma economia planificada teria uma produção substancialmente maior do que um sistema baseado na concorrência. Mesmo alguns economistas com opiniões socialistas que estudaram, de forma séria, os problemas do planeamento central, contentam-se agora com a esperança de que uma sociedade planificada possa igualar a eficiência de um sistema competitivo: já não advogam o planeamento por causa da sua superior produtividade, mas porque permitirá garantir uma distribuição mais justa e equitativa da riqueza. Este é, de facto, o único argumento que se pode seriamente apresen-

---

(37) Para justificar estas palavras veementes, pode-se citar as conclusões a que chegou Colin Clark, um dos jovens estatísticos mais conhecidos e homem de opiniões inequivocamente progressistas e perspectiva científica, na sua obra *Conditions of Economic Progress* (1940, pp. 3-4) [Condições do Progresso Económico]: «as muito citadas expressões sobre a pobreza no meio da abundância, e tendo os problemas de produção podido já ser resolvidos se percebêssemos os problemas da distribuição, são afinal o mais falso dos modernos chavões [...]. A subutilização da capacidade de produção é questão de considerável importância apenas nos EUA, embora durante alguns anos tenha tido alguma importância na Grã-Bretanha, na Alemanha e em França, mas para o resto do mundo é perfeitamente secundária face à mais importante questão: com os recursos de produção usados na totalidade, pouco podem produzir. A era da abundância ainda tardará em chegar [...]. Se o desemprego pudesse ser eliminado de todo o ciclo industrial, tal significaria uma nítida melhoria na qualidade de vida da população dos EUA, mas numa perspectiva mundial seria apenas um pequeno contributo para o problema maior – aumentar o rendimento da população mundial para algo que se pareça com um nível civilizado.»

CONTROLO ECONÓMICO E TOTALITARISMO | 133

tar a favor do planeamento. Nao há dúvida de que se quisermos garantir uma distribuição da riqueza que se submeta a uma padrão predeterminado, se quisermos decidir conscientemente quem terá o quê, há que planear todo o sistema económico. Mas permanece a questão de saber se o preço a pagar pela concretização de determinado ideal de justiça não está destinado a ser mais descontentamento e mais opressão do que alguma vez causados pelo tão vilipendiado livre curso das forças económicas.

*

Estar-nos-íamos a iludir se, face a estas apreensões, para nos consolarmos pensássemos que adoptar o planeamento central significaria apenas o retorno, após um breve período de livre economia, aos vínculos e regulamentos que regeram a actividade económica durante séculos, e que, por isso, os atentados à liberdade pessoal não teriam de ser maiores do que o eram antes da era do *laissez-faire*. Perigosa ilusão. Mesmo durante períodos da história europeia em que a regimentação da vida económica atingiu o seu auge, isso significou pouco mais do que a criação de um quadro geral e semipermanente de regras em que o indivíduo mantinha uma ampla esfera de liberdade. O aparato de controlo então disponível não teria sido apropriado para impor mais do que orientações genéricas. E mesmo quando o controlo era mais completo, estendia-se apenas às actividades da pessoa em que esta participava na divisão social do trabalho. Na esfera mais ampla em que a pessoa ainda vivia dos seus produtos, era livre de agir como lhe aprouvesse.

Agora, a situação é completamente diferente. Durante o período liberal, a divisão progressiva do trabalho criou uma situação em que quase todas as nossas actividades são parte de um processo social. É um desenvolvimento que não podemos inverter, pois é só por causa dele que podemos manter a vasta maioria da cada vez maior população nos seus níveis actuais. Contudo,

134 | O CAMINHO PARA A SERVIDÃO

a substituição da concorrência pelo planeamento iria obrigar à direcção central de grande parte das nossas vidas, muito mais do que até então se tentara. E esta direcção não se deteria naquilo que julgamos serem as nossas actividades económicas, pois hoje em dia estamos dependentes para quase tudo das actividades económicas de outrem[38]. A paixão pela «satisfação colectiva das nossas necessidades», com que os socialistas tão bem nos industriaram para o totalitarismo, e que pretende que os nossos prazeres e as nossas necessidades tenham hora marcada e forma prescrita, é, evidentemente, em parte concebida como forma de educação política. Mas é também o resultado das exigências do planeamento, que consistem essencialmente em privar-nos da escolha, por forma a dar-nos o que melhor se adequa no plano e na altura determinada pelo plano.

Afirma-se muitas vezes que a liberdade política nada significa sem liberdade económica. É verdade, mas de modo quase oposto ao que a frase é usada pelos nossos especialistas do planeamento. A liberdade económica, que é o pré-requisito de qualquer outra liberdade, não pode ser a liberdade de não se ter preocupações económicas que os socialistas nos prometem, e que apenas pode ser conseguida retirando simultaneamente ao indivíduo a necessidade e o poder de escolha; tem de ser a liberdade da nossa actividade económica que, com o direito à escolha, inevitavelmente implica o risco e a responsabilidade desse direito.

---

[38] Não é por acaso que nos países totalitários, seja a Rússia ou a Alemanha ou a Itália, a questão de como organizar os tempos livres das pessoas passou a ser um problema do planeamento. Para este problema, os Alemães inventaram o nome horrível e contraditório de *Freizeitgestaltung* (literalmente, a configuração dos tempos livres), como se o tempo passado no modo prescrito pela autoridade ainda fosse «tempo livre».

8

Quem, a quem?

A melhor oportunidade alguma vez dada ao mundo foi desperdiçada porque a paixão pela igualdade tornou vã a esperança de liberdade.

Lord Acton

É significativo que uma das habituais objecções à concorrência é que seja «cega». Não é despiciendo recordar que, para os antigos, a cegueira era um atributo da deusa da justiça. Embora a concorrência e a justiça pouco possam ter em comum, diga-se em abono tanto da concorrência como da justiça que nenhuma delas tem em conta casos pessoais. É impossível prever quem serão os felizardos, ou sobre quem se abaterá a desgraça; que as recompensas e os castigos não são distribuídos consoante as opiniões de alguém, antes dependem do mérito e da sorte da pessoa, pois é importante que um quadro legal não permita prever que pessoa irá lucrar e quem será penalizado pela aplicação da lei. Aliás, na concorrência, a sorte e o acaso muitas vezes são tão importantes como a competência e a presciência para se determinar o destino das pessoas.

A escolha possível não é entre um sistema em que toda a gente tem o que merece, segundo um qualquer padrão legal absoluto e universal, e um outro em que o quinhão do indivíduo é determinado em parte pelo acaso ou pela boa ou má sorte, mas sim entre um sistema em que a vontade de uns quantos decide quem recebe o quê, e um outro que depende em parte da capacidade e empreendimento das pessoas interessadas e, em parte, de circunstâncias imprevisíveis. Num sistema de livre iniciativa, as hipóteses não são iguais, pois tal sistema baseia-se necessariamente na propriedade privada e (ainda que não com a mesma necessidade) na herança, com as diferenças de oportunidade que estes criam. Há motivos para reduzir esta desigualdade de oportunidades, na medida em que as diferenças congénitas o permitam e que se o possa fazer sem destruir o carácter impessoal do processo, no qual todos têm de arriscar e em que nenhuma opinião quanto ao que é legítimo e desejável se sobrepõe à dos outros.

O facto de, numa sociedade em regime de concorrência, as oportunidades disponíveis aos pobres serem muito mais restritas do que aquelas à disposição dos ricos, não faz com que seja menos verdadeiro que, numa sociedade baseada na concorrência, os pobres sejam muito mais livres do que uma pessoa com maior conforto material num outro tipo de sociedade. Embora num regime de concorrência a probabilidade de alguém que nasceu pobre enriquecer ser menor do que para alguém que tenha herdado propriedade, ainda assim é possível, e só no regime de concorrência é que essa pessoa depende apenas de si próprio e não de favores dos poderosos, e ninguém o pode impedir. Só o facto de nos termos esquecido o que significa a falta de liberdade é que faz com que descuremos o facto evidente de, neste país, um trabalhador não qualificado e mal pago ter mais liberdade para decidir a sua vida do que muitos pequenos empresários na Alemanha ou engenheiros ou directores bem pagos na Rússia. Seja para mudar de emprego ou de morada, para manifestar as suas opiniões ou para passar os seus tempos livres de determinada forma – e ainda que, por vezes, o preço a pagar por tais preferências seja elevado –, não há quaisquer impedimentos absolutos, nenhum perigo à sua integridade física e à liberdade que o restrinjam, pela força, ao seu trabalho e ao ambiente que um superior lhe atribuiu.

Se o rendimento da propriedade privada fosse abolido e as diferenças entre o rendimento das pessoas ficasse como está, cumprir-se-ia o ideal de justiça de muitos dos socialistas[39]. Mas estas pessoas esquecem-se que ao transferirem para o Estado toda a propriedade privada dos meios de produção, colocam esse mesmo Estado numa posição em que terá de ser a sua acção a decidir todos os outros rendimentos. O poder que assim se confere ao Estado e a exigência para que este o use para «planear» apenas significa que o Estado o utilizará estando perfeitamente consciente destes efeitos.

É um engano acreditar que o poder conferido ao Estado é apenas transmitido a outros. É um poder criado de raiz, que numa sociedade em regime de concorrência ninguém possui. Enquanto a propriedade estiver dividida pelos proprietários, nenhum deles terá, por si só, o poder exclusivo de determinar o rendimento e o cargo de uma pessoa – ninguém lhe está vinculado a

---

[39] É provável que talvez exageremos até que ponto a desigualdade de rendimento é essencialmente causada por rendimentos resultantes da propriedade, e, assim, até que ponto as principais desigualdades poderiam ser abolidas se abolíssemos o rendimento da propriedade. A parca informação de que dispomos sobre a distribuição do rendimento na União Soviética não sugere que as desigualdades sejam ali substancialmente menores do que numa sociedade capitalista. Max Eastman (*The End of Socialism in Russia*, 1937, pp. 30-34) dá-nos alguma informação de fontes oficiais russas que indica que a diferença entre os salários mais altos e mais baixos é da mesma ordem de grandeza (cerca de 50 para 1) que nos Estados Unidos; e Leon Trotsky, segundo um artigo citado por James Burnham (*The Managerial Revolution*, 1941, p. 43), estima que ainda em 1939 «11 a 12 por cento da população soviética recebia 50 por cento da receita do país. A diferença é mais vincada do que nos Estados Unidos, onde 10 por cento da população recebe aproximadamente 35 por cento da receita do país».

138 | O CAMINHO PARA A SERVIDÃO

não ser pelo facto de poder oferecer melhores condições do que outros.

O que a nossa geração se esqueceu é que o sistema de propriedade privada é a mais importante garantia de liberdade, não só dos que a possuem, mas também dos que não a possuem. É por o controlo dos meios de produção estar dividido por tanta gente que age de modo independente que ninguém tem pleno controlo sobre nós; que nós, como indivíduos, podemos decidir o que fazer. Se todos os meios de produção estivessem confiados a uma só mão, fosse esta nominalmente a da «sociedade» como um todo ou a de um ditador, quem exercesse esse controlo teria poder absoluto sobre nós. Quem duvida que um membro de uma minoria religiosa ou racial é mais livre sem propriedade desde que os seus concidadãos sejam proprietários e, por isso, o podem empregar, do que seria se a propriedade privada fosse abolida e ele passasse a ter um quinhão nominal na propriedade comunal? Ou que o poder que um milionário – que tanto pode ser o meu vizinho como o meu patrão – tem sobre mim é muito menor do que aquele que o mais subalterno *fonctionaire* possui ao exercer o poder coercivo do Estado, e de cujo arbítrio depende o modo como vivo a minha vida ou trabalho? E quem negará que um mundo em que os ricos são poderosos é, ainda assim, um mundo melhor do que aquele em que só os já poderosos podem adquirir riqueza?

É patético, e ao mesmo tempo encorajador, saber que um antigo comunista tão destacado como Max Eastman redescobriu esta verdade:

> Parece-me agora [escreve ele num artigo recente] óbvio – embora tenha tardado, admito, a chegar a esta conclusão – que a instituição da propriedade privada é uma das principais coisas que deram ao homem a liberdade e igualdade limitadas que Marx esperava tornar infinitas pela abolição desta instituição. Por estranho que pareça, Marx foi o primei-

ro a perceber isto. Foi ele que nos disse, olhando para o passado, que a evolução do capitalismo privado e do seu mercado livre fora uma pré-condição para a evolução de todas as nossas liberdades democráticas. Ao olhar para o futuro, nunca lhe ocorreu que, se assim era, as outras liberdades poderiam desaparecer com a abolição do mercado livre[40].

Em resposta a tais apreensões, diz-se por vezes que não há razão para que o especialista do planeamento determine o rendimento dos indivíduos. As dificuldades políticas e sociais que implica determinar qual o quinhão do rendimento nacional das diversas pessoas são tão óbvias que até o mais inveterado especialista do planeamento hesitará antes de confiar esta tarefa a uma autoridade. Quase toda a gente que tem noção do que isto envolve preferiria restringir o planeamento à produção, usá-lo apenas para garantir a «organização racional da indústria», deixando a distribuição do rendimento tanto quanto possível às forças impessoais. Embora seja possível dirigir a indústria sem exercer influência na distribuição, e embora nenhum especialista do planeamento queira deixar a distribuição inteiramente entregue às forças do mercado, provavelmente todos prefeririam restringir-se a verificar se a distribuição está conforme as regras gerais de equidade e justiça, que se evitaram desigualdades extremas, e que a relação entre a remuneração das principais classes é justa; isto sem ter de assumir a responsabilidade de distribuição das pessoas pela sua classe, ou pela gradação e diferenciação entre pequenos grupos e indivíduos.

Já vimos que a estreita interdependência de todos os fenómenos económicos faz com que seja difícil parar o planeamento quando queremos, e que, quando se impede o livre curso do mercado para além de determinado grau, o especialista do planeamento é obrigado a alargar o seu controlo, até este tudo abarcar.

---

[40] Max Eastman in *The Reader's Digest*, Julho 1941, p. 39.

140 | O CAMINHO PARA A SERVIDÃO

Estas considerações económicas, que explicam por que razão é impossível parar o controlo deliberado quando gostaríamos, são em muito reforçadas por algumas tendências políticas e sociais, cuja força se faz sentir à medida que o planeamento aumenta.

Quando se torna cada vez mais verdadeiro, e, em geral, admitido, que a situação do indivíduo é determinada, não por forças impessoais – e não em resultado do esforço competitivo de muitos –, mas pela decisão deliberada da autoridade, a atitude das pessoas face à sua posição na ordem social muda necessariamente. Haverá sempre desigualdades que parecerão injustas aos que delas são vítimas, desilusões que parecerão imerecidas, e golpes de azar não merecidos. Mas quando estas coisas acontecem numa sociedade planificada, a forma como as pessoas reagem será muito diferente do que acontece quando não são resultado de qualquer escolha consciente. Sem dúvida que se suporta mais facilmente a desigualdade, e esta afecta muito menos a dignidade da pessoa, se for determinada por forças impessoais do que por algum desígnio. Numa sociedade baseada na concorrência, não é desfeita para ninguém, não se ofende a dignidade de ninguém, se se lhe disser que determinada firma não tem necessidade dos seus serviços ou que não lhe pode dar um emprego melhor. É certo que em períodos prolongados de grande desemprego este efeito pode ser partilhado por muitos. Mas há outras e melhores formas de impedir esse flagelo sem ser pela direcção central. Mas o desemprego ou a perda de rendimento, que terão sempre algum efeito em qualquer sociedade, é certamente menos degradante se se dever ao azar, em vez de ser deliberadamente imposto pela autoridade. Por muito amarga que seja a experiência, numa sociedade planificada seria muito pior. Neste caso, os indivíduos têm de decidir, não se uma pessoa é necessária para determinado trabalho, antes se tem préstimo para alguma coisa. A sua condição na vida tem de lhe ser atribuída por outrem.

Embora as pessoas se submetam a um sofrimento que pode atingir qualquer um, não se submeterão tão facilmente ao sofrimento que resulte de uma decisão da autoridade. É mau ser uma peça da engrenagem numa máquina impessoal, mas é infinitamente pior se não pudermos sair dela, se estivermos amarrados a ela e aos superiores que nos foram escolhidos. O descontentamento das pessoas com o que lhes calha em sorte aumenta quando se tem a noção de que esse descontentamento é o resultado de uma decisão humana deliberada.

Logo que o governo tenha aderido ao planeamento em nome da justiça, não pode recusar a responsabilidade pela sorte ou condição de alguém. Numa sociedade planificada, saberemos que estamos melhor ou pior do que outros, não por causa de circunstâncias que ninguém controla, e impossíveis de prever com certeza, mas porque determinada autoridade assim o quer. E todos os esforços feitos para melhorar a nossa situação terão por objectivo, não prever ou preparar o melhor possível para as circunstâncias sobre as quais não temos qualquer controlo, antes influenciar, a nosso favor, a autoridade que detém todo o poder. O pesadelo dos pensadores ingleses oitocentistas, o Estado em que «não existiria via alguma para a riqueza e a honra senão através do governo»([41]), seria concretizado numa plenitude que nunca haviam imaginado – embora suficientemente conhecido em alguns países que desde então aderiram ao totalitarismo.

*

Logo que o Estado chama a si a tarefa de planificar toda a vida económica, o problema da respectiva condição dos vários indivíduos e grupos torna-se inevitavelmente o problema político central. À medida que passa a ser o poder coercivo do Estado a decidir quem fica com o quê, o único poder que valeria a pena ter seria participar nesse poder director. Passaria a não ha-

---

([41]) As palavras são do jovem Disraeli.

142 | O CAMINHO PARA A SERVIDÃO

ver questões económicas ou sociais que não fossem questões políticas, no sentido em que as suas soluções iriam depender exclusivamente de quem exerceria o poder coercivo, em cujas opiniões prevaleceriam em todas as ocasiões.

Julgo que foi o próprio Lenine quem introduziu na Rússia a célebre expressão «Quem? A quem?», que, nos primeiros anos do regime soviético, era uma pergunta com que as pessoas sintetizavam o problema universal de uma sociedade socialista[42]. Quem planeia quem, quem dirige e domina quem, quem atribui a outrem a sua condição na vida, e quem é que deve ter o que lhe é devido atribuído por outros. São estes os problemas centrais a ser necessariamente decididos apenas pelo poder supremo.

Mais recentemente, um especialista americano de questões políticas alargou o âmbito da expressão de Lenine e afirmou que o problema de todos os governos é «quem fica com quê, quando e como?» De certa forma, isto não deixa de ser verdade. Não deixa de ser verdade que todo o governo afecta a situação relativa de diferentes pessoas e que em qualquer sistema dificilmente há algum aspecto das nossas vidas que não seja afectado pela acção do governo. Se o governo faz alguma coisa de todo, a sua acção terá sempre algum efeito em «quem fica com quê, quando e como».

Há, contudo, duas distinções fundamentais a fazer. Primeiro, pode-se tomar determinadas medidas sem se saber como irão afectar os indivíduos e sem visar determinados efeitos. Já abordámos este ponto. Em segundo lugar, é o alcance das actividades do governo que decide se aquilo que alguém recebe depende do governo, ou se a sua influência se restringe a saber se algumas pessoas receberão algo, de determinada forma, em determinada altura. Aqui reside toda a diferença entre um sistema livre e um sistema totalitário.

---

[42] Cf. Muggeridge, *Winter in Moscow*, 1934; A. Feiler, *The Experiment of Bolshevism*, 1930.

O contraste entre um sistema liberal e um outro totalmente planificado tem o seu exemplo característico nas queixas comuns de nazis e socialistas sobre as «separações artificiais entre economia e política», e nas suas exigências, também comuns, do primado da política sobre a economia. Presumivelmente, estas expressões significam que não só se permite agora às forças económicas que contribuam para fins que não constam da política governamental, mas também que o poder económico pode ser utilizado independentemente da direcção governamental e para fins que o governo pode não aprovar. A alternativa, contudo, não é que haja apenas um poder, mas que esse poder único – o grupo dirigente –, tenha o controlo de todos os fins humanos e, em especial, que tenha um controlo completo sobre a condição de cada indivíduo em sociedade.

*

Não há dúvida de que um governo que pretenda controlar a actividade económica terá de usar o seu poder para concretizar o ideal de justiça distributiva de alguém. Mas como usar esse poder? Por que princípios terá de se reger? Haverá uma resposta conclusiva para as inúmeras questões que surgirão dos méritos relativos e de como terão de ser deliberadamente resolvidos? Haverá uma hierarquia de valores com que pessoas sensatas possam concordar, que justificaria uma nova hierarquia da sociedade e provavelmente satisfaria a vontade de justiça?

Há apenas um princípio geral, uma regra simples, que daria uma resposta conclusiva a todas estas questões: igualdade, a completa e absoluta igualdade de todos os indivíduos em todos estes pontos sujeitos ao controlo humano. Se isto fosse em geral considerado aceitável (questão muito diferente de saber se seria exequível), conferiria um significado claro à noção vaga de justiça distributiva e daria ao especialista do planeamento maior orientação. Mas nada está mais longe da verdade do que o facto

144 | O CAMINHO PARA A SERVIDÃO

de as pessoas em geral considerarem desejável este tipo de igualdade mecânica. Nenhum movimento socialista que tenha almejado a igualdade completa granjeou alguma vez apoio substancial. O que o socialismo prometia não era uma distribuição absolutamente igual, antes mais justa e mais igual. O único objectivo sério a ter em mente não é a igualdade em sentido absoluto, mas sim uma «maior igualdade».

Embora estes dois ideais pareçam muito semelhantes, aplicados ao nosso problema são coisas diferentes. Enquanto que a igualdade absoluta iria evidentemente minar a tarefa do especialista do planeamento, a aspiração a uma maior igualdade é apenas negativa – não passa de uma expressão de aversão ao actual estado de coisas; e enquanto não estivermos preparados para afirmar que cada passo no sentido da completa igualdade é desejável, dificilmente dará resposta a qualquer uma das questões que o especialista do planeamento tem de resolver.

Isto não é um mero jogo de palavras. Estamos perante uma questão crucial, que a semelhança dos termos utilizados tende a ocultar. Embora o acordo quanto à completa igualdade resolvesse todos os problemas de monta que o especialista de planeamento tem de resolver, a fórmula de aproximação gradual a uma maior igualdade quase não resolve nenhum deles, sendo o seu conteúdo pouco mais conclusivo do que expressões como «bem comum» ou «bem-estar social». Não nos liberta da necessidade de, em cada caso concreto, decidir entre os méritos de determinados indivíduos ou grupos, e não nos ajuda nessa decisão. Na verdade, só nos diz para tirarmos o mais possível aos ricos. Mas, quando se trata da distribuição dos despojos, é como se a fórmula da «maior igualdade» nunca houvesse sido concebida.

*

Muita gente tem dificuldade em admitir que não temos padrões morais que nos permitam resolver estas questões – se não perfeitamente, pelo menos para maior satisfação geral do que a proporcionada pelo sistema baseado na concorrência. Afinal, não temos todos a noção do que é um «preço justo» ou um «salário justo»? Não podemos contar com o forte sentido de equidade? E mesmo que não concordemos plenamente naquilo que, em determinado caso, é justo ou equitativo, será que as ideias populares não se consolidariam em padrões mais concretos se fosse permitido às pessoas verem os seus ideais concretizados?

Infelizmente, há poucas razões para acalentarmos tais esperanças. Os nossos padrões resultam do regime baseado na concorrência que conhecemos, que, necessariamente, desapareceria se essa mesma concorrência desaparecesse. O que entendemos por preço justo, ou salário justo, é o preço ou salário habitual – o que a experiência nos faz esperar – ou o preço ou salário que vigoraria se não existisse um monopólio. A única excepção importante a isto costuma ser a reivindicação dos trabalhadores a «todo o produto do seu trabalho», a que remonta tanta da doutrina socialista. Todavia, poucos socialistas hoje em dia acreditam que, numa sociedade socialista, a produção de cada indústria seria toda partilhada pelos trabalhadores dessa mesma indústria; pois isto significaria que os trabalhadores de indústrias que usassem mais capital teriam um rendimento maior do que os trabalhadores de indústrias de menos capital – algo que a maioria dos socialistas consideraria muito injusto. Agora, é geralmente aceite que esta exigência se baseava numa má interpretação dos factos. Mas se o trabalhador não pode reivindicar a totalidade da «sua» produção, e se todo o produto do capital deve ser repartido por todos os trabalhadores, o problema de como o repartir suscita a mesma questão.

O que se considera o «preço justo» de um bem económico ou a remuneração «justa» de um serviço pode ser determinado de forma objectiva se as quantidades necessárias forem fixadas de forma independente. Se estas forem atribuídas independentemente do custo, o especialista do planeamento pode tentar

calcular que preço ou salário é necessário para este fornecimento. Mas o especialista do planeamento também tem de decidir quanto se produz de determinado artigo, e, ao fazê-lo,
determina qual o preço justo ou o salário justo a pagar. Se decidir que são precisos menos arquitectos, ou relojoeiros, e que a
procura pode ser satisfeita pelos que estão dispostos a trabalhar
por menos dinheiro, o salário «justo» será mais baixo. Ao decidir da importância relativa dos diferentes fins, o especialista do
planeamento também decide da importância relativa dos diferentes grupos e pessoas. Como não deve tratar as pessoas apenas como meios, tem de ter em conta estes efeitos e conciliar a
importância dos diferentes fins com os efeitos da sua decisão.

Isto aplica-se tanto à situação relativa dos indivíduos como
aos vários grupos profissionais. Habitualmente, tendemos a julgar que os salários num determinado ofício ou profissão são mais
ou menos uniformes. Mas as diferenças salariais – não só entre
médicos, arquitectos, escritores, actores, pugilistas ou jóqueis
mais ou menos bem sucedidos, mas também entre canalizado-
res, jardineiros, merceeiros ou alfaiates – são tão grandes como
aquelas entre classes proprietárias e não proprietárias. E embora
se tentasse a uniformização, criando categorias, a necessidade
de discriminação entre indivíduos seria a mesma, fosse ela exercida fixando os rendimentos ou inserindo-os em categorias específicas.

Isto diz tudo da possibilidade de as pessoas, numa sociedade livre, se submeterem a um tal controlo – ou de permanece-
rem livres se a ele forem submetidas. Sobre esta questão, o que
John Stuart Mill escreveu há quase cem anos continua a ser verdade:

> Pode-se aceitar uma regra rígida, a da igualdade, tal
> como o acaso ou a necessidade externa; mas que um punha-
> do de seres humanos pese tudo e dê mais a um e menos a
> outro a seu bel-prazer e apreciação, é algo que só poderia

provir de pessoas tidas por mais do que humanos, e apoiadas
por um terror sobrenatural.([43])

*

Estas dificuldades não levam ao conflito aberto desde que o
socialismo seja apenas a aspiração de um grupo limitado e razoavelmente homogéneo. O choque dá-se apenas quando se tenta levar a cabo uma política socialista com o apoio de muitos
grupos diferentes que, juntos, constituem a maioria da população. Então, torna-se uma questão candente qual dos vários con-
juntos de ideais deve ser imposto a todos, colocando ao seu
dispor os recursos do país. É por o planeamento de sucesso requerer a criação de uma visão comum dos valores essenciais que
a restrição da nossa liberdade face às coisas materiais cala tão
fundo na nossa liberdade espiritual.

Tradicionalmente, os socialistas, os pais cultos da prole bár-
bara que produziram, esperam resolver este problema pela educação. Mas, neste caso, o que significa educação? Sabemos que
o conhecimento não pode criar novos valores éticos, que não
há conhecimento que faça com que as pessoas tenham as mesmas opiniões sobre as questões morais suscitadas pela ordena-
ção consciente das relações sociais. A justificação de um plano
requer que se aceite uma fé, não a convicção racional. E, de facto, os socialistas foram os primeiros a reconhecer que a tarefa a
que se haviam proposto requeria a aceitação generalizada de uma
Weltanschauung [mundividência] comum, ou de um conjunto de
valores. Foi com estes esforços para produzir um movimento de
massas apoiado por uma única mundividência que os socialistas
criaram a maior parte dos instrumentos de doutrinação que os
nazis e os fascistas usaram de modo tão eficaz.

([43]) J. S. Mill, *Principles of Political Economy*, Livro I, cap. II, § 4.

148 | O CAMINHO PARA A SERVIDÃO

De facto, na Alemanha e na Itália, os nazis e os fascistas não tiveram de inventar grande coisa. Em ambos os países, já havia sido introduzida pelos socialistas a utilização de novos movimentos políticos, que permeavam todos os aspectos da vida. A noção de um partido político que abarca todas as actividades do indivíduo, do berço à cova, que se arroga o controlo das suas concepções sobre tudo e que se deleita com transformar todos os problemas em questões de *Weltanschauung* partidária, foi inicialmente posta em prática pelos socialistas. Ao falar do movimento socialista do seu país, um escritor socialista austríaco relata, com orgulho, «que uma das características do movimento era a criação de organizações especiais para cada área de actividade dos trabalhadores e funcionários» [44]. Mas embora os socialistas austríacos possam ter ido mais longe neste aspecto, noutros lados a situação não era muito diferente. Não foram os fascistas, mas sim os socialistas que começaram a juntar crianças de tenra idade em organizações políticas, para garantir que cresceriam bons proletários. Não foram os fascistas, mas sim os socialistas que pela primeira vez se lembraram de organizar jogos e desportos, futebol e caminhadas, em clubes do partido onde os membros não seriam infectados com outras opiniões. Foram os socialistas que pela primeira vez insistiram que o membro de um partido se deveria distinguir dos outros pelo modo de saudar e pela forma como se dirigia a terceiros. Foram eles que, com a organização de «células» e aparelhos para a supervisão permanente da vida privada, criaram o protótipo do partido totalitário. *Balilla*(*) e *Hitlerjugend*(**), *Dopolavoro* e *Kraft durch Freude*, uniformes políti-

---

[44] G. Wieser, *Ein Staat stirbt*, 1934-1938, Paris, 1938, p. 41.

(*) Opera Nazionalle Balilla, a organização juvenil do Partido Fascista Italiano; a Opera Nazionale Dopolavoro era uma organização fascista, vocacionada para a cultura e lazer dos trabalhadores. (*N. T.*)

(**) Juventude Hitleriana; a Kraft durch Freude (Força pela Alegria) era uma organização do III *Reich* para os tempos livres dos trabalhadores; fazia parte da Frente Operária Alemã e na década de 30 seria transformada num gigantesco operador turístico. (*N. T.*)

cos e formações militares partidárias, todas elas são mais do que meras imitações de instituições socialistas mais antigas[45].

*

Enquanto o movimento socialista num país estiver estreitamente associado aos interesses de determinado grupo – geralmente os operários mais qualificados –, a criação de uma noção comum sobre o estatuto desejável dos diferentes membros da sociedade é comparativamente simples. O movimento está mais preocupado com o estatuto de determinado grupo e o seu objectivo é elevar esse estatuto relativamente aos outros grupos. Contudo, o problema muda de figura quando no avanço progressivo para o socialismo se torna cada vez mais evidente para toda a gente que tanto o rendimento como a condição geral são determinados pelo aparelho coercivo do Estado, que o indivíduo só pode manter ou influenciar a sua situação sendo membro de um grupo organizado capaz de influenciar ou controlar o aparelho estatal em seu favor. No braço de ferro que emerge nesta fase entre os vários grupos de pressão, não é de todo necessário que devam prevalecer os interesses dos grupos mais numerosos e mais pobres. Nem é necessariamente uma vantagem para os partidos socialistas mais antigos, que, alegadamente, representam os interesses de determinado grupo, terem sido os primeiros no terreno e concebido a sua ideologia para cativar os trabalhadores braçais da indústria. O seu próprio sucesso, e a sua insistência na aceitação dessa convicção, criará necessariamente um contramovimento poderoso – não por parte dos capitalistas, mas pelas classes maiores e também elas não proprietárias, que vêem o seu estatuto ameaçado pelo avanço da elite dos trabalhadores industriais.

Mesmo quando não eram dominadas pelo dogma marxista, a teoria e as tácticas socialistas basearam-se sempre na noção de

---

[45] Os «clubes do livro» políticos, neste país, oferecem um paralelo não desprezível.

divisão da sociedade em duas classes, com interesses comuns mas mutuamente contraditórios: os capitalistas e os trabalhadores industriais. O socialismo contava com o rápido desaparecimento da velha classe média, e ignorou por completo a ascensão de uma nova classe média, a legião de amanuenses de todo o tipo, administrativos e professores primários, artífices e funcionários, e os escalões mais baixos das profissões liberais. Durante algum tempo, estas classes forneceram muitos dos líderes do movimento operário. Mas à medida que se foi tornando evidente que a situação destas classes se estava a deteriorar relativamente à dos trabalhadores industriais, os ideais que guiavam estes últimos foram deixando de ser apelativos para os outros. Embora estas noções fossem todas socialistas, no sentido de terem aversão ao sistema capitalista e quererem a partilha da riqueza segundo as suas noções de justiça, revelaram-se muito diferentes daquelas consubstanciadas na prática dos partidos socialistas mais antigos.

Os meios que os partidos socialistas mais antigos haviam conseguido para garantir o apoio de uma classe profissional – a melhoria da sua condição económica relativa – não podem ser usados para garantir o apoio de todos. É inevitável que surjam movimentos socialistas rivais que apelem ao apoio dos que viram a sua condição agravar-se. A afirmação frequentemente ouvida de que o fascismo e o nacional-socialismo são uma espécie de socialismo de classe média contém muito de verdade – na Itália e na Alemanha, os apoiantes destes novos movimentos dificilmente poderiam ser considerados classe média, em termos económicos. Foi essencialmente a revolta de uma nova classe de desfavorecidos contra a aristocracia laboral que o movimento operário criara. Nenhum factor económico contribuiu tanto para ajudar estes movimentos como a inveja do profissional fracassado, o engenheiro ou o jurista, o «proletariado de colarinho branco» em geral, face ao maquinista ou ao tipógrafo e outros membros dos sindicatos mais poderosos cujo rendimento era muito superior ao seu. Sem dúvida que, em termos financeiros, o rendimento do comum dos membros do movimento nazi, nos primeiros anos, era mais baixo do que a média do operário sindicalizado ou de um membro de um partido socialista mais antigo – circunstância que só se tornou relevante porque os primeiros já tinham conhecido melhores dias e viviam em locais que traduziam o seu passado. A expressão «luta de classes *à rebours*», corrente em Itália à data da ascensão do fascismo, remetia, de facto, para um aspecto muito importante do movimento. Na verdade, o conflito entre o fascista ou o nacional-socialista e os partidos socialistas mais antigos deve ser essencialmente considerado o tipo de conflito que surgirá entre facções socialistas rivais. Não havia diferença entre eles quanto à questão de ser o Estado a atribuir a cada um o seu devido lugar na sociedade. Mas havia, como haverá sempre, profundas diferenças quanto ao que seria o devido lugar das várias classes e grupos.

*

Os velhos líderes socialistas, que sempre haviam considerado os seus partidos a ponta-de-lança dos futuros movimentos rumo ao socialismo, tiveram dificuldade em perceber que, a cada extensão do uso de métodos socialistas, o ressentimento de grande parte das classes baixas virava-se contra eles. Mas enquanto os partidos socialistas antigos, ou os movimentos operários organizados em algumas indústrias, não tinham tido especial dificuldade em chegar a acordo para uma acção conjunta com os respectivos empregadores, houve grupos muito grandes que ficaram sem protecção. Para estes, e com alguma razão, as secções mais prósperas do movimento operário pareciam pertencer à classe exploradora e não à explorada [46].

---

[46] Faz agora doze anos que um dos mais destacados intelectuais socialistas, Hendrick de Man (que desde então evoluiu de forma coerente e se juntou aos nazis), observou que, «pela primeira vez desde o começo do socialismo, os ressentimentos anticapitalistas estão a virar-se contra o movimento socialista» (*Sozialismus und National-Faszismus*, Potsdam, 1931, p. 6).

152 | O CAMINHO PARA A SERVIDÃO

O ressentimento da baixa classe média, onde o fascismo e o nacional-socialismo foram recrutar grande parte dos seus apoiantes, foi intensificada pelo facto de, em muitos casos, a sua educação e formação os ter levado a aspirar a cargos directivos, pelo que se consideravam membros de pleno direito da classe dirigente. Enquanto que a geração mais nova, devido ao desdém pelo lucro fomentado pelos ensinamentos socialistas, desprezava cargos independentes, que envolviam risco, e optava cada vez mais por trabalhos assalariados que lhes prometiam segurança, os outros exigiam um cargo que lhes conferisse o poder e o dinheiro a que, segundo eles, a sua formação lhes dava direito. Embora acreditassem numa sociedade organizada, esperavam ter nessa sociedade um lugar muito diferente do que aquele que uma sociedade regida pelo trabalho lhes parecia proporcionar. Estavam prontos a assumir os métodos do velho socialismo mas tencionavam usá-los ao serviço de uma classe diferente. O movimento conseguiu atrair todos aqueles que, concordando com o controlo do Estado de toda a actividade económica, discordavam dos fins para que a aristocracia dos operários industriais utilizava a sua força política.

O novo movimento socialista começou com algumas vantagens tácticas. O socialismo operário desenvolvera-se num mundo democrático e liberal, adaptara as suas tácticas a este mundo e incorporara muitos dos ideais do liberalismo. Os seus protagonistas ainda acreditavam que a criação do socialismo propriamente dito iria resolver todos os problemas. Por seu lado, o fascismo e o nacional-socialismo foram o resultado da experiência de uma sociedade cada vez mais regulada, que se dava conta de que o socialismo democrático e internacional visava ideais incompatíveis. As suas tácticas foram desenvolvidas num mundo já dominado pela política socialista e pelos problemas que esta cria. Não tinham ilusões quanto à possibilidade de solução democrática de problemas que exigiam mais acordo entre as pessoas do que aquele que se poderia esperar com alguma razoabilidade. Não tinham ilusões quanto à capacidade da razão para decidir todas as questões da relativa importância das necessidades de diferentes homens e grupos que o planeamento inevitavelmente suscita, ou quanto à fórmula de igualdade que continha a resposta. Sabiam que o grupo mais forte que congregasse suficientes apoiantes a favor de uma nova ordem hierárquica da sociedade, e que fosse franco na promessa de privilégios às classes a que apelava, obteria provavelmente o apoio dos que estavam desiludidos porque lhes fora prometida igualdade, para descobrir que apenas haviam servido os interesses de uma classe. Acima de tudo, triunfaram porque propunham uma teoria, ou *Weltanschauung*, que parecia justificar os privilégios que prometiam aos apoiantes.

9

Segurança e Liberdade

Toda a sociedade se tornará um único escritório e uma única fábrica, com trabalho igual e salário igual.

V. I. LENINE, 1917

Num país em que o Estado é o único empregador, oposição significa morrer lentamente de fome. O velho princípio «quem não trabalha, não come» foi substituído por um novo: «quem não obedece, não comerá».

LEON TROTSKY, 1937

Tal como a falsa «liberdade económica», a segurança económica é muitas vezes retratada, e a justo título, como condição indispensável para a verdadeira liberdade. Em certo sentido, isto é verdade e importante. Raramente encontramos independência de espírito ou força de carácter entre quem não esteja confiante de que triunfará pelo seu próprio esforço. No entanto, a noção de segurança económica é tão vaga e ambígua como muitos outros termos nesta área; e por causa disto, a aprovação geral à exigência de segurança pode tornar-se um perigo para a liberdade. Na verdade, quando se concebe a segurança em sentido dema-

156 | O CAMINHO PARA A SERVIDÃO

siado absoluto, a aspiração à segurança, em vez de aumentar a liberdade, torna-se o seu maior perigo.

Convém distinguir à partida os dois tipos de segurança: a limitada, que todos podem ter e que, por isso, não é um privilégio mas sim um legítimo objecto de desejo; e a segurança absoluta, que numa sociedade livre não pode abranger todos e que não deveria ser outorgada como privilégio – excepto em alguns casos especiais, como o dos juízes, em que é crucial que sejam completamente independentes. Estes dois tipos de segurança são, primeiro, a segurança contra a privação física extrema, a certeza de um sustento mínimo para todos; e, segundo, a segurança de um determinado estilo de vida, ou a situação relativa de que uma pessoa ou um grupo desfruta em relação a outros; ou, dito sucintamente, a segurança de um rendimento mínimo e a segurança de um determinado rendimento que se julga que a pessoa merece. Veremos agora que esta distinção coincide, em grande parte, com a distinção entre a segurança que pode ser garantida a todos, salvaguardando o sistema de mercado, e a segurança que pode ser garantida apenas a alguns e só através do controlo ou da abolição do mercado.

Não há razão para que, numa sociedade que atingiu um nível geral de riqueza como o nosso, o primeiro tipo de segurança não seja garantido a todos sem pôr em perigo a liberdade geral. Há questões difíceis quanto ao nível específico que deve ser garantido; em especial, a questão importante de se saber se os que contam com a comunidade deverão usufruir indefinidamente das mesmas liberdades dos restantes(47). A abordagem irreflectida destas questões pode muito bem causar problemas políticos sérios e, até, perigosos. Mas não pode haver dúvidas de que deve ser assegurado a todos um mínimo de alimentação, abrigo

---

(47) Pode haver problemas graves de relações internacionais caso a mera nacionalidade confira o direito a um nível de vida maior do que noutro país; e estes problemas não devem ser ignorados de ânimo leve.

SEGURANÇA E LIBERDADE | 157

e roupas, o suficiente para cada pessoa se manter sã e poder trabalhar. De facto, para grande parte da população deste país, há
muito que se atingiu este nível.

Também não há razão para o Estado não ajude os indivíduos a fazer face aos infortúnios da vida que, pela sua incerteza,
poucas pessoas acautelam. Ao organizar um sistema abrangente
de segurança social, o Estado tem uma excelente ocasião para
intervir, quando se trata realmente de riscos susceptíveis de co-
bertura pelo seguro. Os que defendem um regime baseado na
concorrência e os que o pretendem substituir por um outro irão
discordar em muitos detalhes, e em nome da segurança social é
possível introduzir medidas que tendem a tornar a concorrência
mais ou menos eficaz. Mas não há qualquer incompatibilidade
de princípio entre ser o Estado a proporcionar mais segurança
e a manutenção da liberdade individual. Nesta mesma categoria se insere a assistência do Estado às vítimas da «mão de Deus»,
como terramotos e cheias. Sempre que a comunidade possa mitigar desastres contra os quais o indivíduo não se consegue proteger, nem acautelar as consequências, deve fazê-lo.

Por último, temos o problema sumamente importante do
combate às flutuações gerais da actividade económica e às vagas
recorrentes de desemprego maciço que aquelas acarretam. É um
dos problemas mais graves e mais prementes dos nossos tempos.
Todavia, embora a solução requeira muito planeamento, na boa
acepção do termo, não requer – ou, pelo menos, não deveria
requerer – esse género especial de planeamento que, segundo
os seus apoiantes, deve substituir o mercado. Aliás, muitos economistas esperam que o remédio definitivo possa ser o campo
da política monetária, compatível até com o liberalismo do século XIX. Outros, é certo, crêem que o verdadeiro sucesso só pode
vir da gestão criteriosa de obras públicas, a levar a cabo em grande escala. Isto pode acarretar restrições mais sérias no campo da
concorrência, e, a enveredar-se por este caminho, há que proceder com cuidado, caso queiramos evitar que toda a actividade

económica se torne progressivamente mais dependente da orientação e do volume dos gastos governamentais. Mas esta não é a única – e, na minha opinião, nem mais promissora – forma de enfrentar a ameaça séria à segurança económica. Seja como for, os esforços necessários para garantir a protecção contra estas flutuações não levam ao tipo de planeamento que constitui uma tão grande ameaça à nossa liberdade.

*

O planeamento de segurança que tão insidioso efeito tem na liberdade é para um outro tipo de segurança. Destina-se a proteger indivíduos ou grupos contra a redução do seu rendimento que, embora possa não ser merecida, acontece constantemente numa sociedade em regime de concorrência; contra perdas graves, sem justificação moral mas indissociáveis de um sistema baseado na concorrência. Esta exigência de segurança é pois uma outra forma de exigir uma remuneração justa, uma remuneração proporcional aos méritos subjectivos e não aos esforços objectivos de uma pessoa. Tal tipo de segurança ou justiça parece incompatível com a liberdade de se escolher um emprego.

Em qualquer sistema que, para distribuir as pessoas pelos vários trabalhos e ofícios, se baseie na decisão dos próprios, a remuneração deve corresponder à sua utilidade para os outros membros da sociedade, mesmo que esta não tenha qualquer relação com o mérito subjectivo. Embora os resultados conseguidos sejam muitas vezes proporcionais aos esforços e intenções, isto pode não ser sempre verdade em qualquer forma de sociedade. Em especial, não será verdade nos muitos casos em que a utilidade de um ofício ou de uma qualificação especial se altera por razões imprevisíveis. Estamos todos a par do drama do artesão altamente qualificado cujo ofício, tão duramente aprendido, subitamente perdeu o seu valor por causa de uma qualquer invenção que vem beneficiar a sociedade. A história dos últimos

SEGURANÇA E LIBERDADE | 159

cem anos está repleta de casos destes, e alguns deles afectaram milhares de pessoas de uma só vez.

Que alguém possa ver o seu rendimento bastante mitigado, e as suas esperanças amargamente desfeitas, sem nada ter feito para tal, apesar do seu trabalho árduo e perícia excepcional, é sem dúvida uma injustiça. A exigência, por parte dos que são vítimas disto, de uma maior intervenção do Estado em seu favor, de forma a salvaguardar as suas expectativas legítimas, colhe o apoio e a compreensão de todos. A aprovação geral destas exigências teve o efeito de obrigar os governos a agir, não só para proteger as pessoas ameaçadas por privações extremas, mas também para garantir que continuavam a receber os seus salários e para as proteger das vicissitudes do mercado[48].

No entanto, se não se puder garantir a escolha da profissão de cada um, também não se pode garantir a todos o rendimento. E se este for proporcionado a alguns, torna-se um privilégio à custa de outros, cuja segurança é, assim, necessariamente diminuída. É fácil demonstrar que a segurança de um rendimento fixo só é possível à custa da abolição da liberdade de cada qual poder escolher o seu trabalho. Contudo, embora esta garantia genérica de expectativa legítima seja muitas vezes considerada um ideal a que aspirar, não é algo que se tente. O que se faz é garantir este tipo de segurança a determinados grupos, fazendo com que se intensifique a insegurança para os que são excluídos deste processo. Não admira, por isso, que o privilégio da segurança tenha cada vez mais importância. A exigência de segurança torna-se assim mais premente, até que, por fim, a desejamos a todo o custo, mesmo da liberdade.

*

---

[48] Numa obra que todos fariam bem em ler (*Plan for Reconstruction*, 1943), o Professor W. H. Hutt fez algumas sugestões muito interessantes de como estas provações poderiam ser mitigadas numa sociedade liberal.

Se aqueles que deixassem de ser úteis, devido a circunstâncias que não puderam prever nem controlar, fossem protegidos contra perdas imerecidas, e se aqueles cuja utilidade aumentou na mesma proporção fossem impedidos de ter lucro imerecido, a remuneração logo deixaria de ter qualquer relação com a utilidade. Iria depender das opiniões de uma autoridade quanto ao que uma pessoa deveria ter feito, deveria ter previsto, e da bondade ou não das suas intenções. Como tal, essas decisões não deixariam de ser arbitrárias, e a aplicação deste princípio traduzir-se-ia em pessoas a fazer o mesmo trabalho e recebendo remuneração diferente. As diferenças na remuneração já não seriam o incentivo adequado para que as pessoas fizessem as mudanças socialmente desejáveis, e os indivíduos afectados nem poderiam ajuizar se uma eventual mudança compensaria o trabalho que dá.

Mas se as mudanças na distribuição das pessoas por vários empregos, algo sempre necessário em qualquer sociedade, já não podem ser feitas recorrendo a recompensas e penalizações «pecuniárias» (não necessariamente relacionadas com o mérito subjectivo), terão de ocorrer por ordem directa. Quando o rendimento está garantido, a pessoa nem pode ficar no seu trabalho apenas porque goste dele, nem escolher outro trabalho de que goste. Como não é ela que gera o lucro ou o prejuízo associado ao facto de se mudar ou não, a escolha é feita por alguém que controle a distribuição do rendimento disponível.

O problema aqui suscitado dos incentivos adequados é habitualmente debatido como se fosse apenas um problema da vontade das pessoas de fazerem o seu melhor. Mas isto, embora importante, não é sequer o aspecto mais importante do problema. A questão não se resume a recompensar as pessoas que queiram dar o seu melhor. Mais importante, se quisermos que possam optar, se puderem ajuizar o que devem fazer, terão de poder avaliar a importância social das várias ocupações. Mesmo com a maior das boas vontades, seria impossível a alguém escolher inteligentemente entre as várias alternativas se as vantagens que lhe fossem oferecidas não tivessem qualquer relação com a respectiva utilidade à sociedade. Para saber se, por causa de uma mudança, um homem deve abandonar um ofício e um ambiente de que gosta e trocá-lo por outro, é preciso que o valor relativo destas ocupações para a sociedade esteja expresso na remuneração que oferece.

É claro que o problema é ainda mais importante porque na vida real as pessoas não dão o seu melhor durante longos períodos a não ser que os seus próprios interesses estejam envolvidos. Para muita gente, tem de haver alguma pressão externa se se quiser que dêem o seu melhor. Neste sentido, a questão dos incentivos é muito real, tanto na esfera do trabalhador comum como na dos gestores. A aplicação da técnica de engenharia a toda a nação – e é isto que significa o planeamento – «suscita problemas de disciplina que são difíceis de resolver», como muito bem afirmou um engenheiro americano com vasta experiência em planeamento governamental e que identificou perfeitamente o problema.

> Para levar a cabo um trabalho de engenharia [explica ele], a rodear a obra terá de haver uma área comparativamente grande de acção económica não planificada. Tem de haver um local onde se possa recrutar trabalhadores, e quando um trabalhador é despedido, deve desaparecer do local de trabalho e da folha de salários. Sem uma reserva destas, só se consegue manter a disciplina pelo castigo físico, como no trabalho escravo.([49])

No âmbito do trabalho executivo, o problema das sanções por negligência coloca-se de modo diferente mas não menos grave. Já se afirmou, e com razão, que o último recurso de uma

---

([49]) D. C. Coyle, «The Twilight of national Planning», *Harpers' Magazine*, Outubro, 1935, p. 558.

162 | O CAMINHO PARA A SERVIDÃO

sociedade baseada na concorrência é o oficial de diligências, enquanto que numa sociedade planificada, a derradeira sanção é o carrasco(⁵⁰). Os poderes conferidos ao director de uma fábrica têm de ser consideráveis, mas, tal como o trabalhador, num sistema planificado o cargo e a remuneração do director não dependem apenas do sucesso ou do fracasso da sua empresa. Como nem o lucro nem a perda lhe podem ser imputados, não pode ser ele a decidir – faz apenas o que lhe impõe a regra estabelecida. Um erro que «deveria» ter evitado não é uma questão de responsabilidade própria, antes um crime contra a comunidade, que deve ser tratado como tal. Desde que faça o seu dever, pelo seguro, segundo um critério objectivo, pode estar mais tranquilo quanto à sua remuneração do que o empresário capitalista; mas em caso de fracasso, o perigo que corre é pior do que a falência. Enquanto satisfizer os seus superiores, garantirá a sua segurança financeira, mas fá-lo à custa da sua liberdade e da sua vida.

O conflito fundamental que se nos apresenta é, de facto, entre dois tipos irreconciliáveis de organização social que, conforme as suas manifestações características, têm sido designados o tipo comercial e o tipo militar de sociedade. Os termos não serão os mais felizes, pois chamam a atenção para o que não é essencial e dificultam que se perceba que estamos perante uma verdadeira alternativa, não havendo terceira hipótese. Ou a escolha e o risco pertencem ao indivíduo, ou são-lhe ambos retirados. De facto, em muitos aspectos o Exército representa a forma que mais facilmente associamos ao segundo tipo de organização social, sendo a autoridade a distribuir tanto o trabalho como o trabalhador e onde, em caso de escassez de meios, todos partilham dessa escassez. É o único sistema em que se pode garantir ao indivíduo plena segurança económica e, por extensão, a toda a sociedade. No entanto, esta segurança é insepará-

---

(⁵⁰) W. Roepke, *Die Gesellschaft der Gegenwart*, Zurich, 1942, p. 172.

SEGURANÇA E LIBERDADE | 163

vel de restrições à liberdade e da ordem hierárquica da vida militar – é a segurança da caserna.

É possível organizar partes de uma sociedade livre segundo este princípio, e não há razão para que esta forma de vida, e as suas restrições necessárias à liberdade individual, não esteja disponível a quem a preferir. Aliás, o trabalho voluntário organizado em termos militares pode muito bem ser a melhor forma de o Estado proporcionar a garantia de trabalho e rendimento mínimo para todos. Que no passado estas propostas se tenham revelado pouco aceitáveis deve-se ao facto de aqueles dispostos a abdicar da sua liberdade pela segurança terem sempre exigido que os outros o fizessem também, mesmo que não estivessem dispostos a tal. Dificilmente se conseguiria justificar esta exigência.

O tipo de organização militar que conhecemos faculta-nos, contudo, um quadro incompleto do que aconteceria se fosse alargado a toda a sociedade. Enquanto apenas parte da sociedade estiver organizada em termos militares, a não liberdade dos membros da organização militar é mitigada pelo facto de existir ainda uma esfera de liberdade para a qual se poderão deslocar caso as restrições se tornem demasiado penosas. Se quisermos ter uma ideia de como seria uma sociedade organizada como uma única e imensa fábrica, segundo um ideal que tantos socialistas seduziu, basta-nos olhar para Esparta ou para a Alemanha contemporânea, que quase o conseguiu ao fim de duas ou três gerações.

*

Numa sociedade habituada à liberdade, é improvável que muitas pessoas estivessem dispostas a pagar este preço pela segurança. Mas as políticas que por todo o lado estão a ser implementadas, e que confiam o privilégio da segurança a este ou àquele grupo, estão a criar condições para que a aspiração à segurança seja maior do que o amor pela liberdade. E a razão é simples: ao assegurar a completa segurança de um grupo, aumenta necessariamente a insegurança dos outros. Se se garante a alguns uma fatia fixa de um bolo de tamanho variável, o quinhão que resta varia proporcionalmente mais do que o tamanho do bolo. E o elemento essencial de segurança proporcionado por um sistema que se baseie na concorrência – a grande variedade de oportunidades – é cada vez mais reduzido.

Num sistema de mercado, só se pode garantir a segurança de determinados grupos através de um tipo de planeamento conhecido como restricionismo (que inclui, todavia, quase todo o planeamento que se pratica actualmente!). O «controlo», isto é, a limitação da produção de forma a que os preços garantam um retorno «adequado», é o único modo de, numa economia de mercado, assegurar aos produtores determinado rendimento. Mas isto implica necessariamente a redução de oportunidades para outros. Proteger o produtor, seja o empresário ou o trabalhador, da concorrência de terceiros com preços mais baixos, significa que quem estiver em situação mais precária é impedido de partilhar da maior prosperidade das indústrias controladas. Cada restrição à liberdade de escolher um ofício reduz a segurança dos que dele não fazem parte. E à medida que aumenta o número dos que vêem desta forma assegurado o seu rendimento, restringe-se o campo de alternativas para os que perdem a fonte do seu sustento; e quem for prejudicado pela mudança vê diminuídas a hipótese de evitar que o seu rendimento seja reduzido. Nos ofícios em que as condições melhoram, permite-se que os seus membros excluam outros por forma a garantir para si todo o ganho, na forma de altos salários e lucro; pelo contrário, nos ofícios em que a procura baixou, os trabalhadores não têm para onde ir e cada mudança causa desemprego maciço. Não há dúvida de que a vontade de segurança, nestes moldes, tem tido, nas últimas décadas, como consequência o aumento do desemprego, logo, da insegurança de grande parte da população.

Neste país, estas restrições, em especial as que afectam as camadas intermédias da sociedade, só recentemente assumiram uma dimensão importante, e ainda mal percebemos todas as suas implicações. A impotência dos que, numa sociedade que se tornou rígida, são excluídos das profissões protegidas, e a magnitude do abismo que os separa dos que têm a sorte de ter emprego, e para quem a protecção contra a concorrência tornou desnecessário que mexam sequer uma palha para permitir incluir desempregados, só pode ser percebida por quem viveu esta situação. Não se trata de aqueles que têm emprego cederem os seus cargos, apenas de partilhar o infortúnio comum reduzindo o seu salário, ou, até, sacrificar a sua perspectiva de progressão. Mas isto é impedido porque se protege o «nível de vida», o «preço justo», o «rendimento profissional» a que julgam ter direito, e para cuja protecção o Estado contribui. Em consequência, em vez de preços, salários e rendimentos individuais, é agora o emprego e a produção que são alvo de violentas flutuações. Nunca se assistiu à exploração tão cruel de uma classe por outra como a dos operários mais fracos ou desafortunados pelos privilegiados, e isto só foi possível pela «regulação» da concorrência. Poucas palavras de ordem foram tão prejudiciais como o ideal de «estabilização» de alguns preços (ou salários), que, apesar de garantir o rendimento de alguns, faz com a situação de outros seja precária.

Assim, quanto mais tentamos garantir segurança plena interferindo no sistema de mercado, maior se torna a insegurança; e, o que é pior, maior se torna o contraste entre a segurança daqueles a quem é dada como privilégio e a crescente insegurança dos desprivilegiados. E quanto mais a segurança se torna um privilégio, e quanto maior o perigo para os que dela são excluídos, mais será valorizada. Com o aumento dos que são privilegiados, e intensificação da diferença entre a sua segurança e a insegurança dos outros, emerge gradualmente todo um novo conjunto de valores sociais. Doravante, já não é a independên-

166 | O CAMINHO PARA A SERVIDÃO

cia, mas a segurança, que confere posição e estatuto; já não se considera um bom partido um jovem disposto a trabalhar, mas sim alguém que tenha uma pensão. A insegurança torna-se o equivalente à temida condição de pária, a que se arrisca aquele que na sua juventude lhe viu ser recusada a entrada no céu dos assalariados.

*

A tendência geral para se garantir segurança através de medidas restritivas, toleradas ou apoiadas pelo Estado, com o tempo produziu uma transformação progressiva da sociedade – transformação essa que, como em tantas outras coisas, teve a Alemanha à cabeça, seguida por outros países. Esta evolução foi apressada por um outro efeito dos ensinamentos socialistas: a desconsideração propositada de todas as actividades que impliquem o risco económico, e o opróbrio moral sobre os ganhos que o risco pode dar, mas que nem sempre logramos. Não podemos censurar os jovens por preferirem um trabalho seguro, como assalariado, ao risco de um negócio, quando eles ouvem, desde tenra idade, que a primeira situação é a ocupação mais nobre, mais altruísta e mais desinteressada. A geração mais jovem dos nossos dias cresceu num mundo em que o espírito comercial foi retratado, na escola e na imprensa, como sendo vil, e a obtenção do lucro, imoral – em que empregar uma centena de pessoas é exploração, mas comandar o mesmo número é honroso. Os mais velhos podem talvez considerar isto um exagero do actual estado de coisas, mas a experiência do professor universitário no dia-a-dia deixa poucas dúvidas de que, em resultado da propaganda anticapitalista, os valores já se alteraram, muito antes da mudança nas instituições que ainda não ocorreu neste país. A questão é saber se, alterando as nossas instituições para satisfazer novas exigências, não estaremos inadvertidamente a destruir valores que ainda prezamos mais.

SEGURANÇA E LIBERDADE | 167

Não há melhor exemplo da alteração estrutural da sociedade resultante da vitória do ideal da segurança sobre o da independência como a comparação com aquilo que há dez ou vinte anos se podia ainda considerar o tipo de sociedade alemã ou inglesa. Por muito grande que a influência do Exército possa ter sido na Alemanha, é um erro grave atribuir a essa influência o que os Ingleses consideram ser o carácter «militarista» da sociedade alemã. A diferença ia muito mais fundo, e os atributos peculiares da sociedade alemã tanto existiam em círculos onde a influência especificamente militar era mínima como noutros em que era forte. Não que grande parte do povo alemão não estivesse organizado para a guerra – mais do que noutros países; e esse tipo de organização era usado para muitos outros fins. O que conferia à sociedade alemã o carácter peculiar era que a maior parte da vida civil na Alemanha estava deliberadamente organizada a partir de cima, e grande parte das pessoas não se considerava independente, mas sim funcionários nomeados. Tal como se gabavam os próprios Alemães, a Alemanha há muito que era um *Beamtenstaat* [Estado de funcionários], em que não só o funcionalismo público mas quase todas as esferas da vida e todo o estatuto eram atribuídas e garantidas por uma qualquer autoridade.

Embora seja duvidoso que o espírito da liberdade possa ser extirpado pela força, não é certo que uma pessoa conseguisse resistir ao processo que na Alemanha abafou a liberdade. Nos casos em que se consegue prestígio e estatuto apenas tornando-se um funcionário assalariado do Estado, quando fazer o nosso dever é considerado mais meritório do que escolher a nossa área profissional, quando todos os esforços que não conduzam a um cargo eminente na hierarquia oficial, ou à pretensão de um rendimento fixo, são considerados menores e até pouco dignos, seria de esperar demasiado que muitos preferissem a liberdade à segurança. E quando a alternativa à segurança num cargo dependente é um cargo ainda mais precário, em que se é de igual

168 | O CAMINHO PARA A SERVIDÃO

modo desprezado quer se triunfe ou se fracasse, só muito poucos resistirão à tentação da segurança pagando o preço da liberdade. Chegados a este ponto, a liberdade torna-se de facto um fingimento, pois só pode ser adquirida com sacrifício da maioria das coisas boas. Assim, não surpreende que cada vez mais pessoas achem que sem segurança económica «não vale a pena» ter liberdade, estando dispostas a sacrificar a sua liberdade pela segurança. Contudo, é inquietante ver o Professor Harold Laski usar neste país o argumento que, talvez mais do que qualquer outro, induziu o povo alemão a sacrificar a sua liberdade[51].

Um dos objectivos da política terá de ser a segurança adequada contra a privação extrema, eliminar as causas e prevenir os efeitos. Mas para garantir o sucesso destas tentativas e não destruir a liberdade individual, há que garantir a segurança fora do mercado e não deve haver obstáculos à concorrência. Para salvaguardar a liberdade é indispensável algum grau de segurança, pois a maioria das pessoas está disposta a suportar o risco que a liberdade implica desde que esse risco não seja excessivo. Sem perder de vista esta verdade, há que não cair no erro da actual voga entre intelectuais que exigem segurança à custa da liberdade. É essencial enfrentar, de forma franca, o facto de só se conseguir a liberdade a um preço, e que nós, como indivíduos, devemos estar preparados para fazer alguns sacrifícios materiais para preservar a nossa liberdade. Se quisermos manter a nossa liberdade, há que readquirir a convicção em que se fundou o primado da liberdade nos países anglo-saxónicos e que Benjamin Franklin expressou, numa frase que se aplica tanto a nós, indivíduos, como às nações: «Quem estiver disposto a abdicar da liberdade essencial contra uma segurança temporária, não merece nem a liberdade nem a segurança.»

---

[51] H. J. Laski, *Liberty in the Modern State* (edição Pelican, 1937, p. 51): «Aqueles que conhecem a vida normal dos pobres, com a perturbadora sensação de desastre iminente, a sua busca vã da beleza, sabem perfeitamente que, sem segurança económica, a liberdade de nada vale.»

10

Porque é que os piores estão no topo?

> Todo o poder corrompe, o poder absoluto corrompe absolutamente.
>
> Lord Acton

Vejamos agora uma convicção que serve de consolo a muitos dos que consideram inevitável o advento do totalitarismo e que mina seriamente a resistência que muitos lhe oporiam, com todas as suas forças, se apreendessem na totalidade a sua natureza. É a convicção de que muitas das características repulsivas dos regimes totalitários se devem ao acaso histórico de terem sido estabelecidos por canalhas e rufiões. Segundo esta argumentação, se, na Alemanha, a criação de um regime totalitário fez ascender ao poder os Streichers e os Killingers, os Leys e os Heines, os Himmlers e os Heydrichs, isso pode provar a depravação do carácter alemão, mas não que a ascensão de gente desta seja a consequência necessária de um sistema totalitário. Porque não poderia este mesmo tipo de sistema, caso fosse necessário atingir fins importantes, ser gerido por gente decente, a bem de toda a comunidade?

170 | O CAMINHO PARA A SERVIDÃO

Não nos iludamos a ponto de julgar que todas as pessoas boas têm de ser democratas ou querem necessariamente participar na governação. Muitas delas prefeririam confiar a governação a quem julguem mais competente. Embora possa ser pouco sensato, não há nada de mau ou desonroso em aprovar uma ditadura dos bons. Dir-nos-ão que o totalitarismo é um sistema igualmente poderoso para o bem e para o mal, e que o propósito para que é usado depende apenas dos ditadores. E aqueles que julgam que não é o sistema que devemos recear, antes o perigo de este poder ser dominado por homens maus, poderão até ser tentados a prevenir este perigo, garantindo que o sistema é estabelecido por homens bons.

Não há dúvida de que um sistema «fascista» inglês seria muito diferente dos modelos italiano ou alemão; não há dúvida de que se a transição fosse efectuada sem violência, poderíamos ter um tipo de dirigente melhor. E se eu tivesse de viver num sistema fascista, não tenho dúvidas de que preferiria viver num regime dirigido por ingleses. Contudo, isto não significa que, a avaliar pelas condições actuais, um sistema fascista britânico se revelasse tão diferente ou muito menos intolerável do que os seus protótipos. Há muitas razões para crer que aquelas que nos parecem ser as piores características dos actuais sistemas totalitários não são fortuitas, mas sim fenómenos que, mais tarde ou mais cedo, o totalitarismo garantidamente produz. Tal como o estadista democrático que decide planear a vida económica logo se vê confrontado com a alternativa de assumir poderes ditatoriais ou abandonar os seus planos, também o ditador totalitário teria de escolher entre ignorar a moral comum ou fracassar. É por isso que, numa sociedade que tende para o totalitarismo, os descarados e pouco escrupulosos serão provavelmente mais bem sucedidos. Quem ainda não viu isto, não percebeu o abismo que separa o totalitarismo de um regime liberal, as diferenças absolutas entre todo o ambiente moral do colectivismo e a civilização ocidental, essencialmente individualista.

PORQUE É QUE OS PIORES ESTÃO NO TOPO | 171

A «base moral do colectivismo» tem sido, evidentemente, muito discutida no passado; mas o que nos importa aqui não é a sua base moral, mas os resultados morais. As habituais discussões sobre os aspectos éticos do colectivismo remetem para a questão de saber se o colectivismo é exigido por convicções morais já existentes, ou que convicções seriam necessárias para que o colectivismo apresentasse os resultados esperados. A nossa questão, contudo, é a seguinte: que conceitos morais produzirá uma organização colectivista da sociedade? Que conceitos irão dirigi-la? A interacção entre moral e instituições pode muito bem ter o efeito de a ética resultante do colectivismo ser completamente diferente das noções morais que levam à exigência do colectivismo. Embora tenhamos tendência a julgar que, uma vez que o anseio por um sistema colectivista nasce de nobres razões morais, esse mesmo sistema produzirá as mais nobres virtudes, na realidade não há qualquer razão para que um sistema favoreça necessariamente as atitudes que servem o propósito para que foi concebido. As concepções morais vigentes irão depender, em parte, das qualidades conducentes ao sucesso dos indivíduos num sistema colectivista ou totalitário, e, em parte, dos requisitos da máquina totalitária.

*

Regressemos por instantes ao momento que precede a supressão das instituições democráticas e a criação de um regime totalitário. Nesta fase, o elemento dominante da situação é exigência generalizada de uma acção governamental célere e determinada, sendo o descontentamento geral provocado pela lentidão e pela burocracia democráticas, fazendo com que seja necessário agir por agir. Então, é o homem ou o partido que parecem suficientemente fortes e determinados «para fazer andar as coisas» que parece exercer a maior atracção. Neste sentido, «forte» não significa apenas uma maioria numérica – é com a ineficácia das maiorias parlamentares que as pessoas não estão satisfeitas. Procuram alguém com apoio sólido, que inspire confiança, e que possa levar a cabo aquilo que se propõe. É aqui que entra o novo tipo de partido, organizado segundo métodos militares.

Nos países da Europa Central, os partidos socialistas já haviam familiarizado as massas com as organizações políticas de características semimilitares concebidas para absorverem o máximo possível da vida privada dos seus membros. Para dar a determinado grupo um poder esmagador, bastava levar o princípio mais longe, procurar a força, não na grande quantidade de votos em eleições, mas no apoio absoluto e inequívoco de um corpo mais pequeno mas bem organizado. O que permite impor um regime totalitário a todo um povo é o líder conseguir primeiro congregar um grupo que esteja preparado para se submeter voluntariamente à mesma disciplina totalitária que pretende impor aos outros.

Embora os partidos socialistas tivessem o poder para conseguir o que quisessem se usassem a força, estavam relutantes em fazê-lo. Sem o saberem, tinham-se proposto uma tarefa que só os impiedosos, prontos a ignorarem a barreira da moral vigente, podem levar a cabo.

Que o socialismo só pode ser posto em prática por métodos que a maioria dos socialistas não aprova é, evidentemente, uma lição aprendida por muitos reformadores sociais no passado. Os velhos partidos socialistas estavam inibidos pelos seus ideais democráticos, não eram suficientemente implacáveis para desempenhar a tarefa que se propunham. Não é por acaso que tanto na Alemanha como na Itália o sucesso do fascismo tenha sido precedido pela recusa dos partidos socialistas em assumirem responsabilidades governativas. Estavam reticentes em usar os métodos que haviam preconizado. Ainda esperavam o milagre de uma maioria que concordasse num plano para organizar toda a sociedade; outros já haviam aprendido a lição de que, numa sociedade planificada, não se trata do que a maioria quer, mas da constituição de um grupo suficientemente grande cujos membros estejam de acordo e que permita incutir uma determinada direcção a todos os assuntos; ou, caso não exista nenhum grupo com dimensão para impor as suas ideias, como criá-lo e quem o poderia criar.

Há três razões principais que explicam por que razão um grupo tão numeroso e tão forte, e com ideias razoavelmente homogéneas, dificilmente seria formado pelos melhores elementos de uma sociedade, mas sim pelos piores. Pelos nossos padrões, os princípios que presidiriam à selecção desse grupo são quase todos negativos.

Primeiro, provavelmente é verdade que, em geral, quanto mais instruído e inteligente o indivíduo se torna, mais os seus gostos e opiniões são diferenciados, e menos tendência tem para estar de acordo com uma determinada hierarquia de valores. Como corolário disto, para se descobrir um alto grau de uniformidade e semelhante perspectiva, há que descer à baixa moral e a padrões intelectuais onde prevalecem os gostos e instintos mais primitivos e «vulgares». Isto não significa que a maioria das pessoas tenha padrões morais inferiores; significa apenas que o grupo de pessoas cujos valores são semelhantes são as pessoas com um baixo nível moral. Digamos que é o mínimo denominador comum do maior grupo de pessoas. Se for necessário um grupo numeroso e forte para impor a todos os outros as suas concepções dos valores da vida, será ele que forma a «massa», no sentido pejorativo do termo, o menos original e independente, que terá o poder de fazer vingar as suas ideias.

Se, pelo contrário, o potencial ditador tivesse de contar apenas com aqueles cujos instintos são simples e primitivos, mal seriam suficientes para levar a cabo os seus desígnios. O ditador teria de aumentar as fileiras convertendo mais ao mesmo credo simples.

Aqui entra o segundo princípio negativo de selecção: o ditador conseguirá o apoio dos dóceis e dos crédulos, que não têm

174 | O CAMINHO PARA A SERVIDÃO

convicções próprias sólidas e estão dispostos a aceitar um sistema de valores que lhes seja matraqueado. Desta forma, aqueles cujas paixões e emoções se inflamam facilmente e cujas ideias vagas e imperfeitas são mais facilmente influenciáveis, engrossarão as fileiras do partido totalitário.

O terceiro e talvez mais negativo elemento da selecção está associado ao esforço deliberado do demagogo hábil para reunir um conjunto de apoiantes coerente e homogéneo. Quase parece uma lei da natureza humana o facto de ser mais fácil as pessoas concordarem com um programa negativo – em odiarem um inimigo, em invejarem os mais ricos – do que porem-se de acordo sobre uma tarefa positiva. O contraste entre o «nós» e o «eles», a luta comum contra os que não pertencem ao grupo, parece ser um ingrediente essencial em qualquer credo que pretenda unir um grupo para a acção conjunta. Por isso, é sempre utilizado por aqueles que pretendem não só apoiar uma política, mas a obediência inequívoca das grandes massas. Do seu ponto de vista, tem a grande vantagem de lhes conferir mais liberdade de acção do que qualquer programa positivo. Um inimigo – seja ele interno, como o «judeu» ou o «*kulak*», ou externo – parece ser um requisito indispensável do arsenal de um líder totalitário.

O facto de, na Alemanha, ter sido o Judeu a tornar-se o inimigo, até o seu lugar ser ocupado pelas «plutocracias», foi também o resultado do ressentimento anticapitalista em que se baseava o movimento, enquanto que na Rússia o escolhido foi o *kulak*. Na Alemanha e na Áustria, o Judeu passou a ser visto como representativo do capitalismo porque o tradicional desdém de grande parte da população pelas actividades comerciais fizera com que estas fossem mais acessíveis a um grupo que estava praticamente excluído de outras ocupações consideradas mais dignas. É a velha história de uma raça estranha ser admitida apenas em ofícios menos respeitados e depois ser odiada por praticá-los. O facto de o anti-semitismo e o anticapitalismo alemães terem a mesma raiz é extremamente importante para se perceber o que

PORQUE É QUE OS PIORES ESTÃO NO TOPO | 175

aconteceu neste país, embora isto raramente seja entendido pelos observadores estrangeiros.

*

Considerar que a tendência universal da política colectivista para se tornar nacionalista se deve exclusivamente à necessidade de garantir um apoio inequívoco, seria negligenciar um outro, e não menos importante, factor. De facto, pode-se questionar se alguém pode conceber, realisticamente, um programa colectivista que não esteja ao serviço de um grupo limitado, e se o colectivismo pode existir em qualquer outra forma que não a de uma espécie de particularismo, seja nacionalismo, racismo ou classismo. A crença na comunidade de objectivos e interesses com os nossos semelhantes parece pressupor um maior grau de semelhança de perspectiva e pensamento do que existe entre os homens apenas como seres humanos. Se não podemos conhecer pessoalmente os outros membros do nosso grupo, pelo menos deverão ser do mesmo tipo dos que nos rodeiam, deverão pensar e falar das mesmas coisas, para que nos possamos identificar com eles. O colectivismo à escala mundial parece impensável – excepto ao serviço de uma pequena elite dirigente. Suscitaria essencialmente problemas morais, e não técnicos, que nenhum dos nossos socialistas deseja enfrentar. Se todo o proletariado inglês tem direito a uma parte igual do rendimento gerado pelos capitais da Inglaterra, e direito a controlar a sua utilização pois resultam da exploração, pelo mesmo princípio também todos os Indianos teriam direito, não só ao rendimento, mas também ao uso de uma parte proporcional do capital britânico. Mas que socialista contempla, seriamente, a distribuição equitativa pelos povos de todo o mundo dos capitais existentes? Todos eles consideram que o capital pertence à nação, não à humanidade – e isto apesar de, no seio da nação, poucos se atreverem a defender que as regiões mais ricas deveriam ser privadas de parte

176 | O CAMINHO PARA A SERVIDÃO

do seu «capital» para ajudarem as regiões mais pobres. Aquilo que os socialistas proclamam como dever perante os membros de outros Estados não estão eles preparados para conceder ao estrangeiro. De um ponto de vista coerente, as exigências das nações «pobres» de uma nova divisão do mundo são inteiramente justificadas – ainda que, se fosse aplicada de forma coerente, os que fizessem exigências em tom mais alto teriam quase tanto a perder como as nações mais ricas. Por isso, têm o cuidado de não fundamentar as suas exigências em princípios igualitários mas sim na sua pretensa superior capacidade de organizar os seus povos.

Uma das contradições intrínsecas da filosofia colectivista é que, embora se baseie na moral humanista que o individualismo desenvolveu, só é praticável num grupo relativamente pequeno. Que o socialismo, apenas no plano teórico, é internacionalista, enquanto que logo que posto em prática, seja na Rússia ou na Alemanha, se torna violentamente nacionalista, é uma das razões por que o «liberalismo social» – tal como muita gente no Ocidente o concebe – é puramente teórico, enquanto que a prática do socialismo é, em todo o lado, totalitária[52]. O colectivismo não contempla o amplo humanitarismo do liberalismo, mas apenas o particularismo tacanho do totalitário.

Se a comunidade ou o Estado antecedem o indivíduo, se tem objectivos próprios independentes e superiores aos dos indivíduos, só os indivíduos que trabalham para os mesmos fins podem ser considerados membros da comunidade. Resulta como consequência necessária desta concepção que uma pessoa só é respeitada como membro do grupo se trabalhar para o fim comum, e que retira toda a sua dignidade apenas desta pertença, e não apenas do facto de ser homem. Na verdade, os próprios conceitos de humanidade, logo, de qualquer forma de internaciona-

---

[52] Cf. a muito instrutiva discussão em F. Borkenau, *Socialism, National or International?*, 1942.

PORQUE É QUE OS PIORES ESTÃO NO TOPO | 177

lismo, são produtos da concepção individualista do homem, pelo que não têm lugar num sistema de pensamento colectivista[53].

Não considerando o facto elementar de a comunidade do colectivismo só se poder alargar até onde exista – ou possa ser criada – unidade de propósito dos indivíduos, há vários factores que contribuem para reforçar a tendência de o colectivismo se tornar particularista e exclusivo. Destas tendências, uma das mais importantes é que a vontade do indivíduo de se identificar com um grupo é muitas vezes o resultado de um sentimento de inferioridade, pelo que essa carência só será preenchida se a pertença ao grupo lhe der um sentimento de superioridade sobre os outros. Por vezes, parece que o facto de estes instintos violentos – que o indivíduo sabe que, em grupo, tem de refrear – poderem ter rédea solta numa acção colectiva contra estranhos, se torna mais um encorajamento para que ele funda a sua personalidade na do grupo. O título de R. Niebuhr, *Moral Man and Immoral Society* [Homem Moral e Sociedade Imoral] contém uma verdade profunda – independentemente de estarmos ou não de acordo com a conclusão que ele retira da sua tese. Há, de facto, como ele afirma algures, «uma tendência crescente entre os homens modernos para se julgarem éticos porque delegaram os seus vícios em grupos cada vez maiores»[54]. Agir em nome de um grupo parece libertar as pessoas de muitos dos constrangimentos morais que controlam o seu comportamento como indivíduos num grupo.

A atitude inequivocamente antagonista que muitos especialistas do planeamento assumem face ao internacionalismo explica-

---

[53] É no espírito do colectivismo que Nietzsche faz com que Zaratustra afirme:

«Mil fins existiram até aqui, pois mil pessoas existiam. Mas ainda falta a grilheta para os mil pescoços, ainda falta um fim. A Humanidade ainda não tem um fim.

Mas dizei-me, rogo-vos, irmãos: se à humanidade falta um fim, não falta a humanidade ela própria?»

[54] Citado de um artigo do Dr. Niebuhr por E. H. Carr, *The Twenty Years' Crisis*, 1941, p. 203.

178 | O CAMINHO PARA A SERVIDÃO

-se também pelo facto de, no mundo actual, todos os contactos de um grupo com o exterior serem obstáculos a que planeiem eficazmente a esfera em que o podem tentar. Não é, pois, um acaso que, como descobriu o organizador de um dos estudos mais completos sobre planeamento, «muitos dos 'especialistas em planeamento' sejam nacionalistas militantes»[55].

As propensões nacionalistas e imperialistas dos especialistas do planeamento, muito mais comuns do que se julga, nem sempre são ostensivas como, por exemplo, no caso dos Webbs[*] e de alguns dos primeiros Fabianos[**], em quem o entusiasmo pelo planeamento se conjugava com a veneração das unidades políticas mais poderosas e o desprezo pelos pequenos Estados. Ao evocar o seu primeiro contacto com os Webbs, quando os conheceu, o historiador Elie Halévy recorda que

> o seu socialismo era profundamente antiliberal. Não detestavam os *Tories*, na verdade eram extraordinariamente brandos para com eles, mas eram impiedosos para com o liberalismo de Gladstone. Era a época da Guerra dos Boéres e tanto os liberais mais progressistas como os homens que estavam a formar o Partido Trabalhista se tinham alinhado com os Boéres, contra o imperialismo britânico, em nome da liberdade e da humanidade. Mas os dois Webb e o seu amigo, Bernard Shaw, mantiveram-se à margem. Eram ostensivamente imperialistas. A independência das pequenas nações talvez significasse alguma coisa para os individualistas liberais. Nada significava para os colectivistas. Ainda tenho presente o Sidney Webb a

---

[55] Findlay MacKenzie (org.), *Planned Society, Yesterday, Today, Tomorrow: A Symposium*, 1937, p. xx.

[*] Referência ao casal Webb (Sidney James Webb e Beatrice Webb); Sidney Webb foi um socialista britânico, economista e reformador, e um dos primeiros membros da Sociedade Fabiana. Foram ambos membros do Partido Trabalhista. (*N. R.*)

[**] Movimento socialista britânico que advogava os princípios da social-democracia por via reformista. (*N. R.*)

PORQUE É QUE OS PIORES ESTÃO NO TOPO | 179

explicar-me que o futuro pertencia às grandes nações administrativas, onde os funcionários governam e a polícia mantém a ordem.

Mais à frente, Halévy cita Bernard Shaw, que na mesma altura afirmava que «o mundo é necessariamente dos Estados grandes e poderosos; e os pequenos devem integrar-se neles ou ser esmagados» [56].

Citei em detalhe estes passos, que não nos surpreenderiam nos antepassados alemães do nacional-socialismo, porque nos proporcionam um exemplo característico da glorificação do poder que tão facilmente leva do socialismo ao nacionalismo e que afecta profundamente as concepções éticas de todos os colectivistas. No que diz respeito aos direitos das pequenas nações, tanto Marx como Engels eram pouco melhores do que a maioria dos colectivistas, e as opiniões que pontualmente expressaram sobre os Checos ou os Polacos assemelham-se às dos nacional-socialistas do nosso tempo. [57]

*

Enquanto que para os grandes filósofos sociais individualistas do século XIX, Lord Acton ou Jacob Burckhardt, e para os socialistas contemporâneos, como Bertrand Russell, herdeiros de uma tradição liberal, o poder em si sempre lhes pareceu ser o arqui-inimigo, para o colectivista rigoroso é um fim em si mesmo. E não apenas porque, como muito bem explicou Russell, o desejo de organizar a vida social de acordo com um plano unitário resulte essencialmente de uma vontade de poder [58]. É muito

---

[56] E. Halévy, *L'Ere des Tyrannies*, Paris, 1938, p. 217 e *History of the English People*, Epílogo, vol. I, pp. 105-106.

[57] Cf. K. Marx, *Revolução e Contra-revolução*, e a carta de Engels a Marx de 23 de Maio de 1851.

[58] Bertrand Russell, *The Scientific Outlook*, 1931, p. 211.

180 | O CAMINHO PARA A SERVIDÃO

mais o facto de, para atingirem os seus fins, os colectivistas terem de criar um poder – poder sobre os homens exercido por outros homens – de uma magnitude inaudita, e de o seu êxito ser a função da extensão desse poder.

Isto não deixa de ser verdade mesmo que muitos socialistas liberais tenham a ilusão de que, privando os indivíduos do poder de que dispõem num sistema individualista, e transferindo esse poder para a sociedade, conseguirão assim extinguir o poder. O que todos os que usam esta argumentação ignoram é que ao concentrarem o poder de forma a que possa ser usado ao serviço de um plano único, esse poder não é apenas transferido mas aumentado; que pondo nas mãos de um organismo um poder que antes era exercido de forma independente por muitos, se cria um poder infinitamente maior do que qualquer um que já existisse, muito mais abrangente, quase a ponto de ser essencialmente diferente. O argumento, por vezes avançado[59], de que o grande poder exercido por um Conselho de Planeamento Central não seria «maior do que o poder exercido colectivamente pelos conselhos de administração privados» é completamente falacioso. Numa sociedade baseada na concorrência, ninguém poderá ter sequer uma fracção do poder de que disporia um conselho de planeamento socialista, e se ninguém pode exercer o poder de forma conscienciosa, afirmar que este seria o equivalente a todos os capitalistas juntos é deturpar as palavras[60]. Falar em «poder exercido colectivamente por conselhos de administração privados», sem que estes tenham uma acção concertada,

---

[59] B. E. Lippincott, na sua introdução a O. Lange e F. M. Taylor, *On The Economic Theory of Socialism*, Minneapolis, 1938, p. 33.

[60] Não nos devemos iludir pelo facto de a palavra 'poder', independentemente do sentido em que é usada para os seres humanos, também poder ser usada numa acepção impessoal (ou melhor, antropomórfica) para qualquer causa determinante. É claro que haverá sempre algo que determina tudo o que acontece, e neste sentido a quantidade de poder existente terá de ser sempre a mesma. Mas isto não é válido para o poder exercido de forma conscienciosa por seres humanos.

é apenas jogar com as palavras (a acção concertada significaria, evidentemente, o fim da concorrência e a criação de uma economia de planeamento). Para reduzir o poder absoluto há que repartir ou descentralizar o poder, e só um sistema baseado na concorrência foi concebido para minimizar, pela descentralização, o poder do homem sobre o homem.

Vimos como a separação dos fins políticos e económicos é uma garantia essencial da liberdade individual e como, por essa razão, é atacada por todos os colectivistas. A isto devemos agora acrescentar que a «substituição do poder económico pelo político», actualmente tão reivindicada, significará necessariamente a substituição de um poder limitado por um outro a que ninguém se pode furtar. Aquilo a que se chama poder económico pode ser usado como instrumento de coerção, mas está nas mãos de particulares; nunca é um poder exclusivo nem completo, nunca é o poder sobre a vida de uma pessoa. Contudo, se for centralizado como instrumento do poder político, cria um grau de dependência que mal se distingue da escravatura.

*

Das duas características centrais de cada sistema colectivista – a necessidade de um sistema de fins do grupo comummente aceite e o desejo avassalador de conferir ao grupo o máximo de poder possível para atingir esses fins –, emerge um sistema moral específico, que em determinados pontos coincide com o nosso, enquanto que difere noutros – mas difere do nosso num aspecto que faz com que dificilmente se lhe possa chamar moral: não liberta a consciência individual para aplicar as suas próprias regras, nem sequer conhece quaisquer regras gerais que o indivíduo tenha de respeitar em todas as circunstâncias. Tudo isto faz com que a moral colectivista seja tão diferente da que conhecemos que temos dificuldade em descortinar nela qualquer princípio, que apesar de tudo possui.

182 | O CAMINHO PARA A SERVIDÃO

A diferença de princípio é praticamente a mesma que já vimos quando abordámos o Estado de direito. Tal como a lei formal, as regras da ética individualista, por muito imprecisas que possam ser em determinados aspectos, são gerais e absolutas; prescrevem ou proíbem um tipo de acção independentemente de o seu propósito ser bom ou mau. Considera-se que é mau enganar ou roubar, torturar ou trair a confiança de alguém, independentemente de se saber se dos casos concretos adveio algum mal. Mesmo que seja cometida pelos mais nobres propósitos, nada faz com que uma má acção deixe de ser má. Lá por sermos, por vezes, obrigados a escolher entre diferentes males, ainda assim eles não deixam de ser males. Na ética individualista, o princípio de que os fins justificam os meios é considerado a negação de toda a moral. Na ética colectivista, torna-se a lei suprema; não há nada, literalmente, que o colectivista coerente não esteja disposto a fazer se isso servir «o bem comum», porque o «bem comum» é para ele o único critério do que deve ser feito. A *raison d'état*, na qual a ética colectivista descobriu a sua formulação mais explícita, não conhece outro limite que não a conveniência – se o acto em causa serve o fim em vista. E o que a *raison d'état* afirma relativamente às relações entre vários países aplica-se igualmente às relações entre vários indivíduos no seio do Estado colectivista. Não pode haver limites ao que o cidadão deve estar preparado para fazer, nenhum acto que a sua consciência lho impeça, caso seja necessário para uma finalidade que a comunidade tenha decidido ou que os seus superiores lhe tenham ordenado.

*

É claro que a ausência de regras formais absolutas na ética colectivista não significa que não haja alguns hábitos úteis dos indivíduos que a comunidade colectivista possa incentivar, e outros que possa desencorajar. Muito pelo contrário; interessar-

-se-á muito mais pelos hábitos de vida do indivíduo do que a comunidade individualista. Para se ser um membro útil de uma sociedade colectivista é necessário possuir qualidades muito específicas, que deverão ser reforçadas pela prática constante. A razão por que chamamos a estas qualidades «hábitos úteis» – e dificilmente as podemos considerar virtudes morais –, é que ao indivíduo nunca seria permitido que colocasse estas regras acima de quaisquer ordens, ou que deixasse que se tornassem um obstáculo à concretização de determinado objectivo da sua comunidade. Servem apenas, digamos, para colmatar lacunas hipotéticas em ordens directas ou na nomeação de objectivos específicos, mas nunca podem justificar um conflito com a vontade da autoridade.

As diferenças entre as virtudes que continuam a ser estimadas num sistema colectivista e as que devem desaparecer estão bem ilustradas pela comparação entre as virtudes que até os piores inimigos dos Alemães admitem que estes, ou melhor, o «Prussiano típico», possuem, e as que se julga que eles não têm e de que os Ingleses se orgulham, e com razão, de possuir. Poucos negariam que os Alemães são em geral industriosos e disciplinados, meticulosos e enérgicos, ao ponto de serem implacáveis, conscienciosos e obstinados em qualquer tarefa que se proponham, que possuem uma forte noção de ordem, dever e obediência estrita à autoridade, e que frequentemente se mostram dispostos a fazer sacrifícios pessoais e demonstram grande coragem perante o perigo. Tudo isto faz dos Alemães um instrumento eficaz para executar uma tarefa que lhes é confiada e tudo isto foi cuidadosamente acarinhado pelo velho Estado prussiano e pelo novo *Reich*, dominado pela Prússia. O que falta ao «Alemão típico» são as virtudes individuais da tolerância e do respeito pelos outros e pelas suas opiniões, a independência de espírito, essa rectidão de carácter e vontade de defender as suas convicções contra um superior a que eles, cientes de não a terem, chamam *Zivilcourage*, a consideração pelos fracos e enfermos, um saudável desprezo e desdém pelo poder que só uma antiga

184 | O CAMINHO PARA A SERVIDÃO

tradição de liberdade individual pode criar. Parecem também ter lacunas nas pequenas mas importantes qualidades que facilitam as relações numa sociedade livre: bondade e sentido de humor, modéstia pessoal, respeito pela privacidade e acreditarem nas boas intenções do próximo.

Dito isto, não nos surpreenderá que estas virtudes individuais sejam virtudes eminentemente sociais, virtudes que suavizam os contactos sociais e fazem com que o controlo superior seja menos necessário e mais difícil. São virtudes que florescem sempre que prevalece o tipo de sociedade comercial e individualista; e que, pelo contrário, estão ausentes em sociedades militares ou colectivistas – uma diferença que é, ou era, tão notória entre as várias regiões da Alemanha como o é agora entre as ideias que prevalecem na Alemanha e as do Ocidente. Pelo menos até há pouco tempo, nas regiões da Alemanha que haviam estado expostas às forças civilizadoras do comércio – as antigas cidades comerciais do Sul e do Ocidente e as cidades da Hansa – os conceitos morais em geral eram muito mais próximos dos ocidentais do que aqueles que agora predominam em toda a Alemanha.

Seria contudo extremamente injusto considerar as massas do povo totalitário destituídas de fervor moral só porque apoiam inequivocamente um sistema que, para nós, parece ser a negação dos valores morais. Para a grande maioria delas, o inverso provavelmente é verdadeiro: a intensidade das emoções morais por trás de um movimento como o nacional-socialismo ou o comunismo só pode ser comparada à dos grandes movimentos religiosos da história. Se se admite que o indivíduo é apenas um meio que serve os fins de uma entidade superior designada sociedade ou nação, então segue-se necessariamente a maioria das características dos regimes totalitários que nos horrorizam. Do ponto de vista colectivista, a intolerância e a supressão brutal da dissidência, o completo desrespeito pela vida e felicidade do indivíduo, são consequências essenciais e inevitáveis desta premissa essencial, e o colectivista pode admitir isto e, ao mesmo

PORQUE É QUE OS PIORES ESTÃO NO TOPO | 185

tempo, afirmar que o seu sistema é superior a um outro em que é permitido aos interesses «egoístas» do indivíduo obstruírem a plena realização dos fins da comunidade. Quando os filósofos alemães sistematicamente representam a aspiração à felicidade pessoal como sendo em si mesma imoral e que só o cumprimento de um dever imposto é digno, estão a ser perfeitamente sinceros, por mais difícil que seja a alguém criado numa tradição diferente entender isto.

Quando existe um fim comum que a tudo se sobrepõe, não há lugar a quaisquer regras ou moral. Até certo ponto, é esta a nossa experiência em tempo de guerra. Mas mesmo a guerra e um perigo extremo haviam levado este país a uma abordagem moderada ao totalitarismo, em que muito pouco se abdica de outros valores ao serviço de um único propósito. Mas quando uns quantos fins específicos dominam toda a sociedade, é inevitável que, por vezes, a crueldade se possa tornar um dever, que os actos que nos revoltam, como a morte de reféns ou dos velhos e enfermos, possam ser tratados como meros expedientes, que a desenraização compulsiva e a deslocação de milhares se possa tornar uma medida política aprovada por quase toda a gente excepto as vítimas, ou que sugestões do género de «a conscrição da mulher para fins reprodutores» possam ser consideradas seriamente. Aos olhos do colectivista, há sempre um objectivo maior que estes actos servem e que, para ele, os justificam porque a prossecução do fim comum da sociedade não pode ter limites consubstanciados em quaisquer direitos ou valores do indivíduo.

Enquanto que para a massa de cidadãos do Estado totalitário isto é muitas vezes considerado a devoção altruísta a um ideal, ainda que este nos seja repulsivo, e que faz com que aprovem e, até, executem tais actos, o mesmo não se pode dizer dos que dirigem esta política. Para se ser um ajudante útil na gestão do Estado totalitário, não basta que se esteja preparado para aceitar justificações falaciosas de actos vis, há que estar preparado para quebrar todas as regras morais conhecidas caso isso seja neces-

186 | O CAMINHO PARA A SERVIDÃO

sário para atingir os seus fins. Como é o líder supremo, sozinho, que determina os fins, os seus instrumentos não podem ter convicções morais próprias. Acima de tudo, devem dedicar-se incondicionalmente à pessoa do líder; mas a segunda coisa mais importante é ser destituído de quaisquer princípios e literalmente capaz de tudo. Não pode ter ideais próprios que queira concretizar, nem ideias sobre o bem e o mal que possam interferir com as intenções do líder. Assim, um cargo de poder dificilmente atrairá alguém que tenha convicções morais como as que no passado orientaram os povos europeus, por pouco que possa compensar as tarefas desagradáveis e a pouca oportunidade para satisfazer os nossos desejos mais idealistas, para recompensar o risco inegável, o sacrifício de muitos dos nossos prazeres da vida privada e da independência pessoal que os cargos de grande responsabilidade implicam. Os únicos gostos satisfeitos são a apetência pelo poder propriamente dito, o prazer de ser obedecido e de fazer parte de uma máquina poderosa e bem oleada, que se sobrepõe a tudo.

No entanto, embora isto possa não aliciar os homens bons, pelos nossos padrões, a aspirar a um cargo dirigente na máquina totalitária, antes pelo contrário, haverá contudo oportunidades especiais para os impiedosos e pouco escrupulosos. Haverá tarefas a cumprir, de cuja baixeza ninguém duvida, mas que terão de ser executas ao serviço de um qualquer outro fim mais importante e executadas com a mesma destreza e eficiência que as outras. E haverá necessidade de executar acções más em si mesmas, que todos aqueles influenciados por uma moral tradicional teriam relutância em levar a cabo; a disposição de fazer coisas más torna-se um caminho para a promoção e o poder. São muitos os cargos na sociedade totalitária em que é necessária a prática da crueldade e da intimidação, o logro deliberado e a espionagem. Nem a Gestapo nem a administração de um campo de concentração, nem o ministro da Propaganda nem as SA ou as SS (ou as suas congéneres russas ou italianas) são sítios adequados para a

PORQUE É QUE OS PIORES ESTÃO NO TOPO | 187

prática de sentimentos humanitários. Todavia, é a funções como estas que leva o Estado totalitário. É bem verdade quando um eminente economista americano conclui da lista de deveres das autoridades de um Estado colectivista que

> elas teriam de fazer estas coisas quer quisessem ou não: e a probabilidade de as pessoas no poder serem indivíduos que não apreciariam a posse e o exercício do poder é a mesma de alguém compassivo poder ser encarregado de aplicar vergas- tadas nos escravos de uma plantação[61].

Não podemos aqui esgotar este assunto. O problema da esco- lha dos líderes está intimamente ligado ao problema mais lato da selecção segundo as opiniões de cada um, ou melhor, segun- do a disposição com que cada um se conforma com um conjunto de doutrinas variável. E isto leva-nos a um dos traços mais carac- terísticos do totalitarismo, a sua relação com, e o seu efeito em, todas as virtudes que se inserem na categoria genérica de verda- de. Este é um assunto tão vasto que requer que se lhe dedique um capítulo.

---

[61] Professor F. H. Knight em *The Journal of Political Economy*, Dezembro de 1938, p. 869.

11

O fim da verdade

É significativo que a nacionalização do pensamento tenha por toda a parte procedido *pari passu* à nacionalização da indústria.

E. H. CARR

A forma mais eficaz de fazer com que toda a gente sirva um único sistema para o qual está orientado o plano social é fazer com que toda a gente acredite nesses fins. Para que um sistema totalitário funcione de forma eficiente não basta que todos sejam obrigados a trabalhar para os mesmos fins. É essencial que as pessoas os passem a considerar os seus próprios fins. Embora as convicções sejam escolhidas e impostas às pessoas, devem tornar-se as suas convicções, uma doutrina geralmente aceite que tente levar o indivíduo a agir, tanto quanto possível, espontaneamente da forma como o especialista do planeamento pretende. Se a sensação de opressão em regimes totalitários é, em geral, muito menos intensa do que muita gente nos países liberais imagina, tal deve-se ao facto de os governos totalitários conseguirem fazer com que as pessoas pensem da forma que eles querem.

Para isto contribuem, é claro, as várias formas de propaganda, cuja técnica é tão conhecida que pouco há a dizer sobre o

190 | O CAMINHO PARA A SERVIDÃO

assunto. A única questão a realçar é que nem a propaganda em si mesma nem as técnicas utilizadas são específicas do totalitarismo; o que muda por completo a sua natureza e o seu efeito num Estado totalitário é o facto de toda a propaganda servir o mesmo objectivo, de todos os instrumentos da propaganda serem coordenados para influenciarem os indivíduos na mesma direcção e para produzirem a característica *Gleichschaltung* [uniformidade] de todas as mentes. Em resultado, nos países totalitários o efeito da propaganda é diferente, não só em magnitude, mas no tipo da propaganda feita para fins diferentes por organizações independentes e concorrentes. Se na prática todas as fontes da actual informação estiverem sob controlo único, já não se trata apenas de convencer as pessoas disto ou daquilo. Neste caso, o propagandista hábil tem o poder de moldar as suas mentes como queira e nem os mais inteligentes e independentes conseguem escapar por completo a essa influência se estiverem durante muito tempo isolados das outras fontes de informação.

Enquanto que nos Estados totalitários este estatuto da propaganda lhe confere um poder único sobre as mentes das pessoas, os efeitos morais peculiares resultam, não da técnica, mas do objecto e do âmbito da propaganda totalitária. Se se a pudesse restringir a doutrinar pessoas com todo um sistema de valores que é objecto do esforço social, a propaganda seria apenas uma manifestação específica dos traços característicos da moral colectivista que já abordámos. Se o seu objecto fosse apenas ensinar às pessoas um código moral específico e abrangente, o problema estaria apenas em saber se este código moral era bom ou mau. Vimos que o código moral de uma sociedade totalitária dificilmente nos agrada, que até a aspiração à igualdade por meio de uma economia dirigida só pode resultar numa desigualdade oficial – uma determinação autoritária do estatuto de cada indivíduo na nova ordem hierárquica; que a maioria dos aspectos humanitários da nossa moral – o respeito pela vida humana, pelos fracos e pelos indivíduos em geral – desaparecerá. Por muito

O FIM DA VERDADE | 191

repulsivo que isto possa ser para a maioria das pessoas, e embora implique uma mudança nos padrões morais, não é necessária e completamente antimoral. Algumas características de sistemas destes podem até agradar aos moralistas mais austeros de cariz conservador e parecer-lhes preferíveis aos padrões mais suaves de uma sociedade liberal.

As consequências morais da propaganda totalitária que teremos agora de considerar são, contudo, de um género ainda mais profundo. Destroem toda a moral porque minam os fundamentos de toda a moral, a noção de verdade e o respeito por ela. Pela própria natureza da sua tarefa, a propaganda totalitária não se pode restringir a valores, a questões de opinião e de convicções morais a que os indivíduos mais ou menos quase sempre se conformam, às ideias que regem a sua comunidade, mas tem de se estender às questões de facto, em que a inteligência humana está envolvida de uma forma diferente. E isto, em primeiro lugar, porque para levar as pessoas a aceitar os valores oficiais, estes têm de ser justificados, ou tem de se demonstrar que estão relacionados com os valores por que as pessoas já se regem; segundo, porque a distinção entre fins e meios, entre o objectivo visado e as medidas tomadas para o alcançar, nunca é tão rigorosa e definida como uma discussão genérica destes problemas possa dar a entender; e porque, por isso, as pessoas têm de ser levadas a concordar não apenas com os objectivos últimos, mas também com as opiniões sobre os factos e as possibilidades em que essas medidas se baseiam.

*

Já vimos que a concordância quanto a um código ético completo, esse sistema de valores abrangente que está implícito num plano económico, numa sociedade livre não existe mas teria de ser criado. Mas não devemos partir do princípio de que o especialista do planeamento irá abordar a sua tarefa ciente dessa necessidade, ou até que, mesmo que dela estivesse ciente, fosse possível criar de antemão esse código tão abrangente. O especialista do planeamento só descobre os conflitos entre as diferentes necessidades à medida que progride, e tem de tomar as suas decisões quando a necessidade se apresenta. O código de valores que orienta as suas decisões não existe *in abstracto* antes de tomar as decisões, tem de ser criado com as decisões. Vimos também como é que esta incapacidade de separar o problema genérico dos valores das decisões específicas não permite que uma instituição democrática, embora incapaz de decidir os detalhes técnicos de um plano, ainda assim deva determinar os valores que o orientam.

Embora a autoridade do planeamento tenha de estar constantemente a decidir questões para as quais não há regras morais específicas, terá de justificar as suas decisões às pessoas – ou, pelo menos, fazer com que estas acreditem que as decisões tomadas são as decisões correctas. Embora as pessoas responsáveis pela decisão possam ter sido orientadas por nada mais do que o preconceito, deve ser proclamado publicamente um princípio orientador, para que a comunidade não se submeta passivamente, antes apoie activamente a medida. A necessidade de racionalizar os gostos e as aversões que, à falta de melhor, deve orientar o especialista do planeamento em muitas das suas decisões, e a necessidade de expor essas razões de uma forma apelativa para a maioria das pessoas, obriga-o a elaborar teorias, isto é, asserções sobre as relações entre factos, que depois se tornam parte integrante da doutrina governamental. Este processo de criação de um «mito» para justificar as suas acções pode nem ser consciente. O líder totalitário pode ser orientado apenas por uma aversão instintiva ao estado de coisas que encontrou e pela vontade de criar uma nova ordem hierárquica que melhor se conforme ao seu conceito de mérito; pode apenas saber que não gosta de judeus, que lhe parecem ter bastante êxito numa ordem em que ele não tinha um lugar que o satisfizesse; ou que adora e admira o homem alto louro, a figura «aristocrática» dos romances da sua juventude. Por isso, adoptará de bom grado teorias que lhe pareçam dar uma justificação racional para os preconceitos que partilha com tantos dos seus semelhantes. E assim, uma teoria pseudocientífica torna-se parte da doutrina oficial que, em maior ou menor grau, dirige as acções de toda a gente. Ou então, a aversão generalizada pela civilização industrial e um anelo romântico pela vida no campo, a par de uma ideia (provavelmente equivocada) sobre o valor especial das pessoas do campo como soldados, fornece a base para outro mito: *Blut und Boden* [Sangue e Solo] expressa, não só valores fundamentais, mas toda uma série de convicções sobre causa e efeito que, logo que se tenham tornado ideais orientadores da actividade de toda a comunidade, não devem ser questionados.

A necessidade destas doutrinas oficiais como instrumento para dirigir e congregar os esforços das pessoas foi perfeitamente prevista pelos vários teóricos do sistema totalitário. As «nobres mentiras» de Platão e os «mitos» de Sorel servem o mesmo propósito da doutrina racial dos nazis ou da teoria do Estado corporativo de Mussolini. Todas elas se baseiam, necessariamente, em concepções específicas dos factos que são depois elevadas ao estatuto de teorias científicas de forma a justificarem uma opinião preconcebida.

*

A forma mais eficaz de fazer com que as pessoas aceitem a validade dos valores que devem servir é convencê-las de que se trata dos mesmos valores pelos quais elas –, ou, pelo menos, os melhores dentre elas – sempre se nortearam, mas que até então não haviam sido compreendidos ou reconhecidos. Faz-se com que as pessoas transfiram a sua lealdade dos velhos deuses

194 | O CAMINHO PARA A SERVIDÃO

para os novos com o pretexto de que os novos deuses são, na verdade, o que o seu instinto sensato sempre lhes indicara mas que antes só haviam descortinado tenuamente. E a técnica mais eficaz para este intuito é usar palavras antigas mudando-lhes o significado. Há poucos traços dos regimes totalitários simultaneamente tão confusos para o observador superficial e, contudo, tão característicos de todo o ambiente intelectual como a completa perversão da linguagem, a alteração do significado das palavras com que os novos regimes se expressam. Neste aspecto, quem mais sofre é, claro, a palavra liberdade, uma palavra utilizada tão livremente em regimes totalitários como noutros. De facto, quase se poderia dizer – e que nos sirva de aviso contra os cantos de sereia que nos prometem *Novas Liberdades em Troca das Antigas*([62]) – que em todos os casos em que a liberdade, tal como a entendemos, foi destruída, isso foi sempre feito em nome de uma qualquer nova liberdade prometida ao povo. Mesmo entre nós temos «especialistas do planeamento para a liberdade» que nos prometem uma «liberdade colectiva para o grupo», cuja natureza pode ser deduzida do facto de quem a advogou julgar necessário garantir-nos que «naturalmente, o advento da liberdade planificada não significa que todas [*sic*] as anteriores formas de liberdade devam ser abolidas». O Dr. Karl Mannheim, de cuja obra([63]) retirámos estas frases, pelo menos avisa-nos que «uma concepção de liberdade que toma por modelo a era que nos precede é um obstáculo para qualquer verdadeiro entendimento do problema». Mas o seu uso da palavra 'liberdade' é enganador, tal como o é na boca de políticos totalitários. Tal como a sua liberdade, a «liberdade colectiva» que nos propõe, não é a liberdade dos membros da sociedade, mas a liberdade sem limites do especialista do planeamento para fazer da sociedade o

---

([62]) [*New Liberties for Old*, no original.] É o título de uma obra recente do historiador Americano C. L. Becker.

([63]) *Man and Society in an Age of Reconstruction*, p. 377.

que lhe aprouver([64]). É a confusão entre liberdade e poder levada ao extremo.

Neste caso concreto, a perversão do significado do termo foi, evidentemente, preparada por uma longa linhagem de filósofos alemães, e também por muitos teóricos do socialismo. O significado da palavra liberdade foi alterado pelos seus adversários para poder ser usado como instrumento de propaganda totalitária. Já vimos como o mesmo aconteceu com 'justiça' e 'lei', 'direito' e 'igualdade'. Poder-se-ia ampliar a lista até que incluísse praticamente todos os termos políticos e morais de utilização comum.

Se não tivermos experiência pessoal deste processo, torna-se difícil abarcar a magnitude desta alteração do significado das palavras, a confusão que provoca e as barreiras que cria a qualquer discussão racional. Há que ver para crer, como se um de dois irmãos abraçasse uma nova fé e após algum tempo parecesse falar uma linguagem diferente, que impossibilita qualquer genuína tentativa de comunicação. E a confusão agrava-se porque esta alteração de significado das palavras que descrevem ideais políticos não é um acontecimento isolado, mas sim um processo contínuo, uma técnica usada consciente ou inconscientemente para dirigir as pessoas. Gradualmente, à medida que este processo prossegue, toda a linguagem vai sendo despojada, as palavras tornam-se receptáculos ocos destituídos de um significado preciso, podendo designar tanto uma coisa como o seu contrário, e são usadas apenas pelas associações emocionais que ainda suscitam.

*

([64]) Peter Drucker (*The End of Economic Man*, p. 74) observa, justamente, que «quanto menos liberdade houver, mais se falará em 'nova liberdade'. No entanto, esta nova liberdade é apenas uma palavra que significa precisamente a contradição de tudo aquilo que a Europa entende por liberdade. [...] a nova liberdade que se apregoa na Europa é, contudo, o direito da maioria contra o indivíduo».

196 | O CAMINHO PARA A SERVIDÃO

Não é difícil privar a grande maioria das pessoas de um pensamento independente. A minoria que mantiver a tendência para a crítica também deve ser silenciada. Já vimos porque é que não se pode restringir a coerção à aceitação do código ético subjacente ao plano segundo o qual toda a actividade social é orientada. Como grande parte deste código nunca será explicitamente afirmada, como grande parte desta escala de valores que o orientou só existirá implicitamente no plano, o próprio plano – em cada detalhe, aliás, em cada acto de governação – deverá tornar-se sacrossanto e ao abrigo de qualquer crítica. Para suportarem o esforço comum sem hesitação, as pessoas terão de estar convencidas da justeza, não só do fim visado, mas também dos meios escolhidos. Assim, a doutrina oficial, a que todos devem aderir, compreenderá todas as opiniões sobre os factos em que se baseia o plano. A crítica pública, ou até mesmo expressar uma dúvida, deve ser suprimida porque tende a minar o apoio público. Tal como o casal Webb diz da situação das empresas russas: «Enquanto o trabalho está em curso, qualquer manifestação pública de dúvida ou mesmo de receio de que o plano não tenha êxito é considerada um acto de deslealdade, traição até, devido aos hipotéticos efeitos na vontade e nos esforços do resto do pessoal»[65]. Nos casos em que a dúvida ou medo manifestados se referem, não ao êxito de uma empresa em particular, mas a todo o plano social, terão de ser tratados como sabotagem.

Desta forma, tanto os factos e as teorias como as ideias sobre valores são o objecto de uma doutrina oficial. E todo o aparelho de divulgação do conhecimento – as escolas, e a imprensa, a telegrafia sem fios e o cinema – serão usados exclusivamente para disseminar as ideias que, verdadeiras ou falsas, reforçarão a crença na justeza das decisões tomadas pelas autoridades; e ocultar-se-á toda a informação que possa causar dúvida e hesitação. O efeito provável que possa ter na lealdade das pessoas ao sistema

---

[65] S. e B. Webb, *Soviet Communism*, p. 1038.

torna-se o único critério para decidir se determinada informação é publicada ou suprimida. Num Estado totalitário, a situação em todas as áreas é a mesma que noutros países em tempo de guerra. Tudo o que possa suscitar dúvidas quanto à sabedoria do governo ou criar descontentamento será ocultado às pessoas. Serão eliminados todos os termos desfavoráveis de comparação com a situação noutros países, qualquer conhecimento de possíveis alternativas ao rumo actual dos acontecimentos, qualquer informação que possa sugerir que o governo não cumpriu as suas promessas nem aproveitou oportunidades para melhorar as condições de vida. Não há, pois, área alguma em que não se exerça o controlo sistemático e não seja imposta a uniformidade de opiniões.

Isto aplica-se até a áreas aparentemente tão afastadas de qualquer interesse político, em especial a todas as ciências, mesmo as mais abstractas. É fácil perceber, e a experiência confirma-o sobejamente, que em disciplinas que lidam directamente com questões humanas – tais como a história, o direito ou a economia – e que, por isso, afectam de modo mais imediato as opiniões políticas, a procura desinteressada da verdade não é permitida nos sistemas totalitários, sendo que o seu único objecto passa a ser a defesa da doutrina oficial. Na verdade, nos países totalitários, estas disciplinas tornaram-se numa fábrica produtiva de mitos oficiais de que os governantes se servem para dirigir as vontades e as mentes dos seus súbditos. Não surpreende, pois, que nestas esferas nem se dêem ao trabalho de simular a procura da verdade e que as autoridades decidam que doutrinas devem ser ensinadas e publicadas.

O controlo totalitário da opinião estende-se, contudo, até aos assuntos que à primeira vista nem parecem ter importância política. Por vezes é difícil explicar porque é que determinadas doutrinas oficiais devem ser oficialmente proscritas e outras encorajadas, e é curioso que estas preferências sejam, aparentemente, algo semelhantes nos diferentes sistemas totalitários.

198 | O CAMINHO PARA A SERVIDÃO

Em especial, parecem ter todos em comum uma intensa aversão pelas formas mais abstractas de pensamento – aversão essa que é característica e manifestada por muitos dos colectivistas que se contam entre os nossos cientistas. Seja a teoria da relatividade representada como um «ataque semita aos fundamentos da física nórdica e cristã», ou atacada porque entra «em conflito com o materialismo dialéctico e o dogma marxista», vai dar ao mesmo. Nem faz grande diferença que alguns teoremas da estatística matemática sejam atacados porque «fazem parte da luta de classes na fronteira ideológica e são o produto do papel histórico da matemática ao serviço da burguesia», ou que toda a disciplina seja condenada porque «não dá garantias de servir os interesses do povo». Até a matemática pura é atacada e quem tenha as suas próprias ideias sobre a natureza da continuidade pode ser criticado por ter «preconceitos burgueses». Segundo o casal Webb, a *Revista de Ciências Naturais Marxistas-Leninistas* tem como lema: «Pelo Partido na matemática. Pela pureza da teoria marxista-leninista na cirurgia.» Na Alemanha, a situação parece ser idêntica. A *Revista da Associação Nacional-Socialista de Matemáticos* fala constantemente do «partido na matemática» e um dos mais conhecidos físicos alemães, [Phillip Eduard Anton von] Lennard, vencedor do Prémio Nobel, compilou o trabalho de uma vida na obra *A Física Alemã em Quatro Volumes*!

Está inteiramente de acordo com o espírito do totalitarismo a sua condenação de toda a actividade humana desinteressada, sem qualquer propósito ulterior. A ciência pela ciência, a arte pela arte, são igualmente odiosas para os nazis, para os nossos intelectuais socialistas e para os comunistas. *Toda* a actividade deve retirar a sua justificação de um propósito social consciente. Não deve haver actividades espontâneas, sem orientação, pois isso pode levar a resultados imprevisíveis e que o plano não contempla. Pode produzir algo novo, que a filosofia do especialista do planeamento não tenha previsto. E este princípio estende-se mesmo aos jogos e aos divertimentos. Deixo ao leitor a tarefa

O FIM DA VERDADE | 199

de adivinhar se era na Alemanha ou na Rússia que aos jogadores de xadrez era oficialmente exortado que «temos de uma vez por todas acabar com a neutralidade do xadrez. Temos de condenar de uma vez por todas a fórmula 'o xadrez pelo xadrez', tal como a fórmula 'a arte pela arte'».

Por muito incríveis que tais aberrações nos possam parecer, ainda assim há que ter o cuidado de não as rejeitar como meros acasos, subprodutos que nada têm a ver com o carácter essencial de um sistema planificado ou totalitário. Não são. São o resultado directo da mesma vontade de que tudo seja dirigido por uma «concepção unitária do todo», da necessidade de sustentar a todo o custo as ideias pelas quais se pede às pessoas sacrifícios constantes, da ideia geral segundo a qual o conhecimento e as crenças das pessoas são um instrumento a ser usado para um só fim. Assim que a ciência fica ao serviço, não da verdade, mas do interesse de classe, de uma comunidade ou de um Estado, a única tarefa da argumentação e do debate é justificar e divulgar ainda mais as crenças que orientam toda a vida da comunidade. Como nos explicou um ministro da Justiça nazi, qualquer nova teoria científica deve questionar-se: «Sirvo o nacional-socialismo para o maior benefício de todos?»

A própria palavra 'verdade' deixa de ter o seu antigo significado. Já não denota algo a descobrir, que tem na consciência individual o único árbitro, que decide, caso a caso, se a evidência (ou a posição dos que a proclamam) requer que nela se acredite; torna-se algo imposto pela autoridade, algo em que acreditar, no interesse da unidade do esforço organizado, e que poderá ter de ser alterado caso as exigências do esforço organizado assim o requeiram.

O que resulta deste ambiente intelectual, o espírito de profundo cinismo face à verdade, a perda até do significado de verdade, o desaparecimento do espírito de questionamento independente e da crença no poder da convicção racional, o modo como as diferenças em todos os ramos do conhecimento se transformam

200 | O CAMINHO PARA A SERVIDÃO

em questões políticas a ser decididas pela autoridade, tudo isto são coisas que só a experiência nos pode transmitir – não basta descrevê-las. O facto mais alarmante talvez seja que o desprezo pela liberdade intelectual não é coisa que só se manifeste quando se estabelece um sistema totalitário, antes existe em todos os casos em que os intelectuais abraçaram a fé colectivista e onde são aclamados como líderes intelectuais, mesmo em países de regime liberal. Não só se desculpa a pior das opressões se for cometida em nome do socialismo, como a criação de um sistema totalitário é defendida abertamente por pessoas que alegam falar em nome dos cientistas de países liberais; também a intolerância é publicamente exaltada. Não vimos recentemente um cientista britânico defender a Inquisição porque, na sua opinião, ela «é benéfica para a ciência quando protege uma classe em ascensão»?[66] É claro que opiniões como esta mal se distinguem das que fizeram com que os nazis perseguissem os homens de ciência, queimassem livros científicos e levassem à erradicação de forma sistemática da *intelligentsia* das populações subjugadas.

*

O desejo de impor às pessoas uma crença que é considerada boa para elas não é, evidentemente, algo novo ou até característico da nossa época. Novo é, todavia, o argumento com que muitos dos nossos intelectuais tentam justificar estas tentativas. Segundo eles, na nossa sociedade não existe uma verdadeira liberdade de pensamento porque as opiniões e os gostos das massas são moldados pela propaganda, pela publicidade, pelo exemplo das classes altas e por outros factores ambientais que inevitavelmente constrangem as pessoas a pensar segundo uma linha predeterminada. Com base nisto concluem que, se os ideais e gostos da grande maioria são sempre moldados pelas circuns-

---

[66] J. G. Crowther, *The Social Relation of Science*, 1941, p. 333.

O FIM DA VERDADE | 201

tâncias que podemos controlar, há que usar deliberadamente este poder para orientar o pensamento das pessoas para o rumo que julgamos desejável.

Talvez seja verdade que a vasta maioria das pessoas raramente é capaz de pensar por si, que em muitas questões aceita opiniões feitas e que ficaria de igual modo satisfeita por se sujeitar a um corpo de crenças ou outro. Em qualquer sociedade, a liberdade de pensamento só terá verdadeira importância para uma pequena minoria. Mas isto não significa que alguém tenha competência, ou poder, para escolher a quem deve ser reservada esta liberdade. Certamente que não justifica a presunção de qualquer grupo a arrogar-se o direito de determinar o que as pessoas devem pensar ou crer. É revelador de grande confusão mental sugerir que, como em qualquer sistema a maioria obedece a uma liderança, não interessa se toda a gente obedece à mesma liderança. Minimizar o valor da liberdade intelectual porque nunca significará que todos tenham a mesma independência de pensamento é não perceber, de todo, as razões que conferem à liberdade intelectual o seu valor. Para que ela cumpra a sua função de motor do progresso intelectual, é essencial que toda a causa ou ideia possa ser defendida por qualquer pessoa, não que qualquer um possa pensar ou escrever o que queira. Enquanto a dissensão não for suprimida, haverá sempre quem questione as ideias vigentes que governam os seus contemporâneos e submeta as novas ideias ao teste da argumentação e da propaganda.

Esta interacção entre indivíduos com conhecimentos e ideias diferentes é o que constitui o cerne do pensamento. O desenvolvimento da razão é um processo social que se baseia na existência dessas diferenças. É da sua natureza que os seus resultados não possam ser previstos, que não possamos saber que ideias ajudarão a esse desenvolvimento – em suma, que este desenvolvimento não possa ser orientado pelas nossas ideias actuais sem ao mesmo tempo o limitar. «Planificar» ou «organizar» o desenvolvimento do espírito, ou, para o caso, o progresso em geral, é uma contradição. A noção de que o espírito humano deveria «conscientemente» controlar o seu próprio desenvolvimento confunde a razão do indivíduo, pois só esta pode «controlar conscientemente» seja o que for através do seu processo interno, a que se deve o desenvolvimento. Ao tentar controlá-la estamos apenas a estabelecer limites ao seu desenvolvimento, o que mais tarde ou mais cedo irá resultar na estagnação do pensamento e no declínio da razão.

A tragédia do pensamento colectivista é que, embora pretenda conferir a supremacia à razão, acaba por destruí-la, pois não percebe o processo do qual depende o desenvolvimento da razão. Poder-se-ia até dizer que o paradoxo de toda a doutrina colectivista e da sua exigência de controlo «consciente» ou planificação «consciente» consiste no facto de levarem, necessariamente, à exigência de que seja a mente de um indivíduo a ter o poder absoluto – enquanto que só a abordagem individualista aos fenómenos sociais nos permite reconhecer as forças superindividuais que orientam o desenvolvimento da razão. O individualismo é, pois, uma atitude de humildade perante este processo social e de tolerância das outras opiniões, precisamente o oposto da *hubris* intelectual que está na origem da exigência de uma direcção abrangente do processo social.

12

As raízes socialistas do Nazismo

> Todas as forças antiliberais se estão a coligar contra tudo o
> que é liberal.
>
> A. Moeller van den Bruck

É um erro comum considerar-se o nacional-socialismo uma mera revolta contra a razão, um movimento irracional sem fundo intelectual. Se assim fosse, o movimento seria muito menos perigoso do que é. Mas nada poderia estar mais longe da verdade nem ser tão enganador. As doutrinas do nacional-socialismo são o culminar de uma longa evolução do pensamento, processo no qual participaram pensadores que exerceram uma influência que se estendeu muito para além dos confins da Alemanha. Independentemente do que pensemos das premissas que estão na base do seu pensamento, é inegável que os homens que produziram as novas doutrinas eram escritores poderosos, cujas ideias deixaram a sua marca em todo o pensamento europeu. O seu sistema foi criado com uma consistência impiedosa. Aceites as premissas que lhe servem de ponto de partida e não há como escapar à sua lógica. É pura e simplesmente colectivismo liberto de quaisquer vestígios de uma tradição individualista que poderia impedir a sua realização.

204 | O CAMINHO PARA A SERVIDÃO

Embora este processo tenha sido liderado por pensadores alemães, estes não foram de modo algum os únicos. Thomas Carlyle e Houston Stewart Chamberlain, Auguste Comte e Georges Sorel são parte integrante deste desenvolvimento contínuo como qualquer pensador alemão. Recentemente, a evolução desta corrente de pensamento na Alemanha foi muito bem descrita por R. D. Butler no seu estudo sobre *As Raízes do Nacional-Socialismo* [*The Roots of National Socialism*]. Embora seja assustadora a persistência destas ideias nos últimos cento e cinquenta anos, de forma praticamente inalterada e recorrente – como demonstra o estudo –, é fácil exagerar a importância que estas ideias tinham na Alemanha até 1914. Na altura, constituíam apenas uma das correntes de pensamento de um povo com maior diversidade de ideias do que qualquer outro. E eram representadas por uma pequena minoria, sendo assaz desprezadas pela maioria dos Alemães, tal como em outros países.

O que fez, então, com que estas ideias, defendidas por uma minoria reaccionária, conseguissem finalmente granjear o apoio da vasta maioria dos Alemães e de praticamente toda a juventude? Não foram apenas a derrota, o sofrimento e a vaga de nacionalismo que levaram a que tivesse êxito. Nem, muito menos, uma reacção capitalista contra o avanço do socialismo, como tantos querem crer. Pelo contrário, o apoio que sustentou a ascensão ao poder destas ideias veio precisamente do campo socialista. Não foi a burguesia que as alcandorou ao poder, mas precisamente a inexistência de uma burguesia forte.

As doutrinas que haviam norteado as classes dirigentes na Alemanha na última geração não se opunham ao socialismo no marxismo, mas aos elementos liberais que este continha – o seu internacionalismo e a sua democracia. E à medida que se foi tornando cada vez mais evidente que eram precisamente estes elementos que constituíam um obstáculo à realização do socialismo, os socialistas de esquerda aproximaram-se cada vez mais dos de direita. Foi a união das forças anticapitalistas da direita e da esquerda – a fusão do socialismo conservador e radical – que expulsou da Alemanha tudo o que era liberal.

Na Alemanha, a relação entre socialismo e nacionalismo foi próxima desde o início. É significativo que os mais importantes antepassados do nacional-socialismo – Fichte, Rodbertus e Lassalle (*) – sejam simultaneamente os pais do socialismo. Enquanto o socialismo teórico, na sua forma marxista, dirigiu o movimento operário alemão, durante algum tempo a sua componente mais autoritária e nacionalista passou para segundo plano. Mas não por muito tempo [67]. A partir de 1914 emergiram das fileiras do socialismo marxista vários professores que encaminharam, não os conservadores e os reaccionários, mas o operário trabalhador e a juventude idealista para o campo do nacional--socialismo. Só após esta maré se ter tornado muito importante e crescido bastante é que se transformou na doutrina hitleriana. A histeria guerreira de 1914, que nunca foi completamente curada por causa da derrota alemã, é o começo do moderno desenvolvimento que produziu o nacional-socialismo, e foi em grande parte com a ajuda dos velhos socialistas que cresceu.

*

O primeiro e, em determinados aspectos, o mais característico representante deste desenvolvimento foi o falecido Profes-

---

(*) Johann Gottlieb Fichte, filósofo idealista alemão do século XVIII. Os seus *Discursos à Nação Alemã* são por muitos considerados um documento fundador do nacionalismo alemão.

Johann Karl Rodbertus, economista alemão do século XIX, de pendor socialista, conhecido, em especial, por ter desenvolvido uma teoria do valor do trabalho e pela sua tese de que o lucro é um roubo.

Ferdinand Lassalle, jurista alemão e activista político e social do século XIX (*N. T.*)

[67] E apenas em parte. Em 1892, um dos dirigentes do Partido Social--Democrata, August Bebel, pôde afirmar a Bismarck que «o chanceler imperial pode ficar descansado que a social-democracia alemã é uma espécie de escola preparatória para o militarismo»!

206 | O CAMINHO PARA A SERVIDÃO

sor Werner Sombart, cujo tristemente célebre *Händler und Helden* (*Mercadores e Heróis*) surgiu em 1915. Sombart começara por ser um socialista marxista e em 1909 ainda afirmava, com orgulho, que dedicara a maior parte da sua vida a lutar a favor das ideias de Karl Marx. Mais do que ninguém, contribuíra para difundir as ideias socialistas e para suscitar o ressentimento anticapitalista por toda a Alemanha; e se até à Revolução Russa o pensamento alemão foi permeado por elementos marxistas de uma forma inigualada em qualquer outro país, isso deveu-se em grande parte a Sombart. A determinada altura foi considerado o mais proeminente representante da *intelligentsia* socialista, e as suas ideias radicais impediram que lhe fosse atribuída uma cátedra na universidade. Mesmo depois da última guerra, a influência da sua obra – dentro e fora da Alemanha – como historiador, que permaneceu marxista na sua abordagem ainda que ele próprio tenha deixado de ser marxista na política, foi profunda, sendo particularmente perceptível nas obras de muitos dos especialistas do planeamento ingleses e americanos.

No seu livro, este velho socialista saudava a «Guerra Alemã» como sendo um conflito inevitável entre a civilização comercial da Inglaterra e a cultura heróica da Alemanha. O seu desdém pelas ideias «comerciais» do povo inglês, que perdera todos os seus instintos guerreiros, não tem limites. Aos seus olhos, nada é mais desprezível do que a aspiração universal do indivíduo à felicidade; e aquilo que ele descreve como a principal máxima da moral inglesa – sê justo «para que te sintas bem contigo próprio e para que possas prolongar os teus dias sobre a Terra» – é para ele «a máxima mais infame que alguma vez foi pronunciada por um espírito comercial». A «noção alemã do Estado», tal como formulada por Fichte, Lassalle e Robertus, é que o Estado não é fundado nem formado por indivíduos. É uma *Volksgemeinschaft* [nação] em que o indivíduo não tem direitos, apenas deveres. As exigências do indivíduo são sempre o resultado de um espírito comercial. «As ideias de 1789» – Liberdade, Igualdade, Fraternidade – são tipicamente ideais comerciais que têm como único propósito garantir determinadas vantagens aos indivíduos.

Antes de 1914, todos os verdadeiros ideais alemães de uma vida heróica enfrentavam um perigo de morte perante o avanço sistemático dos ideais comerciais ingleses, o conforto inglês, o desporto inglês. Não só o povo inglês fora completamente corrompido, com os sindicalistas a afundarem-se no «pântano do conforto», como ainda havia começado a infectar outros povos. Só a guerra permitira à Alemanha lembrar-se que era realmente um povo de guerreiros, um povo em que todas as actividades, e em especial as actividades económicas, estavam subordinadas a fins militares. Sombart sabia que os Alemães eram olhados com desdém por outros povos porque consideravam a guerra sagrada – mas vangloria-se disso. Considerar a guerra desumana e sem sentido é o produto de ideias comerciais. Há uma vida mais nobre do que a vida individual, a vida do povo e a vida do Estado, e a finalidade do indivíduo é sacrificar-se em prol da vida mais nobre. Para Sombart, a guerra é o consumar da concepção heróica da vida, e a guerra contra a Inglaterra é a guerra contra o ideal oposto, o ideal comercial da liberdade individual e do conforto inglês, que, para ele, tem a sua manifestação mais desprezível nas lâminas de barbear encontradas nas trincheiras inglesas.

*

Se esta exaltação de Sombart foi na altura considerada demasiado excessiva mesmo pelos próprios Alemães, houve um outro professor alemão que chegou, no fundo, às mesmas ideias, ainda que de forma mais académica e moderada mas, precisamente por essa razão, mais eficaz. Tal como Sombart, o Professor Johann Plenge era uma autoridade em Marx. O seu livro *Marx und Hegel* assinala o início da moderna renascença hegeliana entre os estudiosos marxistas; e a natureza socialista das convicções que ele avançou é inquestionável. Entre as suas mui-

208 | O CAMINHO PARA A SERVIDÃO

tas publicações sobre guerra, a mais importante é um pequeno livro, mas bastante discutido, que tem o título significativo *1789 e 1914. Os Anos Simbólicos na História do Espírito Político*. Trata do conflito entre as «Ideias de 1789», o ideal de liberdade, e as «Ideias de 1914», o ideal de organização. Para ele, assim como para todos os socialistas que deduzem o seu socialismo de uma aplicação rudimentar de ideais científicos aos problemas da sociedade, a essência do socialismo é a organização. Esta foi, como ele muito bem realça, a raiz do movimento socialista aquando da sua génese, em França, no começo do século XIX. Com a sua adesão fanática, mas utópica, à noção abstracta de liberdade, Marx e o marxismo traíram esta noção essencial de socialismo. E só agora é que esta noção de organização retoma o lugar que lhe é devido, noutros países, como testemunha a obra de H. G. Wells (cujo *Futuro na América* muito influenciou o Professor Plenge, que o descreveu como uma das mais notáveis figuras do moderno socialismo), mas em especial na Alemanha, onde é mais bem entendida e concretizada na plenitude. A guerra entre a Inglaterra e a Alemanha é, pois, um conflito entre dois princípios opostos. A «Guerra Económica Mundial» é a terceira grande época de luta espiritual na história moderna. Tem a mesma importância que a Reforma e a revolução burguesa pela liberdade. É a luta pela vitória das novas forças resultantes da vida económica avançada do século XIX: socialismo e organização.

Na esfera das ideias, a Alemanha era o expoente mais convincente dos sonhos socialistas, e na esfera da realidade ela era o mais poderoso arquitecto do sistema económico mais perfeitamente organizado. O século XX está contido em nós. Independentemente do desfecho da guerra, somos o povo exemplar. As nossas ideias determinarão as finalidades da vida da humanidade. A história mundial assiste agora ao espectáculo colossal de um novo e grandioso ideal de vida que connosco se revela até à vitória final, enquanto que, ao

AS RAÍZES SOCIALISTAS DO NAZISMO | 209

mesmo tempo, em Inglaterra, se desmorona um dos princípios históricos mundiais.

A economia de guerra criada na Alemanha em 1914

é o primeiro feito de uma sociedade socialista e o seu espírito a primeira manifestação activa, e não apenas reivindicativa, do espírito socialista. As necessidades da guerra estabeleceram a ideia socialista na vida económica alemã, pelo que a defesa da nossa nação deu à humanidade a ideia de 1914, a ideia da organização alemã, a comunidade do povo (*Volksgemeinschaft*) do nacional-socialismo. [...] Sem que nos tenhamos dado conta, toda a nossa vida política no Estado e na indústria ascendeu a uma fase superior. O Estado e a vida económica formam uma nova unidade. [...] O sentido de responsabilidade económica que caracteriza o trabalho do funcionário público permeia toda a actividade privada. [...] a nova constituição corporativa da vida económica alemã [que o Professor Plenge admite não estar ainda madura nem completa] é a forma suprema da vida do Estado que jamais se conheceu na Terra.

Inicialmente o Professor Plenge ainda acalentava conciliar o ideal de liberdade com o ideal de organização, ainda que preconizando a submissão completa mas voluntária do indivíduo ao todo. Mas estes resquícios de ideias liberais rapidamente desapareceram dos seus textos. Em 1918, a união entre socialismo e uma política de força impiedosa já se tornara completa no seu espírito. Pouco antes do fim da guerra, no jornal socialista *Die Glocke*, exortou os seus compatriotas da seguinte forma.

É tempo de reconhecer o facto de que o socialismo deve ser a política do poder porque tem de ser organização. O socialismo tem de conquistar o poder: nunca deverá destruir

210 | O CAMINHO PARA A SERVIDÃO

cegamente o poder. E a questão mais importante e crucial do
socialismo em tempo de guerra é, necessariamente, esta: qual
o povo que é chamado ao poder, por ser o líder exemplar na
organização dos povos?

E prevê todas as ideias que viriam a justificar a Nova Ordem
de Hitler:

> Do ponto de vista apenas do socialismo, que é organiza-
> ção, não será o direito absoluto dos povos à autodeterminação
> o direito à anarquia económica individualista? Estaremos nós
> dispostos a conceder total autodeterminação ao indivíduo na
> vida económica? O socialismo consequente pode conceder às
> pessoas o direito de integração apenas de acordo com a verda-
> deira distribuição das forças determinadas historicamente.

*

Os ideais que Plenge tão claramente expressou foram especialmente populares em – quiçá resultantes de – alguns círculos
de cientistas e engenheiros alemães que clamavam pela organização planificada centralmente de todos os aspectos da vida, precisamente como o fazem agora de forma tão veemente os seus
colegas ingleses. Entre os cientistas alemães destacava-se o quí-
mico Wilhelm Ostwald, cujas afirmações sobre esta questão
conseguiram alguma notoriedade. Diz-se que terá afirmado publicamente que

> a Alemanha quer organizar a Europa, que, até agora, carece
> de organização. Explicar-vos-ei agora o grande segredo da
> Alemanha: nós, ou talvez a raça alemã, descobrimos a impor-
> tância da organização. Enquanto que as outras nações ainda
> vivem sob um regime de individualismo, nós já atingimos o
> da organização.

AS RAÍZES SOCIALISTAS DO NAZISMO | 211

Ideias como esta eram comuns nos escritórios do ditador alemão das matérias-primas, Walther Rathenau(*), que teria estremecido caso descobrisse quais as consequências da sua economia totalitária mas que, ainda assim, merece um lugar de destaque em qualquer história completa da evolução das ideias nazis. Através dos seus textos, Rathenau, talvez mais do que qualquer outro, determinou as ideias económicas de uma geração que cresceu na Alemanha durante e imediatamente após a última guerra; e alguns dos seus colaboradores mais próximos viriam mais tarde a integrar o núcleo da equipa do Plano Quinquenal de Göring. Muito semelhantes eram também os ensinamentos de um outro antigo marxista, Friedrich Naumann, cuja obra *Mitteleuropa* teve talvez a maior tiragem de um livro de guerra na Alemanha[68]. Mas ficou a cargo de um diligente político socialista, e membro da ala esquerda do Partido Social-Democrata no Reichstag, desenvolver de forma mais completa estas ideias e difundi-las. Já em livros anteriores Paul Lensch descrevera a guerra como «a fuga da burguesia inglesa perante o avanço do socialismo», e explicara quão diferentes eram o ideal socialista de liberdade e o conceito inglês. Mas só no seu terceiro livro, aquele que maior êxito obteve, *Três Anos de Revolução Mundial*[69], é que as suas ideias características viriam a ser desenvolvidas na plenitude, por influência de Plenge. Lensch sustenta o seu argumento num relato interessante e, em muitos aspectos, preciso

---

(*) Walther Rathenau foi um industrial alemão que viria a desempenhar um alto cargo no Departamento de Matérias-Primas do Ministério da Guerra, durante a Primeira Guerra Mundial; na República de Weimar, foi ministro da Reconstrução (1921) e, um ano depois, ministro dos Negócios Estrangeiros. Viria a ser assassinado por elementos de extrema-direita (*N. T.*)

(68) A obra de R. D. Butler *The Roots of National Socialism*, 1941, pp. 203-9, contém uma boa síntese das ideias de Naumann, tão características da combinação alemã de socialismo e imperialismo.

(69) Paul Lensch, *Three Years of World Revolution*. Prefácio de J. E. M., Londres, 1918. A tradução desta obra surgiu ainda durante a última guerra, por alguém com muita visão.

da forma como a adopção do proteccionismo por Bismarck possibilitou na Alemanha o desenvolvimento de uma concentração e cartelização industrial que, do seu ponto de vista marxista, representa um estádio superior de desenvolvimento industrial.

O resultado da decisão de Bismarck no ano de 1879 foi que a Alemanha assumiu o papel do revolucionário; quer isto dizer, de um Estado cuja posição relativamente ao resto do mundo é a de representante de um sistema económico superior e mais avançado. Assim, podemos constatar que na *actual Revolução Mundial a Alemanha representa o revolucionário, e o seu maior antagonista, a Inglaterra, o lado contra-revolucionário.* Este facto prova que a constituição de um país, seja ele liberal e republicano ou monárquico e autocrático, em pouco afecta a questão de esse país, do ponto de vista do desenvolvimento histórico, ser considerado liberal ou não. Ou, dito de forma mais simples, os nossos conceitos de Liberalismo, Democracia, e por diante, resultam das ideias do Individualismo inglês, segundo o qual um Estado com um governo fraco é um Estado liberal e cada restrição à liberdade do indivíduo é concebida como um produto da autocracia e do militarismo.

Na Alemanha, «representante nomeado historicamente» da superior forma de vida económica,

esta luta pelo socialismo tem sido extraordinariamente simplificada, uma vez que já aqui foram estabelecidas todas as condições prévias do socialismo. Por isso, era uma preocupação vital de qualquer partido socialista que a Alemanha resistisse triunfantemente contra os seus inimigos e, assim, pudesse realizar a sua missão histórica de revolucionar o mundo. Daí a razão de a guerra da *Entente* contra a Alemanha se parecer com a tentativa da baixa burguesia da era pré-capitalista de impedir o declínio da sua própria classe.

AS RAÍZES SOCIALISTAS DO NAZISMO | 213

A organização do Capital [continua Lensch] que começou inconscientemente antes da guerra, e que durante a
guerra tem sido continuada de forma consciente, será sistematicamente continuada após a guerra. Não pelo desejo de
qualquer espécie de organização nem sequer por o socialismo
ter sido reconhecido como um princípio superior de desenvolvimento social. As classes que, na prática, são hoje os pioneiros
do socialismo são, em teoria, os seus adversários declarados,
ou, pelo menos, eram-no até há pouco tempo. O socialismo
está a caminho e em certo sentido já chegou, pois já não podemos viver sem ele.

As únicas pessoas que se opõem a esta tendência são os liberais.

Esta classe de pessoas, que, sem se dar conta, raciocina
pelos modelos ingleses, inclui toda a burguesia alemã instruí-
da. As suas noções políticas de «liberdade» e «direito cívico»,
de constitucionalismo e parlamentarismo, resultam da concepção individualista do mundo de que o Liberalismo inglês
é a representação clássica e que foi adoptado pelos representantes da burguesia alemã nos anos cinquenta, sessenta e setenta do século XIX. Mas estes modelos estão datados e foram
abalados, tal como o Liberalismo inglês foi abalado por esta
guerra. O que há agora a fazer é livramo-nos destes ideais
políticos que herdámos e participar no desenvolvimento de
um novo conceito de Estado e Sociedade. Também neste aspecto o socialismo deve constituir uma oposição consciente e
determinada ao individualismo. A este respeito, é um facto
surpreendente que na chamada Alemanha reaccionária as
classes trabalhadoras tenham conquistado para si uma situação muito mais sólida e poderosa na vida do Estado do que
em Inglaterra ou em França.

214 | O CAMINHO PARA A SERVIDÃO

Lensch continua, com uma observação que, uma vez mais, contém muito de verdade e merece ser ponderada:

> Uma vez que os sociais-democratas, com o concurso deste sufrágio [universal], ocuparam todos os lugares que obtiveram no Reichstag, o Parlamento, nos concelhos municipais, nos tribunais para a resolução de questões comerciais, nos fundos de assistência a doentes, etc., penetraram profundamente no organismo do Estado; mas o preço que tiveram de pagar por isso foi que o Estado, por seu lado, exerceu uma influência profunda nas classes trabalhadoras. Evidentemente, e em resultado de esforços tenazes dos socialistas, o Estado já não é o mesmo que era em 1867, quando entrou em vigor o sufrágio universal; mas a social-democracia também já não é a mesma que era na altura. *O Estado sofreu um processo de socialização e a social-democracia sofreu um processo de nacionalização.*

*

Por seu lado, Plenge e Lensch forneceram as principais ideias para os actuais senhores do nacional-socialismo, em especial Oswald Spengler e A. Moeller van den Bruck, para citar apenas os dois nomes mais conhecidos[70]. É discutível até que ponto o primeiro pode ser considerado um socialista, mas no seu opúsculo sobre *Prussianismo e Socialismo*, que surgiu em 1920, limitou-se a expressar ideias professadas pela maioria dos socialistas que hoje são evidentes. Basta citar alguns exemplos dos

---

[70] O mesmo se aplica a muitos outros dirigentes intelectuais da geração que produziu o nazismo, como Othmar Spann, Hans Freyer, Carl Schmitt e Ernst Jünger. Sobre estes leia-se o interessante estudo de Aurel Kolnai, *A Guerra contra o Ocidente*, 1938, que tem contudo o defeito de, ao restringir-se ao período do pós-guerra, quando estas ideias já haviam sido apropriadas pelos nacionalistas, ignorar os seus criadores socialistas.

seus argumentos. «O velho espírito prussiano e convicção socialista, que actualmente se odeiam mutuamente com o ódio de irmãos, são uma e a mesma coisa.» Os representantes na Alemanha da civilização ocidental, os liberais alemães, «são o exército inglês invisível que Napoleão abandonou em solo alemão após a batalha de Iena». Para Spengler, homens como Hardenberg e Humboldt, e todos os outros reformadores liberais, são «ingleses». Mas este espírito «inglês» será expulso pela revolução alemã que começou em 1914.

> As três últimas nações do Ocidente almejaram três formas de existência, representada pelas célebres divisas: Liberdade, Igualdade, Comunidade. Manifestam-se nas formas políticas do parlamentarismo liberal, social-democracia, e socialismo autoritário([71]). [...] O instinto alemão, mais correctamente prussiano, é: o poder pertence ao todo. [...] Cada um tem o seu lugar. Um manda, o outro obedece. É o socialismo autoritário, em vigor desde o século XVIII, essencialmente antiliberal e antidemocrático, pelo menos quando comparado com o liberalismo inglês e a democracia francesa. [...] Há na Alemanha muitos contrastes detestáveis, mas só o liberalismo é desprezado em solo alemão.
>
> A estrutura da nação inglesa baseia-se na distinção entre rico e pobre, a prussiana entre ordem e obediência. Por isso, o significado da distinção de classes é fundamentalmente diferente nos dois países.

([71]) Esta forma de Spengler tem eco numa afirmação muito citada de Carl Schmitt, o mais destacado especialista nazi em direito constitucional; segundo ele, a evolução do governo procede por «três fases dialécticas»: do Estado *absoluto* dos séculos XVII e XVIII até ao Estado *neutral* do século XIX liberal e ao Estado *totalitário* em que Estado e sociedade são idênticos» (C. Schmitt, *Der Hüter der Verfassung*, Tübingen, 1931, p. 79).

216 | O CAMINHO PARA A SERVIDÃO

Depois de realçar a diferença essencial entre o sistema inglês de concorrência e o sistema prussiano de «administração económica», e depois de mostrar (seguindo, aqui, conscientemente Lensch) como desde Bismarck a organização proposital da actividade económica havia progressivamente assumido formas mais socialistas, Spengler continua:

> Na Prússia havia um verdadeiro Estado, no sentido mais ambicioso do termo. Em rigor, não podia haver pessoas privadas. Toda a gente que vivia dentro do sistema – que funcionava com a precisão de um relógio – era de uma forma ou de outra um elo da cadeia. Deste modo, a condução da coisa pública não podia estar nas mãos de pessoas particulares, como acontece no parlamentarismo. Era uma *Amt* [repartição, departamento] e o político responsável era um funcionário público, um servidor do todo.

A «ideia prussiana» requer que toda a gente se torne funcionário do Estado, que todos os salários e remunerações sejam fixados pelo Estado. A administração de toda a propriedade, em particular, passa a ser uma função assalariada. O Estado do futuro será um *Beamtenstaat* [um Estado de funcionários]. Mas

> a questão decisiva, não só para a Alemanha mas para o mundo, e que a Alemanha terá de resolver *para* o mundo, é a seguinte: no futuro, será o comércio a governar o Estado, ou o Estado a governar o comércio. Perante esta questão, o prussianismo e o socialismo são a mesma coisa […] o prussianismo e o socialismo combatem a Inglaterra entre nós.

A partir daqui foi um pequeno passo para que santo padroeiro do nacional-socialismo, Moeller van den Bruck, afirmasse que a [Primeira] Guerra Mundial era uma guerra entre liberalismo e socialismo: «Perdemos a guerra contra o Ocidente. O socialismo perdeu contra o liberalismo.»[72] Para ele, tal como Spengler, o liberalismo é o arqui-inimigo. Moeller van den Bruck vangloria-se do facto de que

> não há hoje liberais na Alemanha; há jovens revolucionários; há jovens conservadores. Mas quem quereria ser liberal? [...] O liberalismo é uma filosofia de vida da qual a juventude alemã se afasta com repugnância, com raiva, com especial desprezo, pois não há nada mais falso, mais repugnante e mais oposto à sua filosofia. A juventude alemã actual reconhece no liberal *o seu arqui-inimigo.*

O III *Reich* de Moeller van den Bruck destinava-se a dar aos Alemães um socialismo adaptado à sua natureza e não conspurcado pelas ideias liberais ocidentais. E assim fez.

Estes escritores não eram de modo algum fenómenos isolados. Já em 1922 um observador isento podia falar num «peculiar e, à primeira vista, fenómeno surpreendente» que então se observava na Alemanha:

> Segundo esta concepção, a luta contra a ordem capitalista é a continuação da guerra contra a *Entente* com as armas do espírito e da organização económica, o caminho que na prática leva ao socialismo, um regresso do povo alemão às suas melhores e mais nobres tradições[73].

---

[72] Moeller van den Bruck, *Sozialismus und Aussenpolitik*, pp. 87, 90 e 100. Os artigos aqui reimpressos, em especial o artigo sobre Lenine e Keynes, que trata de forma mais completa a tese do texto, foram inicialmente publicados em 1919 e 1923.

[73] K. Pribram, «Deutscher Nationalismus und Deutscher Sozialismus», in *Archiv für Sozialwissenschaft und Sozialpolitik*, vol. 49, 1922, pp. 298-9. Como exemplos de escritores com argumentações na mesma linha, o escritor refere o filósofo Max Scheler, que prega a «missão socialista mundial na Alemanha», e o marxista K. Korach, que escrevia sobre o espírito da nova *Volksgemeinschaft.*

218 | O CAMINHO PARA A SERVIDÃO

A luta contra o liberalismo em todas as suas formas, o mesmo liberalismo que derrotara a Alemanha, era a ideia que congregava socialistas e conservadores numa frente comum. A princípio, foi essencialmente no Movimento da Juventude Alemã, de inspiração e propósito quase inteiramente socialistas, que estas ideias foram mais prontamente aceites e em que se completou a fusão entre socialismo e nacionalismo. Em finais dos anos 20 e até à ascensão de Hitler ao poder, houve um círculo de jovens que se reunia em torno do jornal *Die Tat* e que, liderados por Ferdinand Fried, se tornou o principal expoente desta tradição nesta esfera intelectual. A obra de Fried *Ende des Kapitalismus* [*Fim do Capitalismo*] é talvez o produto mais característico deste grupo de *Edelnazis,* como eram conhecidos na Alemanha, e é particularmente inquietante porque se assemelha a muita da literatura que vemos hoje na Inglaterra, em que assistimos à aproximação entre socialistas de esquerda e de direita e quase ao mesmo desprezo por tudo o que é liberal, na velha acepção da palavra. «Socialismo conservador» (e, noutros círculos, «socialismo religioso») foi o lema sob o qual muitos escritores prepararam o ambiente em que o «nacional-socialismo veio a ter êxito. Actualmente, a tendência prevalecente neste país é o «socialismo conservador». Não terá já a guerra contra as potências ocidentais «com as armas do espírito e a organização económica» praticamente triunfado mesmo antes de a verdadeira guerra começar?

13

Os totalitários entre nós

Quando a autoridade se apresenta disfarçada de organização, cria um encanto suficientemente fascinante para converter comunidades de gente livre em Estados totalitários.

THE TIMES

Talvez seja verdade que a própria magnitude das atrocidades cometidas pelos governos totalitários, em vez de aumentar o receio de que esse sistema possa um dia vigorar neste país, tenha contribuído para reforçar a ideia de que isso não poderia acontecer aqui. Quando olhamos para a Alemanha nazi, o fosso que nos separa parece tão grande que nada que ali aconteça poderia ter importância para o desenvolvimento deste país. E o facto de a diferença ter vindo gradualmente a aumentar parece refutar qualquer indicação de que estejamos a ir na mesma direcção. Mas não nos esqueçamos de que, há quinze anos, a hipótese de tal coisa acontecer na Alemanha teria parecido igualmente fantástica, não só a nove décimos dos próprios Alemães como também aos mais hostis dos observadores estrangeiros (por muito sábios que agora finjam ter sido).

220 | O CAMINHO PARA A SERVIDÃO

Tal como já foi dito nestas páginas, as condições neste país assemelham-se cada vez mais, não às da Alemanha actual, mas às da Alemanha de há vinte ou trinta anos. Há hoje neste país muitos aspectos que na altura foram considerados «tipicamente alemães», e muitos sintomas que apontam para um desenvolvimento na mesma direcção. Já referimos o mais importante, a cada vez maior semelhança entre as ideias económicas da direita e da esquerda e a sua oposição ao liberalismo que costumava ser a base comum do essencial da política inglesa. Com a autoridade que se lhe reconhece, Harold Nicolson afirma que, durante o último governo conservador, entre os parlamentares de segunda linha do Partido Conservador, «os mais dotados eram socialistas de coração»([74]) e não há dúvida de que no tempo dos fabianos muitos socialistas estavam mais próximos dos conservadores do que dos liberais. Há muitos outros aspectos relacionados com isto. A crescente veneração pelo Estado, a admiração do poder, a grandeza como fim em si mesmo, o entusiasmo pela «organização» de tudo (agora chamamos-lhe planificação) e essa «incapacidade de deixar as coisas ao crescimento orgânico» que até H. v. Treitschke há sessenta anos deplorava nos Alemães, tudo isto é menos vincado hoje neste país do que era na Alemanha.

Até que ponto a Inglaterra nos últimos vinte anos trilhou o caminho da Alemanha é perceptível, de forma claríssima, se lermos uma das mais sérias discussões das diferenças entre as concepções britânicas e alemãs sobre questões políticas e morais que surgiram neste país durante a última guerra. Poder-se-á talvez afirmar que o público britânico tinha então um maior apreço por estas questões do que hoje em dia; mas enquanto que os Ingleses na época estavam orgulhosos da sua tradição singular, actualmente há poucas ideias políticas consideradas na altura

---

([74]) *The Spectator*, 12 de Abril, p. 523.

caracteristicamente inglesas de que as pessoas hoje, neste país, não se envergonhem, se é que não as repudiam por completo. Não será exagero afirmar que, na época, quanto mais tipicamente inglês um escritor sobre questões políticas ou sociais parecia ao mundo, tanto mais esquecido estará hoje no seu próprio país. Homens como Lord Morleyou Henry Sidgwick, Lord Acton ou A. V. Dicey, então admirados em todo o mundo como exemplos notáveis da sabedoria política da Inglaterra liberal, para as gerações actuais não passam de vitorianos obsoletos. Talvez nada demonstre esta mudança de forma tão evidente como o facto de o nome de Gladstone raramente ser mencionado pela geração mais jovem sem algum desprezo pela sua moralidade vitoriana e utopismo ingénuo, isto quando não faltam referências favoráveis a Bismarck no que actualmente se escreve em Inglaterra.

Gostaria de em alguns parágrafos poder veicular adequadamente a impressão alarmante com que se fica após compulsar algumas obras inglesas sobre as ideias que dominavam a Alemanha da última guerra. Quase todas as palavras poderiam ser aplicadas às ideias mais proeminentes no que se escreve actualmente em Inglaterra. Irei citar apenas um breve excerto de Lord Keynes, que descreve, em 1915, o pesadelo com que deparou numa obra alemã típica da época: descreve ele como, segundo o autor,

> mesmo em tempo de paz a vida industrial deve ser mobilizada. É a isto que se refere quando fala da «militarização da nossa vida industrial», [o título da obra analisada]. Há que acabar em absoluto com o individualismo. Dever-se-á instituir um sistema de regulações, cujo objecto será, não a maior felicidade do indivíduo (o Professor Jaffé não se coíbe de o afirmar), mas o fortalecimento da unidade organizada do Estado com o propósito de conseguir o maior grau de eficiência (*Leistungsfähigkeit*), que tem apenas influência indirecta

222 | O CAMINHO PARA A SERVIDÃO

sobre o indivíduo. – Esta doutrina odiosa está envolta numa espécie de idealismo. A nação formará numa «unidade fechada» e transformar-se-á, de facto, naquilo que Platão afirmou que deveria ser – «Der Mensch im Grossen» [O Homem em grande]. A paz que daí advém, em especial, trará consigo um fortalecimento da ideia da acção do Estado na indústria. [...] O investimento estrangeiro, a emigração, a política industrial que em anos recentes considerou o mundo inteiro como um mercado, são demasiado perigosos. A velha ordem da indústria, que agora fenece, baseia-se no lucro; e a nova Alemanha do século XX – potência que ignora o lucro – porá termo a esse sistema do capitalismo, que veio da Inglaterra há mais de cem anos.[75]

À parte o facto de nenhum autor inglês, que eu saiba, ter ainda ousado falar da liberdade individual com desdém, haverá algum passo deste excerto que não reflicta grande parte do que se escreve actualmente em Inglaterra?

Além disso, não há dúvida de que aquilo que exerce um fascínio crescente em muitos outros países não são só as ideias que na Alemanha e noutros países prepararam o caminho para o totalitarismo como também os princípios do próprio totalitarismo. Embora muito poucas pessoas neste país, se é que alguém, estivessem dispostas a engolir por inteiro o totalitarismo, há já uns quantos traços isolados deste sistema que nos foi dito para imitarmos. Na verdade, quase não há página da obra de Hitler que não nos tenha sido aconselhada de forma a conseguirmos os nossos objectivos. Isto aplica-se em especial a muitos que são sem dúvida inimigos mortais de Hitler por causa de um traço específico do seu sistema. Nunca nos devemos esquecer que o anti-semitismo de Hitler afastou da Alemanha, ou transformou

---

[75] *Economic Journal*, 1915, p. 450.

OS TOTALITÁRIOS ENTRE NÓS | 223

em inimigos, muitas pessoas que, em muitos aspectos, são consumados totalitaristas à maneira alemã[76].

Não há descrição genérica que possa dar uma ideia adequada da semelhança de muita da literatura política inglesa com obras que na Alemanha destruíram a crença na civilização ocidental e criaram o estado de espírito em que o nazismo pôde florescer. Esta semelhança revela-se ainda mais na forma como os problemas são abordados do que nos argumentos específicos utilizados – a mesma prontidão para romper todos os laços culturais com o passado e apostar tudo no êxito de determinada experiência. Tal como na Alemanha, a maioria das obras que prepararam o caminho para o rumo totalitário neste país são o produto de idealistas sinceros e, muitas vezes, de homens de craveira intelectual. Por isso, embora seja desagradável destacar pessoas em concreto como exemplos quando as mesmas ideias são defendidas por centenas de outros, não vejo outra forma eficaz para demonstrar até que ponto este desenvolvimento entre nós já progrediu até uma fase avançada. Escolherei propositadamente como exemplo autores cuja sinceridade e desinteresse estão acima de qualquer suspeita. Todavia, embora espere com isto demonstrar que as ideias de onde surge o totalitarismo estão a difundir-se rapidamente entre nós, terei dificuldade em

---

[76] Em especial quando consideramos a proporção de antigos socialistas que se tornaram nazis, é importante ter em mente que o verdadeiro significado deste rácio só faz sentido se o compararmos, não com o número total de antigos socialistas, mas com a quantidade daqueles cuja conversão não foi impedida pela sua ascendência. De facto, uma das características surpreendentes da emigração política da Alemanha é a quantidade comparativamente pequena de refugiados de esquerda que não são «judeus» na acepção alemã da palavra. — Quantas vezes não ouvimos elogios do sistema alemão precedidos de afirmações como a que recentemente, numa conferência, antecedeu uma enumeração das «características da técnica totalitária da mobilização económica que vale a pena considerar: 'Herr Hitler não é o meu ideal – longe disso. Tenho muitas razões imperiosas para que Herr Hitler não seja o meu ideal, mas…'»

224 | O CAMINHO PARA A SERVIDÃO

transmitir tão bem o ambiente emocional, também ele tão importante. Para tornar bem explícito aquilo que facilmente se reconhece serem os sintomas de um processo conhecido, seria necessário uma investigação a todas as formas subtis de pensamento e linguagem. Ao conhecermos o tipo de pessoas que falam na necessidade de contrapor as «grandes» ideias às «pequenas» e em substituir o velho pensamento «estático» ou «parcial» pela nova forma «dinâmica» ou «global», aprendemos a identificar que aquilo que a princípio parece ser um mero absurdo, é um sinal da mesma atitude intelectual com cujas manifestações só nos podemos aqui preocupar.

*

Os meus primeiros exemplos são duas obras de um insigne académico que recentemente atraíram muita atenção. Poucos outros casos haverá, talvez, na literatura inglesa contemporânea, em que a influência das ideias alemãs com que nos preocupamos aqui em concreto seja tão vincada como nos livros do Professor E. H. Carr sobre a *Crise dos Vinte Anos* [*Twenty Years' Crisis*] e as *Condições da Paz* [*Conditions of Peace*].

No primeiro destes livros, o professor Carr admite, candidamente, ser ele próprio um adepto da «escola histórica» dos realistas [que] tem a sua origem na Alemanha e [cujo] desenvolvimento pode ser identificado como remontando aos grandes nomes de Hegel e Marx». Um realista, diz-nos ele, é alguém que «faz da moralidade uma função da política» e que «não pode logicamente aceitar outra escala de valor que não a do facto». À verdadeira maneira alemã, este «realismo» contrasta com o pensamento «utópico» do século XVIII, «que era essencialmente individualista na medida em que fazia da consciência humana o juiz supremo». Mas a velha moral, com os seus «princípios gerais abstractos», deve desaparecer porque «o empirista trata os

OS TOTALITÁRIOS ENTRE NÓS | 225

casos concretos com base nos seus méritos individuais». Por outras palavras, só o interesse próprio conta, e é-nos até garantido que «a regra *pacta sunt servanda* (*) não é um princípio moral». O facto de, sem princípios gerais abstractos, o mérito se tornar uma mera questão de opinião arbitrária – e que os tratados internacionais, se não vincularem os signatários em termos morais, nada valerem – parece não preocupar o Professor Carr.

Aliás, segundo ele, e embora não o afirme explicitamente, parece que na última guerra a Inglaterra lutou do lado errado. Quem quer que volte a ler agora as afirmações que consubstanciavam os objectivos de guerra de há vinte e cinco anos e as comparar com as actuais ideias do Professor Carr, verá logo que aquilo que na altura se julgavam ser as ideias alemãs são hoje as do Professor Carr, que provavelmente diria que as ideias em questão defendidas na altura em Inglaterra eram apenas fruto da hipocrisia britânica. A pouca diferença que ele descortina entre as ideias dos Ingleses e as dos Alemães é bem exemplificada por esta afirmação, segundo a qual

> é verdade que quando um destacado nacional-socialista afirma que «tudo o que beneficia o povo alemão é justo, tudo o que lhe seja prejudicial é mau», ele está apenas a identificar o interesse nacional com o direito universal, como já o haviam feito os países de língua inglesa por [Presidente] Wilson, Professor Toynbee, Lord Cecil e muitos outros.

Como os livros do Professor Carr tratam sobretudo problemas internacionais, é essencialmente nesta área que as suas características se tornam manifestas. Mas vislumbrando o carácter da sociedade futura que ele preconiza, afigura-se que esta será

(*) Expressão latina que designa um princípio basilar do Direito internacional: «os pactos devem ser cumpridos», ou «os acordos são para se cumprir», noutra formulação. (*N. T.*)

de moldes totalitários. Por vezes, questionamo-nos até se a semelhança é fortuita ou intencional. Será que o Professor Carr se dá conta, por exemplo, de que ao afirmar «que já não descortinamos grande sentido na distinção, corrente no século XIX, entre 'sociedade' e 'Estado'», reproduz precisamente a doutrina do Professor Carl Schmitt, o principal teórico nazi do totalitarismo, e que é, aliás, a própria essência da definição de totalitarismo, criação deste mesmo autor? Ou que a concepção de que «a produção em série da opinião é o corolário da produção em série de bens» e, por isso, «o preconceito que a palavra propaganda ainda suscita actualmente em muitas mentes é análogo ao preconceito contra o controlo da indústria e do comércio» é na verdade a apologia da arregimentação da opinião, tal como a que exercem os nazis?

No seu mais recente *Condições da Paz*, o Professor Carr responde com um sim enfático à pergunta com que concluímos o último capítulo:

> os vencedores perderam a paz, e a Rússia Soviética e a Alemanha ganharam-na, porque os primeiros continuaram a pregar, e em parte a aplicar, os ideais outrora válidos, mas agora desfeitos, do direito das nações e do *laissez faire* capitalista, isto enquanto que os segundos, que de forma consciente ou inconsciente acompanharam a maré do século XX, se esforçaram por construir o mundo em unidades maiores sob um controlo e planificação centralizados.

O Professor Carr adopta o grito de guerra alemão pela revolução socialista do Leste contra o Ocidente liberal, chefiado pela Alemanha:

> A revolução que começou na última guerra, e que foi a força motriz de todos os movimentos políticos significativos nos últimos vinte anos [...] a revolução contra as ideias pre-

OS TOTALITÁRIOS ENTRE NÓS | 227

dominantes do século XIX: a democracia liberal, autodeterminação nacional e a economia do *laissez faire*.

Como ele próprio afirma, «era quase inevitável que este desafio às convicções do século XIX tivesse na Alemanha os seus mais fortes protagonistas, pois esta nunca havia realmente partilhado essas convicções». Com toda a convicção fatalista de qualquer pseudo-historiador desde Hegel e Marx, esta evolução é apresentada como inevitável: «sabemos em que direcção se move o mundo, e devemos curvar-nos perante ela ou perecer».

A convicção da inevitabilidade desta tendência baseia-se, tipicamente, nas habituais falácias económicas – a pretensa necessidade de um crescimento geral dos monopólios como consequência de desenvolvimentos tecnológicos, a alegada «abundância potencial», e todas as frases feitas populares que surgem em obras do género. O Professor Carr não é um economista e o seu argumento económico não resiste a um escrutínio sério. Mas nem isto nem a convicção que mantinha na altura – que a importância do factor económico na vida social está em rápido decrescimento – o impedem de fundamentar em argumentos económicos todas as suas previsões sobre os inevitáveis desenvolvimentos, ou de exigir para o futuro «a reinterpretação em termos predominantemente económicos dos ideais democráticos de 'igualdade' e 'liberdade'»!

O desdém do Professor Carr por todas as ideias dos economistas liberais (que insiste em considerar ideias do século XIX), embora ele saiba que a Alemanha «nunca delas partilhou» e já tinha, no século XIX, posto em prática muitos dos princípios que ele agora advoga, é tão profundo quanto o de qualquer dos autores alemães citados no último capítulo. Chega mesmo a recuperar a tese alemã, elaborada por Friedrich List, de que o comércio livre era uma política ditada (e adequada) apenas pelos interesses especiais da Inglaterra no século XIX. Agora, contudo,

228 | O CAMINHO PARA A SERVIDÃO

«a produção artificial de algum grau de autarcia é condição necessária de uma existência social ordeira». «É impensável o retorno a um comércio mundial mais disperso e generalizado [...] através da 'eliminação das barreiras comerciais' ou pela recuperação dos princípios do *laissez-faire* oitocentistas». O futuro pertence ao *Grossraumwirtschaft* (*) do tipo alemão: «o resultado que almejamos só pode ser conseguido pela reorganização deliberada da vida europeia tal como Hitler a empreendeu!»

Por tudo isto, não ficamos surpreendidos ao descobrir na obra um capítulo intitulado «As Funções Morais da Guerra», no qual o Professor Carr lastima, de forma condescendente, «as pessoas bem-intencionadas (em especial de países de língua inglesa) que, imbuídas da tradição de oitocentos, persistem em considerar a guerra destituída de sentido e propósito; Carr regozija-se com «a noção de significado e propósito» criada pela guerra, «o mais poderoso instrumento da solidariedade social». Tudo isto nos é muito familiar – mas não se esperaria encontrar tais opiniões em obras de académicos ingleses.

*

Talvez não tenhamos dado ainda a atenção devida a um aspecto do desenvolvimento intelectual na Alemanha nos últimos cem anos e que agora, de uma forma quase idêntica, se manifesta neste país: os cientistas a exigirem a organização «científica» da sociedade. Na Alemanha, o ideal de uma sociedade organizada «de alto a baixo» foi significativamente aprofundado pela extraordinária influência que especialistas científicos e tecnológicos estavam autorizados a exercer sobre a formação de opiniões sociais e políticas. Poucos se lembram de que na moderna

---

(*) Expressão alemã que significa «economia de grandes espaços», conceito muito em voga junto dos especialistas nazis de planeamento, por oposição ao conceito de autarcia. (*N. T.*)

história da Alemanha os professores políticos têm desempenhado um papel comparável ao dos advogados políticos em França[77]. Em anos mais recentes, a influência destes cientistas políticos nem sempre esteve do lado da liberdade: a «intolerância da razão» tantas vezes manifesta no especialista científico, a impaciência face aos comportamentos do homem comum, tão característica do especialista, e o desdém por tudo o que não fosse organizado por mentes superiores e segundo um esquema científico, tudo isto foram fenómenos familiares na vida pública alemã durante gerações antes de começarem a assumir alguma importância neste país. Talvez nenhum outro país constitua melhor exemplo dos efeitos numa nação de uma mudança genérica e profunda de grande parte do seu sistema educativo das «humanidades» para as «realidades» do que a Alemanha entre 1840 e 1940[78].

O modo como, salvo raras excepções, os seus cientistas e estudiosos acabaram por se pôr tão prontamente ao serviço dos novos governantes, é dos espectáculos mais deprimentes e vergonhosos em toda a história da ascensão ao poder do nacional-socialismo[79]. É bem sabido que os cientistas e os engenheiros, em especial, que tanto tinham alardeado ser os líderes da mar-

---

[77] Cf. Franz Schnabel, *Deutsche Geschichte im neunzehnten Jahrhundert*, vol. 11, 1933.

[78] Creio que foi o autor de *Leviathan* [Thomas Hobbes] quem pela primeira vez sugeriu que se acabasse com o ensino dos clássicos, porque incutiam um perigoso espírito de liberdade.

[79] O servilismo dos cientistas perante o poder instituído cedo se revelou na Alemanha, a par da grande evolução da organização da ciência pelo Estado. Num discurso proferido em 1870 na sua dupla qualidade de Reitor da Universidade de Berlim e de Presidente da Academia Prussiana das Ciências, o fisiologista Emil du Bois-Reymond, um dos mais famosos cientistas alemães, não teve qualquer constrangimento em afirmar: «Nós, a Universidade de Berlim, situada em frente ao palácio do rei, somos, até pelo nosso documento fundador, o guarda-costas intelectual da Casa de Hohenzollern». (*A Speech on the German War*, Londres, 1879, p. 31. — É extraordinário que Du Bois-Reymond tenha julgado aconselhável publicar uma edição inglesa deste discurso).

230 | O CAMINHO PARA A SERVIDÃO

cha para um mundo melhor, se submeteram prontamente à nova tirania, mais do que qualquer outra classe(80).

O papel desempenhado pelos intelectuais na transformação totalitária da sociedade foi previsto profeticamente noutro país por Julien Benda, cuja *Trahison des Clercs* adquire uma nova importância se o relermos agora, quinze anos após ter sido escrito. Nesta obra, há um passo em especial que merece cuidada ponderação e que há que ter em mente ao considerarmos alguns exemplos das incursões dos cientistas britânicos na política. Neste passo, Julien Benda fala da

superstição da ciência, tida por competente em todos os domínios, incluindo o da moral; superstição que, repito, é uma aquisição do século XIX. Está ainda por saber se aqueles que brandem esta doutrina acreditam nela ou se simplesmente querem conferir o prestígio de uma aparência científica aos seus corações, que, sabem-no perfeitamente, nada mais são do que paixões. Note-se que o dogma de que a história obedece a leis científicas é sobretudo pregado pelos partidários da autoridade arbitrária. É natural, pois isso elimina as duas realidades que mais detestam, *i.e.*, a liberdade humana e a acção histórica do indivíduo.

---

(80) Bastará citar um testemunho estrangeiro: R. A. Brady, na sua obra *O Espírito e Estrutura do Fascismo Alemão*, conclui o seu estudo aprofundado do mundo académico alemão da seguinte forma: «Desta forma, o cientista *per se* é, talvez, entre todas as pessoas com formação especial, aquela mais facilmente usada e 'coordenada' na moderna sociedade. É certo que os nazis sanearam bastantes professores universitários e despediram muitos cientistas dos laboratórios de investigação. Mas os professores de ciências sociais eram mais críticos do nazismo e tinham dele melhor noção, ao contrário dos de ciências naturais, em que se supõe um pensamento mais rigoroso. Destes últimos, os que foram saneados eram essencialmente judeus ou a excepção ao que se afirmou acima, por causa da sua aceitação acrítica de crenças contrárias às ideias nazis. — Por isso, os nazis puderam 'coordenar' estudiosos e cientistas com relativa facilidade e, assim, apoiar a sua vasta propaganda com a opinião e o apoio da maioria da classe académica».

Já tivemos oportunidade de mencionar um produto inglês deste tipo, uma obra em que, num fundo marxista, todas as idiossincrasias características de um intelectual totalitário, um ódio a tudo o que distingue a civilização europeia desde o renascimento, se conjugam com a aprovação dos métodos da Inquisição. Não pretendemos considerar aqui um caso tão extremo e referiremos uma obra mais representativa e que granjeou bastante destaque.

O livrinho do Dr. C. H. Waddington, com o título característico *The Scientific Attitude*, é um bom exemplo de um tipo de literatura que é apoiada activamente pela influente revista *Nature* e que conjuga a exigência de maior poder político para os cientistas com a defesa apaixonada do «planeamento» generalizado. Embora não seja tão franco no seu desdém pela liberdade como Crowther, não é por isso que o Dr. Waddington é mais tranquilizador. Difere da maioria dos autores do género na medida em que percebe perfeitamente, enfatiza até, que as tendências que descreve e apoia conduzem inevitavelmente a um sistema totalitário. Mas isto, pelos vistos, parece-lhe preferível ao que descreve como «a actual feroz civilização da aldeia dos macacos».

A afirmação do Dr. Waddington de que o cientista tem competência para dirigir uma sociedade baseia-se essencialmente na sua tese de que «a ciência pode fazer um juízo ético sobre o comportamento humano», afirmação essa a que a *Nature* deu ampla publicidade. Esta tese, evidentemente, é há muito conhecida dos cientistas políticos alemães e que já foi destacada por Julien Benda. Para dar um exemplo do que isto significa não precisamos de sair do livro do Dr. Waddington. A liberdade – explica-nos ele – «é um conceito muito problemático para o cientista debater, em parte porque este não está convencido de que, em última análise, exista sequer tal coisa». Todavia, é-nos dito que a «ciência reconhece» este e aquele tipo de liberdade, mas «a liberdade de se ser estranho e diferente do próximo não é [...] um valor científico». Ao que parece, «as humanidades depravadas», e das quais o Dr. Waddington tantas coisas pouco lisonjeiras tem a dizer, enganaram-se redondamente ao ensinar-nos a tolerância!

No que toca a questões sociais e económicas, este livro sobre a «atitude científica» é tudo menos científico, tal como este tipo de literatura nos tem vindo a habituar. Nele encontramos, uma vez mais, os chavões costumeiros e as generalizações infundadas sobre a «abundância potencial» e a inevitável tendência para o monopólio, mesmo que as «maiores autoridades» citadas para sustentar estas alegações se revelem, após escrutínio, essencialmente opúsculos políticos de base científica duvidosa, enquanto que os estudos sérios sobre os mesmos problemas são ostensivamente ignorados.

Como em quase todas as obras deste género, as convicções do Dr. Waddington são essencialmente determinadas pela sua convicção nas «tendências históricas inevitáveis» presumivelmente descobertas pela ciência e das quais ele deduz a «profunda filosofia científica» do marxismo, cujas noções básicas e a sua «competência para ajuizar» são «quase, se não exactamente, idênticas às que subjazem à abordagem científica à natureza», diz-nos o Dr. Waddington, um progresso relativamente ao que antes existia. Por isso, o Dr. Waddington, embora ache «difícil negar que a Inglaterra é hoje um país pior para se viver do que era» em 1913, anseia por um sistema económico que «seja centralizado e totalitário, no sentido em que todos os aspectos do desenvolvimento económico das grandes regiões são intencionalmente planificados como um todo integrado». Apesar do seu optimismo fácil de que este sistema totalitário preservará a liberdade de pensamento, a sua «atitude científica» não tem melhor conselho a dar do que a convicção de que «tem de haver experiências valiosas em questões que não requerem que se seja um especialista para as entender», como, por exemplo, se é possível «conjugar totalitarismo com liberdade de pensamento».

OS TOTALITÁRIOS ENTRE NÓS | 233

*

Um estudo mais amplo das várias tendências para o totalitarismo neste país teria de prestar muita atenção às várias tentativas para se criar uma espécie de socialismo de classe média, que teria, sem dúvida, uma semelhança perturbadora com idêntica evolução na Alemanha pré-hitleriana, ainda que os seus autores o ignorassem[81]. Se estivéssemos aqui preocupados com os movimentos políticos propriamente ditos, teríamos de considerar organizações novas como a Forward March [Marcha em Frente] ou o movimento Common Wealth [Bem Comum] de Sir Richard Acland, autor de *Unser Kampf*, ou as actividades do Comité 1941 de J. B. Priestley, que em determinada altura esteve associado ao primeiro. Mas embora fosse pouco avisado ignorar a importância sintomática de fenómenos como estes, também dificilmente podem ser considerados forças políticas importantes. Para além das influências intelectuais com que ilustrámos estes dois casos, o ímpeto do movimento rumo ao socialismo vem essencialmente de dois grandes grupos de interesses: o capital organizado e o trabalho organizado. A maior ameaça talvez seja o facto de as políticas destes dois poderosos grupos apontarem para a mesma direcção.

Fazem-no através do seu apoio comum, e muitas vezes concertado, à organização monopolística da indústria; e o perigo mais imediato consiste precisamente nesta tendência. Embora

---

[81] Um outro elemento que nesta guerra deverá reforçar as tendências nesta direcção será o seguinte: as pessoas que durante a guerra tiveram a experiência do poder coercivo terão dificuldade em voltar aos papéis mais humildes que hão-de desempenhar. Embora após a última guerra os homens nestas condições não fossem tão numerosos como o serão talvez no futuro, mesmo assim na altura exerceram uma influência não despicienda na política económica deste país. Foi na companhia de alguns destes homens que há cerca de dez ou doze anos tive a sensação, então invulgar, de ser subitamente transportado para aquilo que eu aprendera a considerar uma atmosfera intelectual completamente «germânica».

não tenhamos razões para crer que este movimento seja inevitável, não devem restar dúvidas de que se continuarmos no caminho que temos vindo a trilhar este levar-nos-á ao totalitarismo.

Evidentemente, este movimento é propositadamente planeado, em especial pelos organizadores capitalistas dos monopólios, sendo, assim, uma das principais fontes de perigo. A sua responsabilidade não é mitigada pelo facto de o seu objectivo ser, não um sistema totalitário, antes uma espécie de sociedade corporativa em que as indústrias organizadas apareceriam como pequenos «Estados» semi-independentes e autónomos. Mas ao acreditarem que lhes será permitido não só criar, como gerir durante algum tempo um tal sistema, revelam ser de vistas tão curtas quanto os seus colegas alemães. As decisões que os gestores de uma indústria organizada desta forma teriam constantemente de tomar não são decisões que uma sociedade possa confiar a particulares. Um Estado que consinta uma tão grande acumulação de poder não pode permitir que este poder fique exclusivamente sob controlo de particulares. Não deixa de ser uma ilusão julgar que, nessas condições, ao empresário seria permitido usufruir durante bastante tempo duma posição privilegiada que, numa sociedade competitiva, é justificada pelo facto de, dos muitos que correm riscos, apenas uns quantos triunfam, fazendo assim com que valha a pena correr riscos. Não surpreende, pois, que os empresários queiram usufruir simultaneamente de um alto rendimento, que uma sociedade competitiva confere aos mais bem sucedidos, e da segurança do funcionário público. Enquanto a par da indústria de gestão estatal coexistir um vasto sector da indústria privada, é muito provável que o talento industrial exija altos salários mesmo em cargos razoavelmente seguros. Mas embora os empresários possam ver as suas esperanças concretizar-se numa fase de transição, não demorará muito até que descubram – como os seus colegas alemães –, que já não são os senhores, mas que o governo terá ainda assim de lhes satisfazer as exigências de poder e honorários.

OS TOTALITÁRIOS ENTRE NÓS | 235

A não ser que a tese deste livro tenha sido completamente mal interpretada, o autor não pode ser tido por simpatizante dos capitalistas quando enfatiza que seria mesmo assim um erro atribuir a culpa da actual tendência para o monopólio exclusiva ou essencialmente àquela classe. A sua propensão para esta direcção não é nova nem se tornaria por si só num poder formidável. O que é grave é que conseguiram arregimentar o apoio de cada vez mais grupos e, com a sua ajuda, granjear o apoio do Estado.

Em certa medida, os monopolistas conseguiram este apoio permitindo a outros grupos que tivessem parte nos seus ganhos ou, talvez mais frequentemente, convencendo-os de que a constituição de monopólios era do interesse público. Mas a mudança na opinião pública – que pela sua influência na legislação e na judicatura([82]) tem sido o mais importante factor a fazer com que esta evolução seja possível – é, mais do que tudo, resultado da propaganda da esquerda contra a concorrência. Muitas vezes, até as medidas que se destinam a combater os monopólios apenas servem para reforçar o poder do monopólio. Cada investida aos lucros do monopólio, seja no interesse de determinados grupos ou do Estado, tende a criar novos interesses, que irão ajudar a reforçá-lo. Um sistema em que os grandes grupos privilegiados lucram com um monopólio pode ser politicamente mais perigoso e, num tal sistema, o monopólio é com certeza muito mais poderoso do que num outro em que os lucros vão para uns quantos. É evidente que os salários mais altos que um industrial em regime de monopólio pode pagar são tanto o resultado de exploração como o seu próprio lucro, e que empobrecem não só os consumidores mas mais ainda os assalariados, e não apenas os que deles beneficiam; além disso, hoje em dia a opinião pública geralmente aceita que a capacidade de poder

---

([82]) Cf. este artigo recente muito esclarecedor sobre «Monopoly and the Law» [O Monopólio e a Lei], da autoria de W. Arthur Lewis, na *Modern Law Review*, vol. VI, n.º 3, Abril de 1943.

pagar salários mais altos é um argumento legítimo a favor dos monopólios[83].

Há fortes razões para se duvidar se, mesmos nos casos em que o monopólio é inevitável, a melhor forma de o controlar será colocá-lo nas mãos do Estado. Se se tratasse de uma única indústria, talvez se o pudesse fazer. Mas quando temos de lidar com muitas indústrias diferentes em regime de monopólio, há várias razões para as manter nas mãos de privados, em vez de as juntar na tutela única do Estado. Mesmo que o caminho-de-ferro, o transporte aéreo e rodoviário, ou o abastecimento de gás e electricidade, fossem todos monopólios inevitáveis, não há dúvida de que o consumidor ficaria ainda assim em melhor situação se esses monopólios se mantivessem separados do que «coordenados» por um controlo central. O monopólio privado dificilmente é completo, e ainda menos de tão longa duração que desencoraje a potencial concorrência. Mas um monopólio estatal é sempre um monopólio protegido pelo Estado – protegido contra a potencial concorrência e ao abrigo da crítica. Na maior parte dos casos, significa que se confere a um monopólio temporário o poder de garantir a sua posição para sempre – poder que quase de certeza é utilizado. Quando o poder que deveria verificar e controlar o monopólio se passa a interessar em proteger e defender os titulares do monopólio, quando, para o governo, rectificar um abuso é admitir a sua responsabilidade por ele, quando criticar a acção do monopólio significa criticar o governo, há pouca esperança de o monopólio poder estar ao serviço da comunidade. Um Estado enredado em todos os aspectos relacionados com a gestão

---

[83] Talvez ainda mais surpreendente seja a extraordinária solicitude de muitos socialistas perante o *rentier* accionista a quem a organização monopolista da indústria muitas vezes garante um rendimento certo. Um dos mais extraordinários sintomas da perversão de valores que ocorreu na última geração é o facto de as pessoas, na sua inimizade cega do lucro, considerarem um rendimento fixo como algo social e eticamente mais desejável do que o lucro e aceitarem até o monopólio para manterem esse rendimento garantido, como acontece, por exemplo, com os accionistas do caminho-de-ferro.

de uma empresa em regime de monopólio talvez tivesse um poder esmagador sobre o indivíduo, mas seria um Estado fraco no que se refere à sua liberdade de elaborar uma política. A máquina do monopólio torna-se idêntica à máquina do Estado, e o próprio Estado se identifica cada vez mais com os interesses daqueles que gerem os assuntos do que os interesses do público em geral.

Se o monopólio é inevitável, é provável que o plano preferido pelos Americanos – um controlo estatal forte dos monopólios privados –, desde que aplicado rigorosamente, tenha mais hipóteses de obter resultados satisfatórios do que a gestão estatal. Assim parece, pelo menos, nos casos em que o Estado exerce um controlo rigoroso dos preços que não deixa margem para grandes lucros em que os outros monopolistas possam ter parte. Mesmo que isto tivesse como efeito (como por vezes acontece com as empresas de serviços públicos norte-americanas) que os serviços das companhias em regime de monopólio fossem piores do que deveriam ser, isso seria ainda assim um pequeno preço a pagar pelo controlo eficaz aos poderes de um monopólio. Pessoalmente, preferia ter de suportar alguma ineficácia nesse campo do que ter um monopólio organizado que controlasse todos os aspectos da minha vida. Esta forma de lidar com o monopólio, que faria rapidamente com que o monopolista fosse o menos desejado dos cargos empresariais, muito faria para reduzir o monopólio às esferas em que é inevitável e estimularia a criação de substitutos que poderiam proporcionar um regime de concorrência. Se transformássemos o monopolista na besta negra da política económica, muitos ficariam surpreendidos quão depressa os empresários mais capazes redescobririam o seu gosto pelos ares saudáveis da concorrência!

*

O problema do monopólio não seria tão difícil se tivéssemos de lidar apenas com o monopolista capitalista. Contudo, como já vimos, o monopólio tornou-se um perigo, não através

238 | O CAMINHO PARA A SERVIDÃO

dos esforços de alguns capitalistas interessados, mas através do apoio que granjeou daqueles a quem deixaram partilhar dos seus lucros e dos muitos a quem convenceram que, ao apoiarem o monopólio, estão a contribuir para a criação de uma sociedade mais justa e ordenada. O ponto de viragem fatal nesta evolução foi quando o grande movimento que apenas cumpre os fins para que foi criado combatendo todo e qualquer privilégio – o movimento operário –, passou a estar sob a influência de doutrinas contrárias à concorrência e se enredou na luta por privilégios. O recente crescimento do monopólio é, em grande parte, o resultado de uma colaboração premeditada entre o capital organizado e o trabalho organizado, em que grupos de trabalhadores privilegiados têm parte no monopólio dos lucros à custa da comunidade e, em particular, à custa dos mais pobres, dos que estão empregados em indústrias, menos bem organizados, e dos desempregados.

Um dos mais tristes espectáculos dos nossos tempos é ver o grande movimento democrático a apoiar uma política que só pode levar à destruição da democracia e que, entretanto, só pode beneficiar uma minoria das massas que a apoiam. No entanto, é este apoio da esquerda às tendências que levam ao monopólio que as torna tão irresistíveis, e tão sombrias as perspectivas de futuro. Enquanto o movimento trabalhista continuar a contribuir para a destruição da única ordem sob a qual um trabalhador tem pelo menos garantida alguma independência e liberdade, o futuro afigura-se sombrio. Os dirigentes do partido trabalhista que agora clamam, alto e bom som, que «acabaram de uma vez por todas com absurdo sistema de concorrência» ([84]), estão a proferir a sentença de morte da liberdade individual.

([84]) Citamos o Professor Laski no seu discurso na Conferência Anual do Partido Trabalhista, em Londres, a 26 de Maio de 1942 (*Report*, p. 111). Note-se que, segundo o Professor Laski, é «este absurdo sistema de concorrência que se traduz em pobreza para todos os povos, e a guerra como resultado dessa pobreza» – uma interpretação curiosa da história dos últimos cento e cinquenta anos.

Não há outra alternativa: ou a ordem governada pela disciplina impessoal do mercado ou a ordem dirigida pela vontade de umas quantas pessoas; e os que pretendem destruir a primeira estão, consciente ou inconscientemente, a ajudar a criar a segunda. Mesmo que a nova ordem permita vestir e alimentar melhor alguns trabalhadores, é legítimo duvidar que a maioria dos trabalhadores ingleses agradeça aos intelectuais que, entre os seus líderes, os presentearam com uma doutrina socialista que põe em perigo a sua liberdade pessoal.

Para quem conheça a história dos principais países do continente nos últimos vinte e cinco anos, a análise do mais recente programa do Partido Trabalhista, agora empenhado na criação de uma sociedade planificada, é uma experiência deveras deprimente. A «qualquer tentativa para restaurar a Grã-Bretanha tradicional» opõe-se um plano que, tanto em traços gerais como nos seus detalhes e formulação, é igual aos sonhos socialistas que dominaram o debate alemão há vinte e cinco anos. Não só apenas as exigências – como a da resolução adoptada na moção do Professor, que exige a manutenção em tempo de paz «das medidas de controlo governamental necessárias à mobilização dos recursos nacionais em tempo de guerra» –, mas todos os chavões característicos, como «economia equilibrada», que o Professor Laski agora exige para a Grã-Bretanha, ou «consumo comunitário» para o qual deve ser orientada a produção centralizada, que são decalcados da ideologia alemã. Há vinte e cinco anos, talvez houvesse ainda alguma desculpa para se crer ingenuamente que «uma sociedade planificada pode ser uma sociedade muito mais livre do que o sistema do *laissez-faire* que veio substituir» [85]. Mas ver isto ser defendido após vinte e cinco anos de experiência e da reanálise das velhas crenças a que esta experiência con-

---

[85] *The Old World and the New Society*, Relatório Interno do Executivo Nacional do Partido Trabalhista Britânico sobre os Problemas da Reconstrução, pp. 12 e 16.

duziu, ainda por cima numa altura em que nos debatemos com os resultados dessas mesmas doutrinas, tudo isto é verdadeiramente trágico. Que o grande partido que, no Parlamento e junto da opinião pública, ocupou o lugar dos partidos progressistas tenha alinhado com aquilo que, à luz de tudo o que sucedeu no passado, tem de ser considerado um movimento reaccionário, é uma mudança decisiva ocorrida no nosso tempo e a origem do perigo de morte de tudo o que um liberal preza. Que os progressos do passado sejam ameaçados pelas forças tradicionalistas da direita, é um fenómeno de todas as épocas que não nos deve alarmar. Mas se o papel da oposição – na discussão pública como no Parlamento – se torna em definitivo o monopólio de um segundo partido reaccionário, então não há qualquer esperança.

14

Condições materiais e fins ideais

Será porventura justo ou razoável que a maioria das vozes contra a principal finalidade do governo escravize a minoria que seria livre? Seria, sem dúvida, mais justo, acaso se verificasse, que a minoria obrigasse a maioria a conservar a sua liberdade – o que não lhe causa mal algum – do que a maioria, para se comprazer na sua vileza, obrigasse uma minoria a ser dela escravos. Aqueles que apenas procuram a sua justa liberdade têm sempre o direito a conquistá-la, se tal estiver ao seu alcance, por muito numerosas que sejam as vozes que se lhe opõem.

JOHN MILTON

A nossa geração gosta de se vangloriar de atribuir menos importância às questões económicas do que o fizeram os seus pais ou avós. O «Fim do Homem Económico» parece ter-se tornado um dos principais mitos da nossa era. Antes de aceitarmos esta pretensão ou de a tratarmos como digna de nota, há que indagar até que ponto é verdadeira. Quando consideramos as exigências de reconstrução social que são formuladas de forma mais veemente, parece que são quase todas de cariz económico; já vimos que a «reinterpretação em termos económicos» dos ideais políticos do passado – liberdade, igualdade e segurança – é uma das principais exigências das pessoas que, ao mesmo tempo, proclamam o fim do homem económico. Nem pode haver grande dúvida de que os homens, nas suas convicções e aspirações, são hoje, mais do que nunca, governados por doutrinas económicas e pela crença cuidadosamente fomentada na irracionalidade do nosso sistema económico, pelas falsas asserções sobre a «abundância potencial», por pseudoteorias sobre a inevitabilidade da tendência para o monopólio e pela impressão criada por casos muito publicitados, como a destruição de *stocks* de matérias-primas ou a supressão de invenções, sendo a culpa atribuída à concorrência embora sejam precisamente o tipo de coisas que nunca poderiam acontecer num sistema em regime de concorrência e que só um monopólio permite – geralmente, um monopólio fomentado pelo governo[86].

Num outro sentido, todavia, é certamente verdade que a nossa geração está menos disposta a dar ouvidos a considerações económicas do que a que nos precedeu. Aliás, opõe-se resolutamente a sacrificar qualquer uma das suas exigências àquilo que se designa por argumentos económicos, mostra-se impaciente e intolerante face a toda e qualquer restrição às suas ambições imediatas e nada disposta a ceder a necessidades económicas. O que distingue esta geração não é o desdém pelo bem-estar material ou sequer um desejo mitigado por esse mesmo bem-estar; antes pelo contrário, é a recusa em admitir qualquer obstáculo, qual-

---

[86] A utilização frequente que é feita da destruição de trigo, café, etc, como argumento contra a concorrência é um bom exemplo da desonestidade intelectual de grande parte deste argumento, pois bastaria pensar um pouco para demonstrar que num mercado competitivo nenhum proprietário de tais *stocks* poderia beneficiar com a sua destruição. O caso da alegada supressão de patentes úteis é mais complicado e não pode ser abordado de forma adequada numa nota; mas as condições em que seria útil congelar uma patente *que no interesse da sociedade deveria ser usada* são tão excepcionais que é mais do que duvidoso que tal tenha acontecido em algum caso importante.

CONDIÇÕES MATERIAIS E FINS IDEAIS | 243

quer conflito com outros fins que possa impedir o cumprimento dos seus próprios desejos. O termo correcto para descrever esta atitude seria «economofobia», mais do que o duplamente enganador «Fim do Homem Económico», que sugere a passagem de um estado de coisas que nunca existiu para um outro para o qual não nos encaminhamos. O homem acabou por detestar e revoltar-se contra as forças impessoais a que no passado se submeteu, mesmo depois de elas, muitas vezes, lhe terem frustrado os seus esforços individuais.

Esta revolta é a manifestação de um fenómeno muito mais geral, uma nova indisponibilidade para se submeter a qualquer lei ou necessidade, cuja justificação racional o homem não compreenda; ela faz-se sentir em muitos aspectos da vida, em especial no da moralidade; e é muitas vezes uma atitude louvável. Mas há aspectos em que este anseio pela inteligibilidade não pode ser plenamente satisfeito e em que, em simultâneo, a recusa de nos submetermos a algo que não podemos compreender tem de levar à destruição da nossa civilização. Embora seja natural que, à medida que o mundo que nos rodeia se torna mais complexo, cresça a nossa resistência face às forças que – sem que as compreendamos – interferem constantemente nas esperanças e nos planos individuais, é apenas nestas casos que se torna cada vez menos possível a alguém compreender plenamente essas forças. Uma civilização complexa como a nossa baseia-se necessariamente na adaptação do indivíduo às mudanças cuja causa e natureza ele não pode compreender – porque há-de ele ter mais ou menos? Porque há-de ele de ter de mudar para outra ocupação? Porque hão-de algumas coisas que ele deseja ser mais difíceis de obter do que outras – estará sempre relacionado com uma plêiade de circunstâncias que mente alguma poderá compreender; ou, pior ainda, os visados atribuirão a culpa a uma causa imediatamente evidente e evitável, enquanto que as inter-relações mais complexas que determinam a mudança continuam para ele, inevitavelmente, a ser desconhecidas. Até o director de uma sociedade completamente planificada, se quisesse prestar uma explicação cabal a alguém quanto à razão de ter de o encaminhar para outro trabalho, ou porque é que a sua remuneração tem de ser alterada, não o conseguiria fazer sem explicar e justificar todo o seu plano – o que significa, é claro, que só poderia explicar a uns quantos.

Foi a submissão dos homens às forças impessoais do mercado que, no passado, possibilitou o crescimento de uma civilização que sem isso não se teria desenvolvido; é através desta submissão que todos os dias ajudamos a construir algo maior do que aquilo que qualquer um de nós poderia compreender. Não importa se no passado os homens se submeteram a crenças que alguns hoje consideram supersticiosas: a um espírito religioso de humildade ou a um respeito excessivo pelos ensinamentos rudimentares dos primeiros economistas. O ponto crucial é que é infinitamente mais difícil compreender, de forma racional, a necessidade de submissão a forças cujo funcionamento não podemos acompanhar em pormenor, do que fazê-lo pelo respeito que nos inspira a reverência humilde à religião, ou mesmo o respeito pelas doutrinas económicas. Pode até dar-se o caso de, acaso quiséssemos manter a nossa civilização, actual e complexa, sem ninguém ter de fazer coisas cuja necessidade não abarca, ser necessário muito mais inteligência por parte de todos nós do que aquela que alguém possui. A recusa em ceder a forças que não compreendemos nem reconhecemos como sendo decisões conscientes de um ser inteligente é o resultado de um racionalismo incompleto e, por isso, erróneo. Incompleto porque não consegue compreender que a coordenação dos múltiplos esforços individuais numa sociedade complexa deve ter em linha de conta factos que sociedade alguma pode abarcar por completo. E não percebe que, a não ser que esta sociedade complexa seja destruída, a única alternativa à submissão às forças impessoais e aparentemente irracionais do mercado é a submissão a um poder igualmente incontrolável e, por isso, arbitrário, de outros homens. Nesta ânsia de escapar às restrições vexatórias que agora sente, o homem não percebe que as novas restrições autoritárias – que terão de ser deliberadamente impostas em vez daquelas – serão ainda mais penosas.

Têm razão aqueles que afirmam que aprendemos a dominar as forças da natureza a um nível espantoso, mas que ainda estamos lamentavelmente atrasados em usar de forma conseguida as possibilidades da colaboração social. Mas estão enganados quando pretendem levar a comparação mais longe e afirmam que temos de aprender a controlar as forças da sociedade da mesma forma que aprendemos a controlar as forças da natureza. Isto revela-nos não só o caminho para o totalitarismo como para a destruição da nossa civilização e a forma garantida de bloquear qualquer progresso futuro. Os que o exigem revelam – pelas suas próprias exigências – que ainda não compreenderam até que ponto a mera preservação daquilo que até à data conseguimos depende da coordenação de esforços individuais por forças impessoais.

*

Temos agora de regressar por instantes ao ponto crucial: que não se pode conciliar a liberdade individual com a supremacia de um só propósito a que toda a sociedade tem de estar subordinada permanentemente. A única excepção à regra de que uma sociedade livre não deve estar sujeita a um propósito único é a guerra e outros desastres temporários, em que a subordinação de quase tudo às necessidade imediatas e mais prementes é o preço a pagar para preservar a nossa liberdade a longo prazo. Isto explica também porque são tão enganadoras tantas das frases em voga que propõem fazer em tempo de paz o que aprendemos a fazer em tempo de guerra: é sensato sacrificar temporariamente a liberdade para torná-la mais segura no futuro; mas o mesmo já não se pode dizer de um sistema proposto para se tornar permanente.

Nenhum propósito deve em tempo de paz ter precedência sobre todos os outros, nem mesmo o objectivo que todos concordam que está agora em primeiro plano: o combate ao desemprego. Não há dúvida de que este deve ser o objectivo dos nossos principais esforços; mesmo assim, isso não significa que para esse objectivo deva ser permitido controlar-nos, a ponto de excluir tudo o resto, que – naquela expressão insidiosa – deva ser conseguido «custe o que custar». De facto, é neste domínio que o fascínio por expressões vagas mas populares como «pleno emprego» pode levar a medidas extremamente tacanhas e em que a expressão categórica e irresponsável «tem de ser feito custe o que custar» do idealista obstinado provavelmente causará maior dano.

É da maior importância que abordemos de olhos bem abertos a tarefa que, neste domínio, teremos de enfrentar após a guerra, e que percebamos claramente aquilo que podemos esperar alcançar. Um dos traços dominantes da situação imediata do pós-guerra será o facto de as especiais necessidades da guerra terem atraído centenas de milhares de homens e mulheres para trabalhos especializados que, durante o conflito, eram muito bem pagos. Em alguns casos, não haverá hipótese de empregar o mesmo número de pessoas em trabalhos no sector privado. Haverá, também, a necessidade urgente de transferir muita gente para outros trabalhos e muitos deles verão que os empregos que conseguirem serão mais mal remunerados do que o trabalho que tinham em tempo de guerra. Nem mesmo a requalificação – que teremos de efectuar em grande escala – poderá resolver este problema. Haverá ainda assim muita gente que, para ser paga em conformidade com o que os seus serviços valem agora na sociedade, teria, em qualquer sistema, de se contentar com baixar o seu nível de vida relativamente aos outros.

Se, nestas condições, os sindicatos conseguirem resistir à redução dos salários de determinados grupos, só restarão duas alternativas: ou se recorre à coerção, ou seja, determinados indivíduos terão de ser escolhidos para transferência compulsiva para outros trabalhos menos bem pagos, ou terá de se permitir aos que estão desempregados – e que, durante a guerra auferiram salários relativamente altos – que fiquem no desemprego até que aceitem trabalhar por um salário mais baixo. É um problema que tanto surgiria numa sociedade socialista como noutra qualquer; e a grande maioria dos operários também não estaria muito inclinada a garantir perpetuamente salários altos aos que durante a guerra tinham empregos especialmente bem pagos. O que nos importa é o seguinte: se estamos determinados a não permitir o desemprego a qualquer preço, e não estamos dispostos a exercer coerção, ver-nos-emos obrigados a todo o tipo de expedientes desesperados, nenhum dos quais nos traz qualquer alívio duradouro e todos irão interferir seriamente na utilização mais produtiva dos nossos recursos. Dever-se-á notar, em especial, que a política monetária não pode apresentar uma verdadeira cura para esta dificuldade a não ser através de inflação alta e generalizada, suficiente para aumentar todos os outros salários e preços em relação aos que não podem ser reduzidos; e mesmo isto só teria o efeito desejado levando a cabo a redução, de forma discreta e dissimulada, dos salários que não se pôde baixar directamente. Todavia, aumentar todos os outros salários e rendimentos até ao nível de determinado grupo implicaria uma inflação de tal ordem que as perturbações, as dificuldades e as injustiças daí resultantes seriam muito maiores do que aquelas que o aumento visava rectificar.

Este problema, que se manifestará de forma mais aguda no fim da guerra, estará sempre presente enquanto o sistema económico tiver de se adaptar às mudanças contínuas. A curto prazo, haverá sempre a possibilidade de pleno emprego, seja dando emprego a toda a gente, seja pela expansão monetária. Mas só se consegue manter este pleno emprego com o aumento progressivo da inflação, e entravando a redistribuição do trabalho entre indústrias cuja necessidade é ditada pelas circunstâncias – redistribuição essa que existirá sempre enquanto os trabalhadores forem livres de escolher os seus trabalhos, embora ocorra com algum atraso e cause, por isso, algum desemprego; visar o pleno emprego através da política monetária acaba sempre por ter resultados contrários ao que se pretendia. Tende a baixar a produtividade laboral e, assim, a aumentar constantemente o número de trabalhadores que só por meios artificiais podem ser mantidos nos seus empregos e com os actuais salários.

*

Não há dúvida de que, após a guerra, a gestão sábia dos nossos assuntos económicos será ainda mais importante do que até então e que o destino da nossa civilização irá depender, em última análise, de como resolvermos os problemas económicos que iremos enfrentar. No início seremos pobres, muito pobres – e a questão de recuperar e melhorar o nosso antigo nível de vida poder-se-á revelar mais difícil em Inglaterra do que em muitos outros países. Se agirmos com sensatez, não há grandes dúvidas de que com trabalho árduo e dedicando uma parte considerável dos nossos esforços a analisar e a renovar o nosso parque industrial e a sua organização, conseguiremos em poucos anos regressar ao nível que tínhamos, quiçá superá-lo. Mas isto pressupõe que actualmente nos contentemos com não consumir mais do que é possível, sob pena de pormos em risco a tarefa da reconstrução, para que nenhuma esperança exagerada possa suscitar exigências impossíveis de atender, e que consideremos mais importante utilizar os nossos recursos da melhor maneira e para fins que contribuam mais para o nosso bem-estar, em vez de os desbaratarmos([87]). É igualmente importante não deprimirmos grandes camadas da população – com tentativas tacanhas para eliminar a pobreza pela redistribuição, em vez do aumento do rendimento – o que as transformaria em inimigos resolutos da ordem política vigente. Nunca devemos esquecer que um dos factores decisivos na ascensão do totalitarismo no continente, que ainda não existe entre nós, é a existência de uma grande classe média que foi recentemente despojada dos seus bens.

A nossa esperança de evitarmos o destino que nos ameaça deve, em larga medida, residir na perspectiva de podermos retomar um rápido progresso económico que, por muito lentamente que comecemos, melhorará a nossa condição; e a principal condição para esse progresso é estarmos todos dispostos a adaptarmo-nos rapidamente a um mundo muito mudado, que não haja especial consideração pelo nível de vida de determinado grupo que possa obstruir esta adaptação e que aprendamos de uma vez por todas a dirigir todos os nossos recursos para onde melhor contribuem para nos enriquecer. Os ajustamentos necessários, caso queiramos recuperar e superar o nosso antigo nível de vida, serão ainda maiores do que qualquer coisa semelhante que tenhamos feito no passado; e só se todos nós, a nível individual, estivermos dispostos a obedecer às necessidades deste reajustamento é que conseguiremos suportar um período difícil como homens livres que podem escolher o seu modo de vida.

([87]) Será talvez oportuno realçar que, por muito que se pretenda um retorno célere a uma economia livre, isto não pode significar eliminar de uma assentada grande parte das restrições do tempo de guerra. Nada desacreditaria mais o sistema da livre iniciativa do que desorganização e instabilidade – ainda que de curta duração – que isto causaria. A questão é saber que tipo de sistema desejamos enquanto procedemos à desmobilização, e não se o sistema usado em tempo de guerra deve ser transformado em algo mais permanente através de uma política cuidadosamente pensada que vá gradualmente minimizando o controlo – política essa que se poderá estender por vários anos.

Que seja assegurado um mínimo uniforme a toda a gente; mas admitamos, em simultâneo, que com esta garantia de um mínimo básico acabam todas as exigências de segurança privilegiada de determinada classe, que desapareçam todas as desculpas que permitem aos grupos que excluam os recém-chegados de partilhar da sua prosperidade relativa por forma a manterem o seu nível de vida privilegiado.

Pareceria muito nobre dizer: ao diabo com a economia, vamos construir um mundo decente – mas isto seria, no fundo, apenas irresponsável. Tal como está o mundo, com toda a gente convencida de que as condições materiais devem ser melhoradas aqui e ali, a nossa única esperança de construir um mundo decente é continuando a aumentar o nível geral da riqueza. A única coisa que a moderna democracia não poderá suportar sem se desagregar é a necessidade de baixar o nível de vida em tempo de paz ou até a estagnação prolongada das condições económicas.

*

As pessoas que admitem que as actuais tendências económicas constituem uma grave ameaça às nossas perspectivas económicas, e que através dos seus efeitos económicos põem em perigo valores mais nobres, estão predispostas a iludir-se julgando que estamos a fazer sacrifícios materiais para atingir fins ideais. Todavia, é mais do que duvidoso que cinquenta anos rumo ao colectivismo tenham elevado os nossos padrões morais, ou se a mudança não terá sido precisamente na direcção oposta. Embora nos orgulhemos da nossa consciência social mais sensível, não é de todo evidente que isto seja justificado pela prática da nossa conduta individual. Do lado negativo, talvez a nossa geração supere muitas das anteriores na sua indignação face às iniquidades da actual ordem social. Mas quanto ao efeito desse movimento nos nossos padrões positivos da moral propriamente dita, na conduta individual e na seriedade com que defende-

CONDIÇÕES MATERIAIS E FINS IDEAIS | 251

mos princípios morais contra as conveniências e exigências da máquina social, essa é uma outra questão.

Neste domínio, as ideias tornaram-se tão confusas que é necessário que retrocedamos ao essencial. O que a nossa geração corre o risco de esquecer é que não só a moral é, necessariamente, um fenómeno de conduta individual, mas também que ela só é concebível na esfera em que o indivíduo é livre de decidir por si e solicitado a sacrificar voluntariamente o benefício pessoal para observar uma regra moral. Fora da esfera da responsabilidade individual não há nem bem nem mal, não há oportunidade para o mérito moral nem a possibilidade de pormos à prova as nossas convicções sacrificando os nossos desejos ao que julgamos ser correcto. A nossa decisão moral só tem valor quando nós próprios somos responsáveis pelos nossos interesses e livres de os sacrificarmos. Não temos o direito de ser altruístas à custa de outrem, nem há qualquer mérito em ser-se altruísta caso não tenhamos outra hipótese. Os elementos de uma sociedade que são *obrigados*, em todos os sentidos, a fazer o que é correcto, não merecem louvor. Como disse Milton: «Se toda a acção que é boa ou má num homem de idade madura fosse efectuada contra remuneração, prescrição ou obrigação, que seria a virtude senão um nome, que elogio seria então devido ao bem-fazer, que agradecimento ao sóbrio, ao justo ou ao continente?»

A liberdade de ordenar a nossa conduta na esfera em que as circunstâncias materiais nos impõem uma escolha, e a responsabilidade por organizarmos a nossa vida de acordo com a nossa própria consciência, insere-se num ambiente em que só existe a nossa noção moral e em que os valores morais são recriados a cada dia na decisão livre de um indivíduo. A responsabilidade – não para com um superior mas para com a nossa consciência –, a noção de dever que não se cumpre por obrigação, a necessidade de decidir quais das coisas que valorizamos têm de ser sacrificadas a terceiros, e sofrer as consequências das nossas decisões, tudo isto é a própria essência de qualquer moral digna desse nome.

Que nesta esfera da conduta individual os efeitos do colectivismo têm sido quase inteiramente destrutivos, é tão inevitável quanto inegável. Um movimento cuja principal promessa seja mitigar a responsabilidade([88]) só pode ser antimoral nos seus efeitos, por muito nobres que sejam os ideais que lhe deram origem. Alguém terá ainda dúvidas de que a noção de imperativo pessoal para remediar injustiças, onde o nosso poder individual o permita, foi enfraquecida, em vez de reforçada, e que tanto a nossa disposição para assumir a responsabilidade e a consciência de que é nosso dever individual saber como escolher foram manifestamente diminuídos? Uma coisa é exigir que um estado de coisas desejável deva ser imposto pelas autoridades, ou até estar disposto a submeter-se desde que todos o façam; outra é a prontidão para se fazer aquilo que julgamos correcto com sacrifício dos nossos desejos e talvez até enfrentando uma opinião pública hostil. Há variadíssimos indícios de que nos tornámos de facto mais tolerantes para com determinados abusos, e muito mais indiferentes a injustiças em casos individuais, pois temos como referência um sistema completamente diferente em que o Estado põe tudo em ordem. Pode até dar-se o caso, como já foi sugerido, que a paixão pela acção colectiva seja uma forma de nos entregarmos – sem compunção – a esse egoísmo que, como indivíduos, havíamos aprendido a controlar.

([88]) Isto torna-se tanto mais claramente manifesto quanto o socialismo se aproxima do totalitarismo e neste país é expresso de forma muito explícita no programa dessa mais recente e totalitária forma de socialismo inglês, o movimento do *common wealth* de Sir Richard Acland. A principal característica da nova ordem que ele promete é que a comunidade «dirá ao indivíduo: 'Não te preocupes com a tarefa de ganhar o *teu* sustento'». Como consequência, é claro, «tem de ser a comunidade como um todo a decidir se um homem deve ou não trabalhar nos seus recursos, e como, quando e de que forma é que deverá trabalhar», e que a comunidade terá de «criar campos, com condições muito aceitáveis, para madraços». Será surpreendente que o autor descubra que Hitler «deparou por acaso com (ou teve necessidade de) uma pequena parte, ou dever-se-ia dizer, talvez, um aspecto concreto daquilo que em última análise será exigido à humanidade»? (Sir Richard Acland, Bt., *The Forward March*, 1941, pp. 127, 126, 135 e 32).

CONDIÇÕES MATERIAIS E FINS IDEAIS | 253

É verdade que as virtudes agora menos estimadas e praticadas – independência, autoconfiança, a vontade de correr riscos, a aptidão para defender as próprias convicções contra a maioria e a vontade de cooperar voluntariamente com o próximo – são essencialmente aquelas em que se funda a sociedade individual. O colectivismo nada tem para as substituir, e, na medida em que já as destruiu, deixou um vazio preenchido apenas pela exigência de obediência e a compulsão do indivíduo para fazer aquilo que o colectivo decide ser o bem. A eleição periódica de representantes, a que a escolha moral dos indivíduos tende a ser cada vez mais reduzida, não é uma ocasião para testar os seus valores morais ou na qual ele tenha de reafirmar e provar constantemente a sua escala de valores, e testemunhar a sinceridade da sua profissão sacrificando os valores que tem por menos nobres aos que julga mais elevados.

Como as regras de conduta aperfeiçoadas pelos indivíduos são a origem a partir da qual a acção política colectiva faz derivar os seus padrões morais, seria deveras surpreendente se o afrouxamento dos padrões da conduta individual fosse acompanhado por uma elevação dos padrões da acção social. É evidente que tem havido grandes mudanças. É claro que cada geração preza mais determinados valores do que as anteriores. No entanto, quais os fins que constam da base da escala, quais os valores que nos dizem que poderão ter de ser preteridos caso entrem em conflito com outros? No quadro do futuro que os escritores e oradores populares nos traçam, que tipo de valores tem menos destaque do que tinha nos sonhos e nas esperanças dos nossos pais? No fundo da escala de valores, não estarão certamente o conforto material nem a melhoria do nosso nível de vida ou a garantia de algum estatuto na sociedade. Haverá algum escritor ou orador popular que ouse sugerir às massas que terão talvez de sacrificar as suas ambições materiais para alcançar um ideal? Aliás, não tem sido precisamente ao contrário? Não são valores morais todas aquelas coisas que cada vez mais nos ensinam a considerar «ilusões do século XIX» – liberdade e independência, verdade e honestidade intelectual, paz e democracia, e o respeito pelo indivíduo como homem em vez de apenas um membro de um grupo organizado? Quais são os objectivos estabelecidos agora considerados sacrossantos, que reformador algum ousa mexer, pois são tratados como limites imutáveis que de futuro deverão ser respeitados em qualquer plano? Já não são a liberdade do indivíduo, a sua liberdade de circulação e muito menos de expressão. São os privilégios deste ou daquele grupo, o seu «direito» de excluir outros de facultarem ao próximo o que precisam. A discriminação entre membros e não membros de grupos fechados, já para não falar dos naturais de países diferentes, é cada vez mais aceite como realidade; as injustiças que a acção governamental inflige aos indivíduos no interesse de determinado grupo são ignoradas com uma indiferença que roça a insensibilidade; as mais grosseiras violações dos direitos individuais mais elementares, como a transferência forçada de populações, são cada vez mais toleradas, mesmo por pretensos liberais. Tudo isto indica que a nossa noção de moral está embotada, e não mais aguda. Quando nos lembram, como tantas vezes acontece, que não se pode fazer omeletas sem partir ovos, os ovos partidos são quase sempre do género que há uma geração ou duas seriam considerados as bases fundamentais da vida civilizada. E que atrocidades cometidas pelas potências com cujos alegados princípios eles simpatizam não terão sido prontamente aprovadas pelos nossos pretensos «liberais»?

*

Há um aspecto na mudança dos valores morais que resulta do avanço do colectivismo que actualmente dá que pensar. As virtudes que são cada vez mais tidas em menos conta e, por conseguinte, mais raras, são precisamente aquelas de que os Britânicos justamente se orgulhavam e em que, regra geral, se distinguiam.

CONDIÇÕES MATERIAIS E FINS IDEAIS | 255

As virtudes que o povo britânico possui em mais alto grau do que outros – com excepção de umas quantas pequenas nações, como os Suíços e os Holandeses – eram a independência e a autoconfiança, a iniciativa individual e a responsabilidade local, a confiança na actividade voluntária, a não interferência na vida do próximo e a tolerância dos que são diferentes, o respeito pelos costumes e a tradição e uma desconfiança saudável do poder e da autoridade. A força britânica, o carácter britânico e os feitos britânicos são em grande parte o resultado do culto do espontâneo. Mas quase todas as tradições e instituições em que o génio moral britânico teve a sua manifestação mais característica, e que, por seu lado, moldaram o carácter nacional e toda a atmosfera moral de Inglaterra, são aquelas que estão a ser gradualmente destruídas pelo avanço do colectivismo e pelas suas tendências intrinsecamente centralistas.

Por vezes é útil situar as coisas num contexto estrangeiro para se perceber mais claramente a que circunstâncias se deve a excelência peculiar da atmosfera moral de uma nação. E se é permitido a alguém que, independentemente do que diz a lei, será sempre estrangeiro, um dos espectáculos mais desconcertantes dos nossos tempos é ver até que ponto algumas das coisas mais preciosas que a Inglaterra deu ao mundo são agora desdenhadas na própria Inglaterra. Os Ingleses mal sabem quão diferentes são dos outros povos, na medida em que todos, qualquer que seja o partido, defendem em maior ou menor grau as ideias que, na sua forma mais acabada, são conhecidas como liberalismo. Comparados com a maioria dos outros povos, há apenas vinte anos quase todos os Ingleses eram liberais – por muito que discordassem do Partido Liberal. E mesmo hoje em dia, tanto o Inglês conservador como socialista, ou liberal, se viajar para o estrangeiro – e mesmo que note que as ideias e os textos de Carlyle ou Disraeli, do casal Webb ou H.G. Wells, são extremamente populares em alguns círculos, com os quais têm pouco em comum, entre os nazis ou outros totalitários – ao deparar com

256 | O CAMINHO PARA A SERVIDÃO

uma ilha intelectual onde viva a tradição de Macaulay e Gladstone, de J. S. Mill ou John Morley, encontrará gente que «fala a mesma linguagem» que ele, por muito que ele próprio divirja dos ideais que esses homens especificamente representaram.

Em caso algum é a descrença em determinados valores da civilização britânica mais manifesta, e em caso algum teve ela um efeito tão debilitante na prossecução do nosso propósito imediato, como na ineficácia asinina da maioria da propaganda britânica. O primeiro pré-requisito para o sucesso da propaganda dirigida a outros é a admissão, com orgulho, dos valores e dos traços distintivos que nos caracterizam perante os outros povos. A principal causa desta ineficácia da propaganda britânica é que os que a controlam parecem ter perdido a sua própria crença nos valores específicos da civilização inglesa, ou desconhecem por completo os principais pontos em que ela difere da de outros povos. De facto, a *intelligentsia* de esquerda há tanto tempo que adora deuses estrangeiros que parece quase incapaz de ver algo de bom nas instituições e tradições especificamente inglesas. Como é evidente, estes socialistas não podem admitir que os valores morais que a maioria preza são no fundo o produto de instituições que eles próprios estão decididos a destruir. Infelizmente, esta atitude não se confina aos socialistas declarados. Embora tenhamos de acreditar que isto não se verifica com a maioria dos Ingleses mais instruídos mas menos estrepitosos, a julgar pelas ideias veiculadas pelos actuais debates políticos e pela propaganda, parecem ter desaparecido os Ingleses que não só «falam a língua que Shakespeare falou», mas que também «defendem a fé e a moral que Milton defendeu» [89].

---

[89] Apesar de o tema deste capítulo já ter levado a mais do que uma referência a Milton, é difícil resistir à tentação de acrescentar aqui mais uma citação, muito conhecida, parece, que hoje em dia mais ninguém ousaria citar senão um estrangeiro: «Que a Inglaterra não esqueça o seu precedente de ensinar nações a viver.» É significativo que a nossa geração tenha conhecido uma legião de detractores de Milton – o primeiro dos quais, Ezra Pound, durante a guerra falou na rádio a partir da Itália!

CONDIÇÕES MATERIAIS E FINS IDEAIS | 257

Acreditar contudo que o tipo de propaganda produzida por esta atitude possa ter o efeito desejado nos nossos inimigos, e em especial nos Alemães, é um erro tremendo. Os Alemães conhecem este país, talvez não muito bem, mas o suficiente para saber quais são os valores tradicionais da vida britânica e aquilo que nas últimas duas ou três gerações tem vindo cada vez mais a dividir os espíritos dos dois povos. Se os quisermos convencer – não só da nossa sinceridade, mas também que temos para oferecer uma verdadeira alternativa à via por que optaram – não será através de concessões ao seu sistema de pensamento. Não os iremos iludir com uma reprodução estafada das ideias dos seus pais, que copiamos – seja o socialismo de Estado, a *Realpolitik*, a planificação científica ou o corporativismo. Não os conseguiremos convencer seguindo-os até meio caminho rumo ao totalitarismo. Se os próprios Ingleses abandonarem o ideal supremo da liberdade e felicidade do indivíduo, se implicitamente admitirem que a sua civilização não é digna de ser preservada e que só sabem trilhar o caminho percorrido pelos Alemães, então não têm de facto nada para oferecer. Para os Alemães, tudo isto não passa da admissão tardia de que os Ingleses estavam enganados e que eles próprios abrem caminho para um mundo novo e melhor, por muito aterrador que seja o período de transição. Os Alemães sabem que aquilo que ainda consideram ser a tradição britânica e os seus próprios novos ideais são essencialmente mundividências opostas e irreconciliáveis. Podem estar convencidos de que a forma que escolheram está errada, mas nada os convencerá de que os Britânicos serão melhores guias nesse caminho.

Esse tipo de propaganda também não agradará aos Alemães com quem teremos de contar para a reconstrução da Europa, pois os seus valores são muito semelhantes aos nossos. A experiência fez deles homens mais sábios e tristes: aprenderam que nem as boas intenções nem a eficiência ou a organização podem preservar a decência num sistema em que a liberdade pessoal e a responsabilidade individual foram destruídas. O que os Alemães e Italianos que aprenderam a lição acima de tudo querem é protecção contra o Estado-monstro, e não esquemas grandiosos de organização à escala colossal, antes a oportunidade de, em paz e liberdade, reconstruírem o seu pequeno mundo. Não é por acreditarem que estar às ordens dos Britânicos seja preferível a estar às ordens dos Prussianos, mas porque acreditam que num mundo em que triunfem os ideais britânicos receberão menos ordens, e os deixarão em paz para se dedicarem às suas preocupações, que podemos acalentar a esperança de que os naturais dos países inimigos nos apoiem.

Para vencermos a guerra das ideologias e para granjear para o nosso lado os elementos honestos nos países inimigos, primeiro que tudo há que voltar a crer nos valores tradicionais que este país defendeu no passado, e ter a coragem moral de defender resolutamente os ideais atacados pelos nossos inimigos. Não é com desculpas envergonhadas nem garantindo que nos estamos a reformar de forma célere, nem explicando que procuramos um qualquer compromisso entre os valores ingleses tradicionais e as ideias totalitárias, que ganhamos confiança e apoio. O que conta não são as mais recentes melhorias implementadas nas nossas instituições sociais – que pouco importam quando comparadas com as diferenças básicas das duas formas de vida opostas – mas sim a nossa fé inabalável nessas mesmas tradições que fizeram deste país um país de gente livre e honesta, tolerante e independente.

15

As perspectivas da
Ordem Internacional

De todos os controlos à democracia, a federação tem sido o mais
eficaz e o mais adequado. [...] O sistema federalista limita e restringe o poder soberano dividindo-o e atribuindo ao Governo
apenas alguns direitos bem determinados. É o único método de
condicionar não só a maioria mas também o poder do povo.

LORD ACTON

Em nenhum outro domínio pagou o mundo tão caro o facto de ter abandonado o liberalismo do século XIX como no domínio em que se iniciou a retirada: nas relações internacionais.
Todavia, só aprendemos uma pequena parte da lição que a experiência nos ensinou. Talvez ainda mais do que noutros domínios, as actuais noções do que é desejável e exequível são, neste
caso, de um género que pode muito bem produzir o oposto do
que prometem.

A parte da lição do passado que está a ser aprendida, de forma
lenta e gradual, é que muitos tipos de planeamento económico,
levados a cabo independentemente à escala nacional, estão desti-
nados, no seu conjunto, a ser prejudiciais, mesmo de uma perspec-

260 | O CAMINHO PARA A SERVIDÃO

tiva puramente económica, causando, além disso, graves tensões internacionais. Não vale a pena salientar que haverá pouca esperança de ordem internacional ou de uma paz duradoura enquanto cada país for livre de usar, para seu interesse imediato, quaisquer medidas que entenda necessárias, por muito prejudiciais que estas sejam para terceiros. De facto, muitos tipos de planeamento económico só são exequíveis se a autoridade planificadora conseguir impedir todas as influências externas; o resultado de tal planeamento é, assim, inevitavelmente o acumular de restrições à movimentação de pessoas e bens.

Menos óbvios, mas de forma alguma menos reais, são os perigos para a paz resultantes da solidariedade económica artificialmente promovida de todos os habitantes de um país, e dos novos blocos de interesses contraditórios criados pelo planeamento à escala nacional. Não é necessário nem desejável que as fronteiras nacionais marquem diferenças vincadas no estilo de vida, que a filiação num grupo nacional dê direito a uma parte do bolo diferente da que têm os membros de outros grupos. Se os recursos das diferentes nações forem tratados como propriedade exclusiva dessas nações, se as relações económicas internacionais, em vez de serem relações entre indivíduos, passarem cada vez mais a ser relações entre nações organizadas em entidades comerciais, então tornar-se-ão inevitavelmente fonte de fricção e inveja entre nações. Julgar que se minimizaria as tensões internacionais substituindo a concorrência nos mercados e matérias-primas pelas negociações entre Estados ou grupos organizados é uma das ilusões mais fatais. Isto poria apenas uma prova de força em vez daquilo que metaforicamente se designa por «luta» pela concorrência, e transferir para os Estados poderosos e armados – que não estão sujeitos a qualquer lei superior – as rivalidades entre indivíduos que têm de ser resolvidas sem recorrer à força.

As transacções económicas entre nações que são simultaneamente juízes supremos do seu próprio comportamento, que

AS PERSPECTIVAS DE ORDEM INTERNACIONAL | 261

não se curvam perante uma lei superior e cujos representantes visam apenas os interesses imediatos das suas nações, culminam forçosamente num choque de poder[90].

Se nos limitarmos a usar a vitória apenas para tolerar a actual tendência para seguir este rumo, já óbvio em 1939, descobriremos que derrotámos o Nacional-Socialismo apenas para criar um mundo de muitos nacional-socialismos, diferente no pormenor mas igualmente totalitário, nacionalístico e recorrentemente em conflito entre si. Os Alemães surgiriam como perturbadores da paz, como já surgem aos olhos de algumas pessoas[91], apenas porque foram os primeiros a trilhar o caminho que outros viriam a seguir.

*

Aqueles que em parte se apercebem destes perigos geralmente concluem que o planeamento económico deve ser feito «internacionalmente», isto é, por uma qualquer autoridade supranacional. Embora isto evitasse alguns dos perigos óbvios causados pelo planeamento à escala nacional, parece que quem defende esquemas ambiciosos do género não faz ideia das dificuldades e dos perigos ainda maiores que a sua proposta acarretaria. Os problemas causados pela direcção consciente das questões económicas a nível nacional assumem, inevitavelmente, ainda maiores dimensões quando se tenta fazê-lo a nível internacional. O conflito entre planeamento e liberdade torna-se mais grave à medida que diminui a semelhança de padrões e valores entre aqueles que estão sujeitos a um plano unitário. Não será muito difícil planificar a vida económica de uma família de pequena dimensão quando comparada com uma pequena comunidade.

---

[90] Sobre todos estes e demais pontos, e que aqui só podemos aflorar de forma breve, ver a obra do Professor Lionel Robbin's, *Economic Planning and International Order*, 1937, *passim.*

[91] Ver em especial a importante obra da autoria de James Burnham, *The Managerial Revolution*, 1941.

262 | O CAMINHO PARA A SERVIDÃO

Mas à medida que a escala aumenta, decresce a concordância quanto à ordem dos objectivos, e cresce a necessidade de se recorrer à força e à coerção. Numa pequena comunidade, em muitos assuntos haverá uma comunhão de pontos de vista quanto à importância relativa das tarefas principais e sobre a hierarquia de valores comuns. Mas isto vai-se reduzindo à medida que aumenta o número de indivíduos envolvido: deixa de haver comunhão de pontos de vista e intensifica-se a necessidade de recorrer à força e à coerção.

Pode convencer-se facilmente o povo de qualquer país a sacrificar algo em prol daquilo que consideram a «sua» indústria metalúrgica ou a «sua» agricultura, ou por forma a que, no seu país, ninguém fique abaixo de determinado nível de vida. Em geral, estamos dispostos a fazer alguns sacrifícios desde que se trate de ajudar pessoas cujos hábitos de vida e modo de pensar nos sejam familiares, de rectificar a distribuição de rendimento ou melhorar as condições de trabalho de pessoas que podemos imaginar ou cujas opiniões sobre a situação em que se encontram são fundamentalmente semelhantes às nossas. Mas basta imaginar os problemas causados pelo planeamento económico de uma área como a Europa Ocidental para se perceber que um tal empreendimento carece por completo de fundamento moral. Alguém imagina que existam ideais comuns de justiça distributiva que levem um pescador norueguês a abdicar de melhorar a sua situação económica a fim de ajudar o seu colega português, ou que o operário holandês pague mais pela sua bicicleta para ajudar o mecânico de Coventry, ou que o camponês em França pague mais impostos para contribuir para a industrialização da Itália?

Se a maioria das pessoas não está disposta a admitir esta dificuldade, tal deve-se essencialmente ao facto de, consciente ou inconscientemente, pressuporem que lhes caberia a si resolver aos outros estas questões e porque estão convencidas da sua própria capacidade para o fazer de forma justa e equitativa. Os Ingleses, talvez mais do que qualquer outro povo, começam a

AS PERSPECTIVAS DE ORDEM INTERNACIONAL | 263

perceber o que significam estes esquemas quando lhes mostram que podem vir a ser uma minoria na autoridade de planeamento, e que as linhas gerais do futuro desenvolvimento económico da Grã-Bretanha podem ser determinadas por uma maioria que não seria britânica. Quantas pessoas neste país estariam dispostas a sujeitar-se à decisão de uma autoridade internacional – por muito democraticamente que fosse constituída – que tivesse o poder de decretar que o desenvolvimento da indústria metalúrgica espanhola deveria ter precedência sobre desenvolvimento idêntico no Sul de Gales, ou que a indústria óptica deveria estar concentrada na Alemanha, e não na Grã-Bretanha, ou que este país só deveria importar petróleo refinado, restringindo-se todas as indústrias relacionadas com refinação aos países produtores?

Pensar que a vida económica de uma vasta região que abranja muitos povos diferentes possa ser dirigida ou planeada através de um processo democrático, é ignorar por completo os problemas que um tal planeamento suscitaria. O planeamento à escala internacional, mais ainda do que à escala nacional, resume-se à aplicação da força bruta, à imposição a todos, por parte de um pequeno grupo, do tipo de nível de vida e emprego que os especialistas do planeamento entendem que é bom para os outros. Uma coisa é certa: a *Grossraumwirtschaft* do género a que aspiram os Alemães só pode ser conseguida por uma raça de senhores, uma *Herrenvolk*, que imponha aos outros de forma impiedosa os seus fins e ideias. É um erro considerar a brutalidade e falta de consideração manifestadas pelos Alemães por todos os desejos e ideais dos pequenos povos como um mero sinal da sua especial perversidade: é a natureza da tarefa que assumiram que as torna inevitáveis. Empreender o controlo da vida económica de pessoas com ideais e valores divergentes é assumir responsabilidades que implicam o uso da força; é assumir uma posição em que as melhores das intenções não nos podem im-

264 | O CAMINHO PARA A SERVIDÃO

pedir de agir de uma forma que, para alguns dos que são afectados, pode parecer extremamente imoral[92].

Isto é verdade mesmo que partamos do princípio de que o poder dominante é o mais idealista e desinteressado que se possa imaginar. Mas como é reduzida a possibilidade de ser desinteressado, e que grandes as tentações! Tenho por mim que, em Inglaterra, o padrão de decência e justiça – em especial no que respeita aos assuntos internacionais – é tão ou mais elevado do que em qualquer outro país. Todavia, mesmo actualmente é comum ouvir-se gente a afirmar que a vitória deve ser usada para criar condições para que a indústria britânica possa utilizar na sua plena capacidade o equipamento que acumulou durante a guerra, que as reconstruções na Europa devem ser orientadas de forma a que se adequém aos requisitos especiais das indústrias deste país, e a assegurar a toda a gente neste país o tipo de emprego para o qual cada um se julga mais apto. O que é preocupante nestas sugestões não é que sejam feitas, mas que sejam feitas em inocência e consideradas normais por gente de bem, completamente inconsciente da enormidade moral que implica o uso da força para estes fins[93].

---

[92] A experiência no domínio colonial, neste país como noutro qualquer, demonstrou perfeitamente que mesmo as formas mais suaves de planeamento que conhecemos como desenvolvimento colonial envolvem, quer queiramos, quer não, a imposição de determinados valores e ideais àqueles a quem pretendemos ajudar. Na verdade, foi esta experiência que deixou mesmo os especialistas coloniais mais receptivos às ideias internacionais tão cépticos da exequibilidade da administração «internacional» das colónias.

[93] Caso alguém ainda assim não perceba as dificuldades, ou julgue que com um pouco de boa vontade estas possam ser superadas, será útil tentar acompanhar as implicações da direcção central da actividade económica aplicada à escala mundial. Alguém duvida que isto significaria uma tentativa mais ou menos consciente para assegurar o domínio do homem branco, e que assim seria considerado, e com razão, pelas outras raças? Enquanto não conhecer uma pessoa sã que acredite seriamente que as raças europeias se submeterão voluntariamente ao nível de vida e ao progresso determinados por um Parlamento Mundial, só posso considerar tais planos um absurdo. Contudo, e lamentavelmente, isto não impede que sejam propostas determinadas medidas que só se justificariam se a direcção mundial fosse um ideal exequível.

AS PERSPECTIVAS DE ORDEM INTERNACIONAL | 265

*

Um dos agentes mais poderosos que contribuem para a criação da crença de que a possibilidade de direcção central única da vida económica por meios democráticas talvez seja a fatal ilusão de que se as decisões ficassem a cargo do «povo», a comunhão de interesses da classe trabalhadora depressa superaria as diferenças que existem entre as classes dirigentes. Temos todos os motivos para julgar que, com o planeamento mundial, o actual conflito de interesses económicos por causa da política económica de cada nação seria ainda mais feroz, um choque de interesses entre povos que só poderia ser resolvido pela força. Quanto às diversas questões que uma autoridade internacional de planeamento teria de decidir, os interesses e opiniões das classes trabalhadoras dos vários povos estariam inevitavelmente tanto em conflito – havendo ainda menos uma base comummente aceite para uma solução justa – como acontece com as diferentes classes em cada país. Para o operário de um país pobre, a exigência de um seu colega mais afortunado de ser protegido da concorrência dos baixos salários através de legislação que estabeleça um ordenado mínimo, alegadamente no seu interesse, muitas vezes mais não é do que uma forma de privá-lo da única hipótese de melhorar as suas condições e vencer desvantagens naturais, trabalhando por um salário mais baixo do que os seus colegas noutros países. E para ele, o facto de ter de dar o produto de dez horas do seu trabalho pelo produto de cinco horas de outro operário algures, e que está equipado com maquinaria melhor, é tanto uma «exploração» como a exercida por qualquer capitalista.

É quase uma certeza que, num sistema internacional planificado, as nações mais ricas e, por isso, mais poderosas seriam muito mais odiadas e invejadas pelas mais pobres – mais do que numa economia livre; e que as nações mais pobres, com ou sem razão, ficariam convencidas de que se fossem livres para fazer o que lhes aprouvesse, poderiam melhorar a sua condição. Aliás, se se considerar que é dever da autoridade internacional aplicar a justiça distributiva entre os povos, a consequência lógica e inevitável da doutrina socialista transformaria a luta de classes numa luta entre as classes trabalhadoras dos vários países.

Fala-se muito, actualmente, e de forma confusa, em «planeamento para nivelar os padrões de vida». Vale a pena analisar com mais detalhe uma destas propostas para se perceber o que ela envolve em concreto. A região do momento que os especialistas do planeamento preferem para gizar esquemas do género é a Bacia do Danúbio e o Sudeste da Europa. Que não haja dúvidas quanto à necessidade premente de melhorar as condições económicas da região, seja no aspecto económico e humanitário como no interesse da paz futura na Europa, nem que tal só pode ser conseguido num contexto político diferente do do passado. Mas isto não é o mesmo que pretender ver a vida económica na região ser dirigida segundo um só plano orientador, ou fomentar o desenvolvimento de várias indústrias de acordo com um esquema delineado de antemão, de tal forma que faz depender o sucesso da iniciativa local da aprovação por uma autoridade central e de ser incluído no plano definido. Não se pode, por exemplo, criar uma espécie de «Autoridade do Vale do Tenessee»(*) para a Bacia do Danúbio sem se determinar de antemão, e por muitos anos, o índice relativo de progresso para os vários povos que habitam a região, ou sem subordinar todos os seus anseios individuais a esta tarefa.

O planeamento deste tipo requer que se estabeleça uma ordem de prioridades para as várias necessidades. Planificar o nive-

---

(*) Empresa pública federal criada em 1933 pelo presidente F. D. Roosevelt para atenuar e inverter o impacto da Grande Depressão; a empresa, que ainda existe, tem essencialmente por função a produção de energia eléctrica (através de um sistema de barragens no rio Tenessee e, entretanto, centrais nucleares), mas visa o objectivo mais lato de fomentar a vida económica de uma vasta região (a sua jurisdição abarca sete estados). Como é evidente, Hayek cita-a como exemplo consumado de uma autoridade de planeamento central. (*N. R.*)

AS PERSPECTIVAS DE ORDEM INTERNACIONAL | 267

lamento intencional dos padrões de vida significa que as várias necessidades devem ser ordenadas por mérito, que umas terão precedência sobre as outras, tendo estas últimas de aguardar a sua vez – mesmo que aqueles cujos interesses são relegados possam ser convencidos, não só do seu direito prioritário, mas também da sua capacidade de atingirem mais cedo o seu objectivo se lhes tivesse sido dada liberdade de acção. Não há razão alguma que nos permita decidir se as necessidades de um agricultor romeno pobre são mais ou menos prementes do que as de um albanês ainda mais pobre, ou que as necessidades de um pastor de montanha eslovaco são maiores do que a do seu colega esloveno. Mas se a melhoria do seu nível de vida tiver de ser levada a cabo segundo um plano unitário, alguém terá de ponderar os méritos de todas estas necessidades e decidir. E logo que este plano seja implementado, todos os recursos da região objecto de planificação terão de ser postos ao serviço do plano – não haverá regime de excepção para aqueles que acham que fariam melhor sozinhos. Se à sua necessidade for atribuído um lugar inferior na ordem de prioridades, terão de trabalhar para satisfazer prioritariamente as carências daqueles a quem foi dada preferência. Num tal estado de coisas, *toda a gente* julgará, e com razão, que está pior do que estaria se se tivesse adoptado outro plano, e que foram a decisão e o poder das potências dominantes que o condenaram a um lugar menos favorável do que aquele a que se julga com direito. Tentar uma coisa destas numa região povoada por várias pequenas nações, em que cada qual crê fervorosamente na sua superioridade sobre as outras, é empreender uma tarefa que só pode ser levada a cabo pela força. Na prática, seria o mesmo que as decisões e o poder dos Britânicos terem de decidir se os níveis de vida do camponês macedónio ou búlgaro deveriam ser melhorados, ou se o nível de vida do mineiro checo ou húngaro deve ser rapidamente aproximado para níveis ocidentais. Não é preciso ser grande conhecedor da natureza humana, e muito menos dos povos da Europa Central, para perceber que qualquer que seja a decisão tomada, haverá muitos, provavelmente a maioria, a quem a ordem de prioridades escolhida parecerá extremamente injusta; e o seu ódio em breve se virará para a potência que na realidade decide o seu destino, por muito desinteressadamente que seja.

Embora haja, por certo, muitas pessoas que acreditam sinceramente que, se lhes fosse confiada a tarefa, conseguiriam resolver com justiça e imparcialidade estes problemas, e que ficariam genuinamente surpreendidas caso fossem objecto de ódio e desconfiança, seriam talvez os primeiros a usar a força quando aqueles que pretendiam beneficiar se mostrassem recalcitrantes, e a revelar-se impiedosos a coagir as pessoas àquilo que presumem ser os interesses delas. O que este idealismo perigoso não percebe é que quando a assunção de uma responsabilidade moral implica que as nossas próprias concepções morais devam prevalecer pela força sobre as que são dominantes nas outras comunidades, a assunção dessa mesma responsabilidade coloca-nos numa situação em que se torna impossível agir moralmente. Impor às nações vitoriosas uma tal tarefa moral impossível é uma forma garantida de as corromper e desacreditar moralmente.

Todavia, na medida do possível devemos ajudar os povos mais pobres nos seus esforços para reconstruir as suas vidas e a melhorar o seu nível de vida. Uma autoridade internacional pode ser justa e contribuir imenso para a prosperidade económica se se limitar a manter a ordem e criar condições para que as pessoas possam melhorar as suas vidas; mas é impossível ser justo ou deixar as pessoas viver as suas vidas quando a autoridade central reparte matérias-primas e distribui mercados, se cada esforço espontâneo tem de ser «aprovado» e quando nada pode ser feito sem o aval da autoridade central.

*

AS PERSPECTIVAS DE ORDEM INTERNACIONAL | 269

Depois do que se tratou nos capítulos anteriores, escusado será realçar que não podemos superar estas dificuldades «apenas» concedendo às várias autoridades internacionais poderes económicos específicos. A convicção de que esta seria a solução prática baseia-se na falácia de que o planeamento económico é uma tarefa meramente técnica, que pode ser resolvida de um modo estritamente objectivo por especialistas, e que as coisas realmente vitais permaneceriam nas mãos das autoridades políticas. Qualquer autoridade económica internacional que não esteja sujeita a um poder político superior, mesmo que estritamente restringida a uma determinada área, poderia facilmente exercer o poder mais tirânico e irresponsável que se possa imaginar. O controlo exclusivo de um bem ou serviço essencial (o transporte aéreo, por exemplo) é, na realidade, um dos poderes de maior alcance que se pode atribuir a qualquer autoridade. E como há muito pouca coisa que não possa ser justificada por «necessidades técnicas», que ninguém pode questionar – ou mesmo por razões humanitárias, muito sinceras, sobre as carências especiais de um qualquer grupo desfavorecido que de outra forma não poderia ser ajudado – há poucas possibilidades de controlar esse poder. A gestão dos recursos mundiais por organismos mais ou menos autónomos – e que agora colhe o favor dos mais surpreendentes quadrantes –, um sistema abrangente de monopólios reconhecido por todos os governos, mas submetido a nenhum, tornar-se-ia, inevitavelmente, o pior dos logros, mesmo que aqueles a quem fosse atribuída a administração se revelassem fiéis guardiães dos interesses particulares que lhes foram confiados.

Basta analisar, com seriedade, todas as implicações destas propostas, aparentemente inócuas e em geral consideradas a base essencial da futura ordem económica, como o controlo consciente e a distribuição do fornecimento de matérias-primas essenciais, para se perceber as suas tremendas dificuldades políticas e os perigos morais que encerram. Quem controlar o fornecimento de qualquer matéria-prima, como o petróleo ou a madeira, a borracha ou o estanho, ficará senhor do destino de indústrias e países. Ao decidir se autoriza o aumento da oferta, com a consequente baixa do preço e do rendimento, estará a decidir se um país pode implementar uma nova indústria ou se estará impedido de o fazer. Embora esteja a «proteger» o nível de vida daqueles que julga que estão a seu cargo, privará muita gente em pior situação daquela que seria uma oportunidade, quiçá a única, de a melhorarem. Se todas as matérias-primas fossem assim controladas, as pessoas não poderiam iniciar novas indústrias ou novos empreendimentos sem a autorização dos controladores, não haveria plano para o desenvolvimento ou melhoria que não pudesse ser impedido pelo seu veto. O mesmo vale para o acordo internacional para a «partilha» dos mercados e, mais ainda, para o controlo do investimento e o desenvolvimento dos recursos naturais.

É curioso observar como aqueles que se apresentam como os mais veementes realistas, e que não perdem uma oportunidade de ridicularizar o «utopismo» dos que acreditam na possibilidade de uma ordem política internacional, ainda assim considerem mais praticável algo muito mais íntimo e irresponsável, a interferência na vida das pessoas que o planeamento económico implica; e que acreditem que, dando um poder desta magnitude, inaudito, a um governo internacional – que, como se viu, é incapaz de impor o primado da lei – este poder imenso será usado de forma desinteressada e justa que reúna o consenso geral. É evidente que, embora as nações se devam reger por regras formais sobre as quais chegaram a acordo, nunca se submeterão à direcção que o planeamento económico implica; embora possam chegar a acordo quanto às regras do jogo, nunca chegarão a acordo quando à posição das suas preferências na hierarquia das suas próprias necessidades nem quanto ao ritmo do seu desenvolvimento, que seria determinado pelo voto da maioria. Mesmo que, no início, e iludidas quanto ao signifi-

AS PERSPECTIVAS DE ORDEM INTERNACIONAL | 271

cado destas propostas, as pessoas concordassem em transferir estes poderes para uma autoridade internacional, rapidamente descobririam que o que haviam delegado não é apenas uma tarefa técnica mas um poder completo sobre as suas vidas.

O que os «realistas» que advogam estes esquemas têm em mente, e não é de todo impraticável, é que, embora as grandes potências não estejam dispostas a submeter-se a uma autoridade superior, poderão usar essas autoridades «internacionais» para impor a sua vontade a nações mais pequenas na região onde sejam hegemónicas. Este «realismo» consiste em disfarçar as autoridades de planeamento como sendo «internacionais», para que seja mais fácil conseguir-se condições para que só o planeamento internacional seja exequível, isto é, que na prática seja feito por uma só potência dominante. Contudo, este disfarce não altera o facto de, para os Estados mais pequenos, isto significar a sujeição completa a uma potência exterior, face à qual não haveria resistência possível, mais do que renunciar a uma parte bem definida da sua soberania política.

É significativo que os mais fervorosos defensores de uma Nova Ordem económica europeia dirigida centralmente manifestem, à imagem dos seus protótipos fabiano e alemão, o mais completo desprezo pela individualidade e pelos direitos das nações pequenas. As opiniões do Professor Carr, que nesta esfera – mais ainda do que na da política interna – representa a tendência para o totalitarismo que existe neste país, já fizeram com que um dos seus colegas colocasse a questão pertinente: «Se o modo nazi de agir para com os pequenos Estados se tornar, na prática, o procedimento comum, qual a razão de ser desta guerra?»[94] Quem tenha reparado na inquietação e no alarme que algumas afirmações recentes sobre estas questões, em jornais tão

---

[94] O Professor C. A. W. Manning, numa recensão à obra do Professor Carr, *Conditions of Peace* em *International Affairs Review Supplement*, Junho de 1942.

272 | O CAMINHO PARA A SERVIDÃO

diferentes como o *Times* e o *New Statesman*([95]), provocaram nos nossos aliados mais pequenos, não terá dúvidas do ressentimento que esta atitude provoca nos nossos aliados mais próximos, e quão fácil será dissipar o capital de boa vontade acumulado durante a guerra caso se dê ouvidos a conselhos destes.

*

Os que se mostram tão prontos a destratar os direitos dos pequenos Estados têm, é claro, razão num ponto: não podemos almejar ordem ou uma paz duradoura após a guerra se os Estados, grandes ou pequenos, restabelecerem uma soberania ilimitada na esfera económica. Mas isto não significa que se deva atribuir a um novo super-Estado poderes que ainda não aprendemos a utilizar de forma inteligente, mesmo à escala da nação, ou que se deva conferir poder a uma entidade internacional para dizer às nações como usar os seus recursos. Significa apenas que tem de haver um poder que possa refrear as diferentes nações de acções susceptíveis de prejudicar os seus vizinhos, um conjunto de regras que defina o que um Estado pode fazer e uma autoridade para impor essas regras. Os poderes que uma autoridade deste género necessitaria são, essencialmente, de cariz negativo: acima de tudo, deve poder dizer «não» a todo o tipo de medidas restritivas.

Ao contrário do que muitos julgam, não precisamos de uma autoridade económica internacional, a par da qual os Estados manteriam, todavia, a sua soberania política intacta. O que necessitamos e podemos almejar não é mais poder nas mãos de autoridades económicas internacionais, mas, pelo contrário, um poder político superior que possa controlar os interesses económicos

---

([95]) É significativo, em vários aspectos, que, como vimos recentemente num semanário, «já se tenha começado a esperar um cheirinho a Carr nas páginas do *New Statesman* e nas do *Times*» («Four Winds», em *Time and Tide*, 20 de Fevereiro, 1943).

AS PERSPECTIVAS DE ORDEM INTERNACIONAL | 273

e que, em caso de conflito entre estes, possa ser justo na avaliação, pois não está ele próprio envolvido no jogo económico. Precisamos de uma autoridade política internacional que, não tendo poder para dizer aos diferentes povos o que fazer, os possa impedir de qualquer acção prejudicial a terceiros. Os poderes a transferir para uma autoridade internacional não são os novos poderes assumidos pelos Estados em tempos mais recentes, antes um poder mínimo indispensável para preservar relações pacíficas, isto é, sobretudo os poderes do Estado ultraliberal do *laissez-faire*. Mais ainda do que na esfera nacional, é essencial que os poderes da autoridade internacional estejam estritamente definidos pelo primado da lei. A necessidade de uma autoridade supranacional torna-se mais premente à medida que os Estados individuais se vão cada vez mais transformando em unidades de administração económica, os agentes e não os supervisores da cena económica, pelo que surgem atritos, não entre indivíduos, mas entre Estados.

A forma de governo internacional sob o qual são transferidos para uma autoridade internacional alguns poderes bem definidos – continuando os países a ser responsáveis por todos os outros aspectos das questões internas – é, evidentemente, a federação. Não podemos permitir que as muitas afirmações precipitadas e idiotas feitas em abono da organização federativa do mundo, feitas no auge da propaganda para a «União Federal», distorçam o facto de o princípio federativo ser a única forma de associação de diferentes povos que pode criar uma ordem internacional sem colocar entraves ao seu desejo natural de independência[96]. Como é evidente, o federalismo mais não é do

---

[96] É uma pena que a onda de publicações federalistas que recentemente se abateu sobre nós nos tenha privado das obras mais sérias e importantes e que merecem mais atenção. Uma delas, em especial, deve ser lida com atenção quando chegar a altura de traçar o novo quadro político da Europa, o pequeno livro do Dr. W. Ivor Jenning, *A Federation for Western Europe* [Uma Federação para a Europa Ocidental], 1940.

274 | O CAMINHO PARA A SERVIDÃO

que a aplicação da democracia aos assuntos internacionais, o único método de mudança pacífico inventado pelo homem. Mas é uma democracia com poderes bem definidos e delimitados. Com excepção do ideal mais impraticável de fundir vários países num só Estado centralizado (cujas vantagens estão longe de ser óbvias), é a única forma em que se pode concretizar o ideal do direito internacional. Não nos iludamos: ao designarmos, no passado, por direito internacional as regras de comportamento entre nações, estávamos a fazer algo mais do que exprimir um desejo piedoso. Quando queremos impedir que as pessoas se matem entre si, não nos limitamos a emitir uma declaração a afirmar que não se deve matar – conferimos poder a uma autoridade para que o impeça. De igual modo, também não pode haver direito internacional sem um poder para o aplicar. O obstáculo à criação deste poder internacional foi, sobretudo, a ideia de que teria de reunir todos os poderes praticamente ilimitados do Estado moderno. Mas com a divisão de poder num sistema federal, isto já não é necessário.

Esta divisão de poder agiria, inevitável e simultaneamente, como forma de limitação, tanto do Estado individual como no seu conjunto. Na verdade, muitos dos tipos de planeamento que estão agora em voga revelar-se-iam provavelmente impossíveis[97], embora isto não constituísse obstáculo ao planeamento. De facto, uma das principais vantagens da federação é que esta pode ser concebida de forma a dificultar o planeamento prejudicial, ao mesmo tempo que deixa caminho livre para o planeamento desejado. Impede – ou pode ser concebida de modo a impedir – muitas formas de restricionismo[*]. E restringe o planeamento internacional aos domínios em que se consegue chegar a um verdadeiro acordo – não só entre os «interesses»

---

[97] Sobre este assunto, ver o artigo do Autor sobre «Economic Conditions of Inter-State Federation», *The New Commonwealth Quarterly*, vol. V., Setembro de 1939.

[*] Ver capítulo IX, «Segurança e Liberdade», p. 155 (*N. T.*).

AS PERSPECTIVAS DE ORDEM INTERNACIONAL | 275

directamente implicados mas também de todos os que são afectados. As formas desejáveis de planeamento que podem ser levadas a cabo a nível local e sem necessidade de medidas restritivas
têm autonomia e ficam nas mãos dos mais qualificados para as
levar a cabo. Será até expectável que, numa federação, onde deixa de haver razões para tornar os Estados que as constituem tão
poderosos quanto possível, o antigo processo de centralização
possa, em certa medida, ser invertido e conseguir-se que o Estado devolva alguns poderes às autoridades locais.

Vale a pena recordar que a noção de finalmente haver paz
no mundo através da absorção dos Estados individuais em grupos maiores federados e, em última análise, numa só federação,
não é coisa nova: já era o ideal de quase todos os pensadores
liberais do século XIX. Desde Tennyson, a cuja visão – muito citada – da «batalha do ar» se seguiu a visão de uma federação de
povos resultante da última grande batalha, até ao fim do século,
o objectivo de uma organização federativa persistiu como esperança recorrente do próximo grande passo no progresso da civilização. Os liberais do século XIX podem não ter tido a noção
plena de *quão* essencial era a organização federativa dos diversos
Estados[98] para complementar os seus princípios; mas poucos
foram os que não manifestaram a sua crença nesse tipo de organização como meta[99]. Só com a proximidade do século XX,
antes da ascensão triunfante da *Realpolitik*, é que estas esperanças passaram a ser consideradas impraticáveis e utópicas.

*

[98] Sobre este assunto, veja-se a obra, já citada, do Professor Robbins, pp.
240-257.

[99] Já nos derradeiros anos do século XIX Henry Sidgwick julgava que
«não está para além de uma estimativa razoável conjecturar que no futuro
haja uma integração dos Estados da Europa Ocidental; e caso isso ocorra,
parece provável que se siga o exemplo da América, e que o novel agregado
político seja formado com base num regime federal» (*The Development of Euro-
pean Polity*, publicado postumamente em 1903, p. 439).

276 | O CAMINHO PARA A SERVIDÃO

Não iremos reconstruir a civilização em grande escala. Não é por acaso que, no geral, sempre houve mais beleza e decência nos povos mais pequenos e que os povos grandes eram tanto mais felizes quanto evitavam a influência perniciosa da centralização. Não será através da concentração de todo o poder e das principais decisões numa única organização, demasiado grande para que o homem comum a compreenda, que conseguiremos preservar a democracia ou fomentar o seu desenvolvimento. A democracia nunca funcionou bem sem uma grande dose de autonomia do poder local, facultando assim uma escola de formação política para os dirigentes do futuro. Só quando se aprende e pratica a responsabilidade em assuntos com que a maioria das pessoas está familiarizada, só quando a nossa conduta é orientada pela percepção do próximo e não por um qualquer conhecimento teórico das necessidades dos outros – só assim é que o homem comum pode participar realmente nos assuntos da esfera pública, porque dizem respeito ao mundo que ele conhece. Quando o âmbito das medidas políticas se torna tão lato que o seu conhecimento passa a ser domínio quase exclusivo da burocracia, o impulso criativo do indivíduo esmorece. Neste caso, julgo que a experiência de pequenos países como a Holanda e a Suíça tem muito a ensinar a países maiores, como a Grã-Bretanha. Todos temos a ganhar se conseguirmos criar um mundo que inclua os pequenos Estados.

No entanto, só num sistema jurídico que assegure que determinadas regras são obrigatoriamente aplicadas – e que a autoridade com o poder para as aplicar não o utilizará para nenhum outro fim – é que os pequenos podem manter a sua independência, tanto na esfera nacional como internacional. Apesar de esta autoridade supranacional ter de ser muito poderosa para poder aplicar a lei comum, a sua constituição tem de ser concebida de forma a impedir que tanto as autoridades nacionais como internacionais sejam tirânicas. Não conseguiremos impedir o abuso de poder se não estivermos preparados para restringir o

AS PERSPECTIVAS DE ORDEM INTERNACIONAL | 277

poder de uma forma que, por vezes, também nos possa impedir de o usar para fins desejáveis. A grande oportunidade que se nos apresenta no fim desta guerra é que as potências vitoriosas, ao submeterem-se primeiro a um sistema de leis que se comprometem a cumprir, adquirem ao mesmo tempo o direito moral de impor essas mesmas leis aos outros.

Uma das melhores garantias de paz seria uma autoridade que realmente restringisse os poderes do Estado sobre o indivíduo. O primado da lei a nível internacional tem de ser uma garantia contra a tirania, tanto do Estado sobre o indivíduo, como do novo super-Estado sobre as comunidades nacionais. O nosso objectivo deve ser uma comunidade de nações de homens livres, não um super-Estado todo-poderoso nem uma vaga associação de «nações livres». Há muito que afirmamos que se havia tornado impossível proceder em assuntos internacionais como julgaríamos desejável, porque os outros não alinhariam no jogo. Este novo acordo será uma oportunidade para mostrar que temos sido sinceros e que, no interesse comum, estamos dispostos a aceitar algumas restrições à nossa liberdade de acção, tal como julgamos necessário impor aos outros.

Usado de forma sensata, o princípio de organização federativa pode revelar-se a melhor solução para um dos problemas mais difíceis do mundo. Mas a aplicação deste princípio é uma tarefa tremendamente difícil, e não o conseguiremos caso queiramos ser demasiado ambiciosos e o quisermos aplicar para além da sua capacidade. Provavelmente, haverá uma forte tendência para tornar abrangente e mundial qualquer nova organização internacional; haverá, é claro, a necessidade imperiosa de uma organização abrangente do género, uma nova Sociedade das Nações. O perigo pode advir do seguinte: se, no esforço para se contar apenas com esta organização, lhe forem confiadas todas as tarefas que se julgaria desejável confiar a uma organização internacional, essas tarefas não serão executadas de forma satisfatória. Fui sempre da opinião que a fraqueza da Sociedade das

Nações se explica por ter tido ambições deste género: que ao tentar (em vão) fazer com que fosse mundial, foi enfraquecida; e uma Sociedade mais pequena, mas simultaneamente mais poderosa, poderia ter sido um instrumento mais eficaz para preservar a paz. Creio que estas considerações ainda são válidas e que entre, digamos, o Império Britânico e as nações da Europa Ocidental e talvez os Estados Unidos, se poderia conseguir um tipo de cooperação que não seria possível à escala mundial. A princípio, a associação relativamente próxima que uma União Federal representa só será exequível numa pequena região da Europa Ocidental, embora gradualmente se a possa ir alargando a outras regiões.

É certo que com a formação destas federações regionais persiste o risco de guerra entre diferentes blocos, e que, para reduzir ao máximo este risco, teremos de confiar numa associação maior e mais livre. A questão é que a necessidade de uma outra organização não deve constituir obstáculo a uma associação mais estreita de países com afinidades civilizacionais e de padrões de vida. Embora devamos tentar impedir guerras futuras, não devemos crer que se consegue criar de uma assentada uma organização permanente que impossibilite a guerra em qualquer parte do mundo. Essa tentativa seria infrutífera e provavelmente estragaríamos qualquer hipótese de sucesso a nível mais limitado. Tal como sucede com outros grandes males, as medidas destinadas de futuro a impossibilitar a guerra poderiam ser piores do que a própria guerra. Se conseguirmos reduzir o risco de tensão que conduz à guerra, isso será talvez tudo o que é razoável esperar conseguir.

Conclusão

O propósito deste livro não foi traçar um programa detalhado para uma ordem futura e desejável da sociedade. Se, no que diz respeito às questões internacionais, fomos um pouco mais além da sua tarefa crítica essencial, isso deve-se ao facto de, nesta área, podermos vir a ser chamados a criar uma estrutura do âmbito da qual, durante muito tempo, terá de provir o crescimento futuro. Muito dependerá do modo como usarmos a oportunidade que se apresentar na altura. Mas, o que quer que façamos será apenas o princípio de um processo longo e árduo, no qual esperamos criar gradualmente um mundo muito diferente daquele que conhecemos no último quarto de século. É, no mínimo, duvidoso se, nesta fase, teria algum préstimo possuirmos um esquema detalhado da ordem interna da sociedade que desejaríamos – ou se alguém é competente para a fazer. O importante é que estaremos de acordo quanto a alguns princípios e nos libertaremos de alguns erros que no passado nos regeram. Por muito desagradável que esta confissão possa ser, há que reconhecer que, antes desta guerra, tínhamos uma vez mais chegado a um ponto em que é mais importante eliminar os obstáculos que a loucura humana nos colocou no caminho e liber-

280 | O CAMINHO PARA A SERVIDÃO

tar a energia criativa dos indivíduos, em vez de conceber mais maquinaria para os «guiar» e «dirigir» – criar condições favoráveis ao progresso, em vez de «planificar o processo». A primeira coisa a fazer é libertarmo-nos deste obscurantismo contemporâneo que nos tenta convencer que aquilo que fizemos num passado recente foi sensato ou inevitável. Não ficaremos mais sensatos até descobrirmos que muito do que fizemos foi insensato.

Se quisermos construir um mundo melhor, há que ter a coragem de começar de novo – mesmo que isso signifique *reculer pour mieux sauter*. Não são os que crêem em tendências inevitáveis que demonstram possuir esta coragem, não são aqueles que pregam uma «Nova Ordem» que mais não é do que a projecção das tendências dos últimos quarenta anos, e que só sabem imitar Hitler. De facto, os que clamam pela Nova Ordem são aqueles mais influenciados pelas ideias que criaram esta guerra e muitos dos males que sofremos. Têm razão os jovens para ter pouca confiança nas ideias que governaram os mais velhos. Mas estão enganados ou equivocados se crêem que essas são ainda as ideias liberais do século XIX, que a geração mais jovem mal conhece. Embora não desejemos, nem esteja ao nosso alcance, regressar à realidade do século XIX, temos agora a oportunidade de concretizar os seus ideais – que não eram maus. Neste aspecto, temos poucas razões para nos sentirmos superiores aos nossos avós; e nunca nos deveremos esquecer de que fomos nós, o século XX, e não eles, que estragámos tudo. Mesmo que eles ainda não soubessem tudo o que era necessário para criar o mundo que queriam, a experiência que adquirimos desde então dever-nos-ia ter preparado melhor para a tarefa. Se falhámos na nossa primeira tentativa de criar um mundo de homens livres, há que tentar outra vez. O princípio orientador – que a única política realmente progressiva é uma política de liberdade para o indivíduo – continua a ser tão verdadeiro hoje quanto o era no século XIX.

Ensaio bibliográfico

A exposição de um ponto de vista que há muitos anos perdeu o favor da opinião pública é agravada pela dificuldade de, nuns quantos capítulos, só ser possível tratar alguns dos aspectos desse mesmo ponto de vista. Para um leitor cuja perspectiva tenha sido formada apenas pelas ideias que predominaram nos últimos vinte anos, esta abordagem breve dificilmente será suficiente para lhe facultar os pontos em comum necessários ao debate de ideias proveitoso. Todavia, ainda que pouco em voga, as ideias do autor deste livro não são tão singulares quanto possam parecer aos outros leitores. A sua perspectiva fundamental é a mesma dos cada vez mais autores que, em muitos países, chegaram, de modo independente, às mesmas conclusões. O leitor que queira aprofundar aquilo que lhe possa ter parecido um clima de opinião pouco familiar, mas não hostil, poderá julgar útil a lista que se segue de umas quantas das obras deste género mais importantes, incluindo algumas em que a característica eminentemente crítica deste ensaio é aprofundada por uma discussão mais ampla sobre a estrutura desejável de uma sociedade futura.

W. H. Chamberlin, *A False Utopia. Collectivism in Theory and Practice*, Duckworth, 1937.

F. D. Graham, *Social Goals and Economic Institutions*, Princeton University Press, 1942.

E. Halévy, *L'Ere des Tyrannies*, Paris, Gallimard, 1938.

G. Halm, L. v. Mises *et al.*, *Collectivist Economic Planning*, (org.) F. A. Hayek, Routledge, 1937.

W. H. Hutt, *Economist and the Public*, Cape, 1935.

W. Lippmann, *An Inquiry into the Principles of the Good Society*, Allen & Unwin, 1937.

L. v. Mises, *Socialism*, Cape, 1936.

R. Muir, *Liberty and Civilisation*, Cape, 1940.

M. Polanyi, *The Contempt of Freedom*, Watts, 1940.

W. Rappard, *The Crisis of Democracy*, University of Chicago Press, 1938.

L. C. Robbins, *Economic Planning and International Order*, Macmillan, 1937.

—, *The Economic Basis of Class Conflict and Other Essays in Political Economy*, Macmillan, 1939.

—, *The Economic Causes of War*, Cape, 1939.

W. Roepke, *Die Gesellschaftskrisis der Gegenwart*, Zurique, Eugen Reutsch, 1942.

L. Rougier, *Les mystiques économiques*, Paris, Librairie Medicis, 1938.

F. A. Voigt, *Unto Caeser*, Constable, 1938.

Os seguintes trabalhos dos «Public Policy Pamphlets», editados pela University of Chicago Press.

H. Simmons, *A Positive Program for Laissez-Faire. Some Proposals for a liberal Economic Policy*, 1934.

H. D. Gideonse, *Organised Scarcity and Public Policy*, 1939.

F. A. Hermens, *Democracy and Proportional Representation*, 1940.

W. Sulzbach, «*Capitalist Warmongers*»: *A Modern Superstition*, 1942.
M. A. Heilperin, *Economic Policy and Democracy*, 1943.

Há também em alemão e italiano obras de características idênticas que, por consideração pelos seus autores, seria pouco avisado mencionar aqui.

Acrescento a esta lista os títulos de três livros que, mais do que quaisquer outros, me ajudaram a perceber o sistema de ideias que governa os nossos inimigos e as diferenças entre a sua forma de pensar e a nossa.

E. B. Ashton, *The Fascist, His State and Mind*, Putnam, 1937.
F. W. Foerster, *Europe and the German Question*, Sheed, 1940.
H. Kantorowicz, *The Spirit of English Policy and the Myth of the Encirclement of Germany*, Allen & Unwin, 1931.

Junto uma obra recente e notável sobre a moderna história da Alemanha, que não é tão conhecida neste país quanto merecia:

F. Schnabel, *Deutsche Geschichte im 19. Jahrundert*, 4 vols. Freibur, 1929-37.

Os melhores guias para os nossos problemas contemporâneos talvez possam ser encontrados nas obras de alguns dos maiores filósofos da era liberal, de um Tocqueville ou de Lord Acton, ou, caso queiramos retroceder ainda mais, Benjamin Constant, Edmund Burke e os *Federalist Papers* de Madison, Hamilton e Jay, gerações para quem a liberdade era ainda um problema e um valor a defender, enquanto que a nossa era a toma por garantida e nem se apercebe do perigo que a ameaça nem tem a coragem de se emancipar das doutrinas que a põem em perigo.

Índice Remissivo

abundância, potencial, 131, 227, 232, 242
Acland, R., 233, 252
Acton, Lord, 25, 38, 100, 135, 169, 179, 221, 259, 283
Alemanha, anti-semitismo na, 259ss; democracia na, 98; influência intelectual na Inglaterra, 47-48, 219ss; lidera no moderno desenvolvimento político e económico, 25ss; liberalismo na, 56; monopólio na, 74ss; rendimento nacional, parte controlada pelo governo, 90; Estado de direito/primado da lei na, 104n, 114ss; socialismo na, cap 12 *passim*
anti-semitismo, 174, 222
Ashton, E.B., 116, 283
Áustria, 12, 13, 27, 48, 148, 174
Autoridade do Vale do Tenessee, 266

Balilla, 148
base moral e efeitos do colectivismo, cap. 10 e 14 *passim*; código, cap. 5 e 11 *passim*; padrões, cap. 14 *passim*

Beamtenstaat, 167, 216
Bebel, A., 205
Becker, A., 194
Belloc, H., 38, 121
bem-estar, social e comum, 86, 144, 182
Benda, J., 230, 231
Borkenau, F., 176
Brady, R. A., 230
Bright, J., 39
Burckhardt, J., 179
burguesia, 40, 198, 204, 211, 212, 213
Burnham, J., 137, 261
Butler, R.D., 204, 211

campos de concentração, 186
carácter de longo prazo da política liberal, 22, 26
Carlyle, T., 31, 204, 255
Carr, E.H., 177, 189, 224-28, 271, 272
cartéis, 74
Cecil, Lord, 225
cegueira da concorrência, 135
Chamberlain, H.S., 31, 204
Chamberlin, W.H., 53

286 | ÍNDICE REMISSIVO

Checos, 179
Cícero, 39
Cidades da Hansa, 184
ciência, 41, 198-200, 229-332
cientistas, 48, 198, 200, 210, 228-231
civilização ocidental, 10, 12, 39, 46, 55, 170, 215, 223
Clark, C., 132
classe média, 150, 233, 249; socialismo, 150ss
clubes do livro, 149
Cobden, R., 39
código da estrada, 106
colectivismo: definição, 59-60
comércio livre, 12, 48, 127
comércio, 40, 185
Comissão Donoughmore (relatório), 92, 93, 95
Comte, A., 42, 204
concorrência, 63-70, cap. 8
consumo, controlo do, 126ss
contrato, regra de, 110
correspondentes estrangeiros, 32
Coyle, D.C., 161
credo, necessidade de um comum, 100
Cripps, S., 97
Crowther, J.G., 200, 231

Darling, juiz, 115
De Man, H., 151
democracia, cap. 5 *passim*, 260ss
desemprego, 142ss, 245ss
desenvolvimento colonial, 264
Dewey, J., 51
Dicey, A.V., 104, 221
dinheiro, 123
Direitos do Homem, 117
direitos individuais (do indivíduo), 117
discriminação, 110, 111, 119, 129, 146, 254
Disraeli, B., 141, 255
distribuição de rendimento, 60, 62, 262

ditadura, 97ss
Dopolavoro, 148
Drucker, P., 54, 195
Du Bois-Reymond, E., 229

Eastman, M., 53, 137, 138, 139
Economist, 118, 119
economofobia, 243
Edelnazis, 218
egoísmo, 12, 39, 252
Empresas públicas (*utilities*), 77
Engels, F., 179
Erasmo, D., 39
especialistas, 160ss
Estados Unidos da América, 75, 79, 80, 132n, 237
estalinismo, 53
estatuto, regra de, 149
Europa Central, 119, 172, 267

Fabianos, 178, 220
Federação, 273ss
Feiler, A., 142
Fichte, J.G., 205, 206
fim comum, 89, 91, 176, 181, 185
fins, individuais e sociais, 88-90
flutuações, industriais, 157ss
França, 40, 132, 168, 208, 213, 229, 262
Franklin, B., 168
Freirechtsschule, 112
Freizeitgestaltung, 134
Freyer, H., 214
Fried, F., 218
Gestapo, 186
Gladstone, W.E., 178, 221, 256
Gleichschaltung, 190
Göring, H., 211
Goethe, J.W., 31
Grossraumwirtschaft, 228, 263
guerra, 11, 22, 27, 30, 31, 36, 37, 53, 69, 115, 118, 185, 197, 207ss, 22, 245

ÍNDICE REMISSIVO | 287

Halévy, E., 59, 97, 178, 179, 282
Hardenberg, F. v., 33
Hardenberg, K.A., 215
Hegel, G.W.F., 47, 207, 224, 227
Heiman, E., 56
Heines, 169
Herrenvolk, 263
Hewart, Lord, 115
Heydrich, 169
Himmler, H., 169
Hitler, A., 27, 30, 56, 98, 110, 114, 148, 210, 218, 222, 223, 228, 252, 280
Hitlerjugend, 148
Holanda, 42, 276
Hölderlin, F., 49
Humboldt, W.v., 31, 215
Hume, D., 39
Hutt, W.H., 159, 282

igualdade, 144ss; formal e substantiva, 111; de oportunidade, 136ss
incentivos, 160ss
Índia, 32, 175
individualismo, 39, 42, 48, 59ss, 86, 176, 202, 210, 212, 221
inteligibilidade das forças sociais, 199-200
interferência estatal, 113
investimento, controlo do, 270
Itália, 32, 34, 36, 40, 41, 53, 55, 76, 82, 116, 134, 148, 150, 151, 170, 172, 186, 256, 258, 262, 283

Jaffé, E., 221
Janet, P., 51
Jenning, W.I., 273
judeus, 174, 192, 223, 230
Jünger, E., 214
justeza, 83, 96, 196
justiça, distributiva, 143ss; formal e substantiva, 110

Kant, I., 114
Keynes, Lord, 10, 13, 217, 221
Killinger, M. v., 169
Knight, F.H., 187
Kolnai, A., 214
Kraft durch Freude, 148
Kulaks, 174

laissez-faire, 37, 43, 63, 113, 133, 227, 228, 239, 273, 282
Lange, O., 180
Laski, H.J., 92, 93, 168, 238, 239
Lassalle, F., 205, 206
Laval, P., 55
legislação delegada, 92
legislação, limites, 116
lei/direito, formal, 111ss; e liberdade, 113ss; internacional, 273; *ver também* Estado de direito e primado da lei
leis históricas, 230ss, «Conclusão»
Lenine, V.I., 53, 142, 155, 217
Lensch, P., 211, 213, 214, 216
Leviathan, 229
Lewis, W.A., 235
Ley, R., 169
liberalismo, princípios do, 38ss, 63, 113
liberdade, económica, cap. 9 *passim*; alteração do significado do termo, 193ss; «colectiva», 195ss; de pensamento, 200ss
Lippincott, B.E., 180
Lippmann, W., 54, 282
List, F., 47, 227
Locke, J., 39, 115
luta de classes *à rebours* / internacional, 151

Macaulay, T.B., 256
Mackenzie, F., 178
Maine, H., 111
Mannheim, K., 46, 47, 98, 103, 194
Manning, C.A.W., 271

ÍNDICE REMISSIVO

Marx, K., 47, 138, 179, 206, 207, 208, 224, 227
marxismo, cap. 12, 53-56, 204, 208, 232
matérias-primas, 211, 242, 260, 268-70
meios e fins, 59ss, 189-91
Michels, R., 55
Mill, J.S., 31, 146, 147, 256
minorias, 121ss, 139-40
mitos, 192
Moeller van den Bruck, 203, 214, 216, 217
monopólio, cap. 4 passim, 233ss
Montaigne, M., 39
Morley, Lord, 31, 256
Mosley, O., 97
motivos (económicos ou pecuniários), 123
movimento juvenil, 218
mudança tecnológica, 71ss
Muggeridge, M., 142
Mussolini, B., 55, 71, 76, 93

nacionalismo, 10, 175, 179, 205, 218
Napoleão, 215
Nature, 231
Nauman, F., 211
Nicolson, H., 220
Niebuhr, R., 75, 177
Nietzsche, F., 177
Nova Ordem, 210, 271, 280
Novalis, 33

ocupação, escolha de, 128ss
Ostwald, W., 210

padronização, 42, 129, 133, 136
Papen, F. v., 98
parlamento mundial, 264
particularismo, 175-76
Partido Trabalhista, 178, 238-39
patentes, 66, 242
Percy, E., 97

Péricles, 39
Plenge, J., 207, 208, 209, 210, 211, 214
planeamento/planificação, significado de, 60ss
Platão, 193, 222
«pleno emprego», 246
poder, 137ss, 179ss
Polacos, 179
Pound, E., 256
preço justo, 145, 165
preços: determinação em regime de concorrência, 78
previsibilidade da acção estatal, 103ss
Pribram, K., 217
Priestley, J.B., 233
primado da lei/Estado de direito, cap. 6 *passim*, 14, 270, 273, 277
privilégio, 32, 45, 61, 111-12, 123, 153, 156, 159, 163, 165, 238, 254
propaganda, 30, 55, 68, 131, 166, cap. 11, 256ss
propriedade, privada, 59, 65, 66, 68, 100, 112, 136, 137, 138
protecção: efeitos na Alemanha, 74-75, 211; efeitos na Grã-Bretanha e nos E.U.A., 75
prussianismo, 33, 34, 214, 216

raça branca, 264
raison d'état, 182
Rathenau, W., 211
realismo, histórico, 27, 224, 271
Rechtsstaat, 103, 110, 111
regras formais, 105-7
regras substantivas, 106-7
Relatório Macmillan, 37, 282
Renascimento, 39
rentier, 236
restricionismo, 164, 274
risco, 134, 152, 162, 166, 168
Robbins, L.C., 72, 122, 275, 282
Rodbertus, K., 205

ÍNDICE REMISSIVO | 289

Roepke, W., 162, 282
Roosevelt, F.D., 35, 266
Russell, B., 179
Rússia, 28, 34, 36, 53, 54, 116, 134,
  136, 137, 142, 174, 176, 199, 226

sabotagem, 196
Saint-Simon, C.H., 50, 51
salários justos, 145-46
Scheler, M., 217
Schleicher, v., 98
Schmitt, C., 111, 214, 215, 226
Schmoller, G., 47
Schnabel, F., 229, 283
segurança social, 156-57; serviços, 65
segurança, cap. 8 *passim*
Shaw, G.B., 178, 179
Sidgwick, H., 221, 275
sindicatos, 150, 247
sistema de preços: condições de
  funcionamento, 64ss
soberania, 272
socialismo competitivo, 68
socialismo: definição, 59ss
Sociedade das Nações, 277
Sombart, W., 47, 75, 206, 207
Sorel, G., 193, 204
Spann, O., 214
Spectator, The, 69, 220
Spengler, O., 214, 215, 216, 217
Stewart, D., 61

Streicher, I., 169
Suécia, 27
Suíça, 276

Tácito, 39
Taylor, F.M., 180
técnica de engenharia aplicada à
  sociedade, 161
Tennyson, A., 275
Times, The, 13, 219, 272
tipo militar de sociedade, 162
Tocqueville, A., 38, 50, 283
totalitarismo: definição, 87
Toynbee, A.B., 225
Treitschke, H.v., 220
Trotsky, L., 137, 155
Tucídides, 39

verdade, cap. 11 *passim*
via intermédia, 70
virtudes, individualistas e sociais,
  182ss
Voigt, F.A., 53, 54, 282
Voltaire, 114

Waddington, C.H., 231, 232
Webb, S e B., 92, 178, 196, 198, 255
Wells, H.G., 117, 118, 208, 255
Wieser, G., 148
Wilcox, C., 74
Wilson, W., 225

Índice

Nota do Tradutor	VII
Apresentação de João Carlos Espada.	IX
Prefácio	21
Introdução.	25
1. O caminho abandonado	35
2. A grande utopia	49
3. Individualismo e Colectivismo.	59
4. A «inevitabilidade» do Planeamento.	71
5. Planeamento e Democracia.	85
6. O planeamento e o Estado de direito	103
7. Controlo económico e totalitarismo	121
8. Quem, a quem?.	135
9. Segurança e Liberdade	155
10. Porque é que os piores estão no topo	169
11. O fim da verdade	189
12. As raízes socialistas do Nazismo.	203
13. Os totalitários entre nós.	219
14. Condições materiais e fins ideais.	241
15. As perspectivas da Ordem Internacional	259
Conclusão	279
Ensaio bibliográfica	281
Índice remissivo	285